mare

Elizabeth Graver

Kantika

Roman

Aus dem amerikanischen Englisch
von Juliane Zaubitzer

mare

Die Originalausgabe erschien 2023 unter dem Titel *Kantika*
bei Metropolitan Books, Henry Holt & Company, New York.

Alle Fotos stammen mit freundlicher Genehmigung
der Autorin aus ihrem Familienarchiv, mit Ausnahme der
beiden Fotos auf Seite 163, die mit Genehmigung
des National Center for Jewish Film abgedruckt wurden.
Seite 367: Fotografie von Jack Levy.

1. Auflage 2024

Lektorat Angela Volknant, Hamburg
Typografie Iris Farnschläder, mareverlag
Schrift Albertina
Druck und Bindung CPI books GmbH, Leck, Germany
ISBN 978-3-86648-710-9

FSC
www.fsc.org
MIX
Papier | Fördert
gute Waldnutzung
FSC® C083411

www.mare.de

Für meine Mutter
Suzanne Levy Graver
und in Erinnerung an meine Großmutter
Rebecca Cohen Baruch Levy

Deshame entrar, y me azere lugar.

Lass mich ein, und ich werde mir einen Platz schaffen.

Ladino-Sprichwort

Konstantinopel, 1907

I

Es ist die schöne Zeit, die Zeit der ausgebreiteten Flügel, der Freudensprünge und offenen Türen, das Leben ein haltloser Fluss von hier nach dort. Es ist die vorgedankliche Zeit, die Welt noch nicht als Listen wahrgenommen, nicht als Rückblick oder Futur, sondern als inbrünstige Musik – *kantar*, singen. Rebecca singt im Rhythmus der Ruder, wenn das Boot sie in die Schule bringt, und in der Schule mit den Nonnen – *tournez vos yeux vers Jésus*. Wenn sie im Turnverein an Seilen hochklettert – immer eine Hand über die andere, haltet euch mit den Füßen fest, Mädchen –, zieht weniger die brüllende Trainerin oder die Muskelkraft sie empor als der sich abspulende Faden ihrer eigenen Stimme. Sie singt wortlose Melodien, sinnentleerte Worte oder Balladen, auf Ladino, Französisch, ein bisschen Türkisch, Hebräisch, Griechisch, so wie der Zitronenverkäufer Zitronen singt, der Bulgare Pudding, der Gemüsehändler Auberginen, Kürbis und Artischocken – »Frisch und günstig, meine Damen, die Auberginen und ich erwarten Sie!« In der Schule singt sie im Chor und die täglichen Loblieder, und abends singt ihre Mutter die Kinder in den Schlaf: *»Durme durme, kerido ijiko …«* – schlaf, schlaf, mein Sohn, dabei sind zwei von ihnen Mädchen. Obwohl die Nachtigall mit den glanzlosen Augen nur selten zwitschert, bleibt ihr Vater fast jeden Morgen vor ihrem Käfig stehen und versucht sie zum Singen zu animieren, und er singt in der Synagoge – »Du hast mir eine Stimme gegeben, die nicht müde wird, Dich zu preisen« –, und eines Morgens nach dem Gottesdienst führt er Rebecca zum Toraschrein, und sie singt für die Männer unten und die Frauen oben, ihre Stimme ebenso unerschütterlich wie die gepufferten Freiheiten und das unbeschreibliche Glück ihrer Kindheit (trotzdem näht ihre Großmutter vorsichtshalber eine *bonjuk*-Perle an die Unterseite jedes Kragens, um Unheil abzuwenden).

Ihr Haus hat drei Stockwerke und ist aus Stein, der nicht brennt. Den Hang hinunter liegt Balat, wo die armen Juden wohnen, ihre Familie jedoch wohnt ganz oben auf dem Berg in Fener, die Nachbarn griechische Diplomaten, armenische Ärzte, jüdische Bankiers oder Kaufleute, wie ihr Vater, und Rebecca und ihre Schwester Corinne gehen mit den Töchtern dieser Familien und einigen ebenso wohlhabenden muslimischen Mädchen auf die katholische Schule. Von ihrem Schlafzimmer aus sehen sie den Backsteinturm der griechischen Jungenschule. Und darunter die Minarette der Moscheen; in der Ferne das Goldene Horn mit dem blinkenden Leuchtturm und auf der anderen Seite Hasköy und Galata. Sie hören, wie unten die Leute kommen und gehen, die Tür mehr Einladung als Hindernis. Abends treffen Männer ein, um ihrem Vater beim Gebet Gesellschaft zu leisten, und erst nachdem die Gäste die Mesusa geküsst haben und in der Dunkelheit verschwunden sind, verriegelt er die Tür und schließt das Eisengitter. Sonntagnachmittags kommen Freundinnen und Familie ihrer Mutter, um Karten zu spielen, zu tratschen und Körbe für die Armen zu bestücken, und Soundso könnte eine Cousine zweiten Grades sein oder die Cousine einer Cousine, oder Rebeccas beste Freundin Rahelika kommt die Treppe hochgerannt oder die Schneiderin zur Anprobe, oder Oktay, der Musiklehrer, um ihrem Vater beizubringen, die Ney zu spielen. Unter der Woche ist ihr Vater in der Textilfabrik oder ist in der Stadt unterwegs, aber freitags kommt er zu ihnen zurück, das Haus makellos, die Kinder auch. Ihre Mutter hält die Hände vors Gesicht, spricht das Gebet und zündet die Kerzen an, und während die Dochte herunterbrennen, geht die Sonne unter, und im Haus kehrt Ruhe ein.

Der Samstag erwacht mit Ton und Licht. Später im Leben wird Rebecca Juden kennenlernen, für die der Sabbat eine ernste, fromme Angelegenheit ist – keine Aprikosen in Sirup oder Granatäpfel mit ihren blutigen Perlen, nur Gefilte Fisch in Glibber. Auch hier werden die Mahlzeiten vorher zubereitet, und Gateel, das armenische Hausmädchen, kommt, um Feuer anzumachen, Essen zu servieren und Geschirr abzuwaschen, doch die Kinder werden ermuntert, am Sabbat zu tanzen und fröhlich zu sein, und nachmittags besucht die Familie Verwandte oder fährt mit dem Schiff in den Park, wo die Babys in Hängematten schlafen – manchmal gleich mehrere Babys an einem Baum, wie herabhängende, reife Früchte. Zum Abendessen gibt es kalten Fisch mit Zitrone und Ei und zum Nachtisch Lokum und geröstete Melonenkerne, und dann spielen sie Ball und holen das Tambourin raus, um zu singen. Später zünden sie zu Hause die geflochtene Kerze an, löschen sie dann mit Wein und lachen laut, um böse Geister zu vertreiben. Hahaha, hahaha!

Kyen no rizika, no rozika. Wer nicht lacht, gedeiht nicht.

Auch wenn Rebeccas Vater schon damals kein lauter oder besonders heiterer Mensch ist, lacht er viel, ein dünnes, hohes, fast keuchendes Geräusch, und obwohl er nicht groß ist, wirkt er groß – weil die anderen Männer ihn respektvoll grüßen oder ihm auf die Schulter klopfen, ob in der *kal* – der Synagoge – oder auf dem Markt oder im Café, und er verkehrt mit wichtigen Leuten: dem Apotheker und dem Zahnarzt im Sultanspalast, dem Besitzer der Tabakfabrik, der Rebecca Schokoladenzigaretten schenkt. Zu seinen Freunden zählen Philosophen, Gelehrte, Bankiers, sogar der Oberrabbiner, der zu ihnen nach Hause kommt, um Ideen zu diskutieren oder Ratschläge zu erteilen. Sie nennen ihren Vater Alberto, doch sein richtiger Name, Abraham, bedeutet »Vater von vielen«, und der Name ihrer Mutter, Sultana, bedeutet »Königin«, und ihr Nachname, Cohen, bedeutet »Hohepriester«, was nichts ist, womit man angibt, aber trotzdem gut zu wissen, so wie Rebecca weiß, dass ihr eigener Name von der Mutter ihrer Mutter stammt und »verbinden« oder »zusammenfügen« bedeutet, und dass der Name ihrer Straße, Çorbaci Çeşmesi, Brunnen des Suppenkochs bedeutet, und eines Tages, als sie und Corinne von der

Schule kommen, entdecken sie zwei Schalen mit dampfender Suppe auf dem Brunnenrand, und ihre Mutter sagt, sie sollen dem Brunnen danken, und verscheucht die Katzen.

Alle paar Jahre gehen sie ins Studio Parnasse in der Grande Rue de Péra, wo ein Armenier mit riesengroßen Händen sich ein schwarzes Tuch überwirft und ein Foto von ihnen macht. Einmal ist ihr Kindermädchen Victoria dabei, gleichzeitig ihre Cousine zweiten Grades, die sich für das Porträt hinter die Kinder stellt. Sie posieren in einem unechten Garten mit einer gemalten dorischen Säule im Hintergrund, Seidenblumen zu ihren Füßen. Angeblich hat man die Wahl – Garten, Palast, Salon oder Kaik –, doch ihr Vater wählt immer den Garten, so wie er sich auch immer hinter dem Fotografen positioniert, die Hände gebieterisch erhoben, wie ein Dirigent, der innehält.

Will er etwas beweisen? *Es de buena famiya.* Oder etwas bewahren? Er hat erst spät im Leben zum zweiten Mal geheiratet und hat Freude an der jugendlichen Schönheit seiner Kinder, obwohl ihm selbst die Zeit im Nacken sitzt. Oder etwas verstecken? Nur selten ist er selbst auf den Fotos. Den Kindern tun die Füße weh vom langen Stehen, doch schon mit vier oder fünf fällt Rebecca auf, dass sie sich wahrhaftiger fühlt, gesehen, wenn sie fotografiert wird. Alberto wird das Bild von den Kindern mit ihrer Cousine Victoria zum Geburtstag seiner Frau Sultana rahmen lassen, obwohl sie selbst nicht drauf ist, sondern zu Hause im Bett, was bedeutet, wieder schwanger, mit dem Risiko einer weiteren Fehl- oder Totgeburt. Also schluck die Tabletten aus Frankreich. Also häng ein Zweiglein *ruda* – Weinraute, die Königin der Kräuter – über deine Schlafzimmertür und fang den Tau auf deiner Fensterbank in einer Teetasse auf (er hält nichts von diesem Unsinn, aber seine Frau schon). Bete.

Hinter dem Haus ist ein kleiner, abschüssiger Garten mit Albertos Rosen und Sultanas Kräutern, im Frühling Krokusse, Tulpen und Traubenhyazinthen, zur Straßenseite im Winter der kalte Steinbrunnen und den Berg hinunter immer die erste Frau von Rebeccas Vater, Djentil Nahon. Wenn es brennt – für gewöhnlich in Balat oder auf der andere Flussseite –, schreit der Wächter: *Yangin var! Yangin var!*, und alle steigen die Steinstufen zum höchsten Punkt des Berges hinauf, um sich den Rauch anzusehen und die Flammen, die hinaufkriechen, wenn auch nie bis zu ihrem Haus, nie ganz bis zu ihrem Viertel, aber schätze dich nicht zu glücklich, sag ja nicht, dass du Glück hast – sonst ist es vorbei. Warte einfach, bis der Rauch sich verzieht, und biete Hilfe an, indem du Geld, Lebensmittel und Kleidung spendest. Die Feuerwehrleute löschen ein bisschen, aber meistens reißen sie die Häuser ab, schlagen Türen, Wände und Fenster ein, damit das Feuer nicht auf das nächste Gebäude übergreift, und bald ist dort, wo die Flammen gewütet haben, nur noch Asche übrig, die in den Augen brennt, und Matratzen, die sich schwerfällig durch die Straßen schleppen, kopflose Monster auf den gekrümmten Rücken von Männern.

Verspürt Rebecca hier einen ersten Anflug von Unbehagen, als sie geborgen zwischen ihrer Mutter und ihrem kleinen Bruder Isidoro steht, die Hand eines Erwachsenen auf ihrem Haar? Registriert die Haut ihrer Augenlider hier zum ersten Mal die Möglichkeit von unerwartetem Verlust – dass für die Leute da unten ein Haus eine Streichholzschachtel ist, die Bewohner schlanke Streichhölzer mit roten Köpfen, und wenn man sie anzündet, brennen sie? Der Rauch riecht süß nach Moschus, das Ganze ein von innen erleuchtetes Schattenspiel, und dann reckt sich das Gebilde auf die Zehenspitzen, rote Rippen flammen auf, das Feuer züngelt an Handgelenken, Brust, Leisten.

Am Purimfest verschenken sie *biscochos* an die Nachbarn, und an Tu Bischwat verteilen sie gebrannte Mandeln, um den Bäumen zum Geburtstag zu gratulieren. An Schawuot mieten sie ein Boot, um im Tal der süßen Wasser zu picknicken, und am orthodoxen Osterfest schenken ihnen die Papadopouloses von nebenan gefärbte Eier. Rebecca ist es zwar verboten, in der Osterwoche an der Kirche vorbeizugehen oder sich der Parade mit der Rabbinerpuppe zu nähern, aber verboten ist viel. Halt dich von den Zigeunern fern. Pflück nicht die Blumen deines Vaters. Beglückwünsche niemandem zu seinem hübschen Baby, und wenn du es vergisst, mach die Worte mit anderen Worten rückgängig, nimm sie zurück, eine verbreitete Gepflogenheit im Judenspanischen, wo böse Geister *buena djente* heißen – gute Leute – und ein Blinder ein *vistozo* ist, ein Sehender.

In der Schule muss man immer Französisch sprechen, und wenn man dabei erwischt wird, wie man in einer anderen Sprache redet, selbst in der Pause, muss man eine Münze in die Büchse für die Armen stecken. Christus ist überall im Lycée Notre Dame de Sion – im Alkoven auf dem Gang, in den Klassenzimmern, im Kunstraum, wo sie sich Bilder vom Jesuskind ansehen, nackt oder gewickelt, pummelig oder dünn, fast leuchtend weiß. Manchmal liegt ein Porzellanbaby in einem weißen Kleid auf dem Tisch, das sie malen sollen. Die meisten Mädchen bringen nicht mehr als ein paar unbeholfene Umrisse zustande, doch Rebecca erledigt die Aufgabe mit Leichtigkeit, folgt der Linie des Armes, der breiten Stirn, sogar die Finger gelingen ihr, indem sie sich auf die Zwischenräume konzentriert.

Zweimal die Woche, wenn die christlichen Schülerinnen den Katechismus lernen, bekommen die jüdischen Mädchen getrennt Religionsunterricht (weil es so wenig Muslime an der

Schule gibt, dürfen sie früher gehen). Ihr Lehrer ist Monsieur Eskenazi, der ihnen von der Jagd auf Juden erzählt und der Vertreibung der Juden und dem Mut der Juden, während eine alte Nonne in der Ecke döst, damit sie nicht mit einem Mann allein sind. Wer ist Haschem?, fragt Monsieur. Eine Hand schießt nach oben – Roza Valpreda, die Streberin. Der, dessen Name man nicht sagen darf. Rebecca hat nie ein Bild von El Dyo gesehen, und wenn ihr Vater von Ihm spricht, dann nur wahnsinnig abstrakt – Der, Den Man Durch Das Begreift, Was Er Nicht Ist, oder Der, Der Keine Menschliche Form Hat, oder Der, Der Durch Das Unausgesprochene Ausgesprochen Wird. So lehrt er es seine Kinder, mit wachsender Verbissenheit, bis Rebeccas Mutter ihm Einhalt gebietet, und dann kabbeln sie sich. Aber ich muss es ihnen doch beibringen, Sultana! – Aber du redest zu viel, Schatz – Nun, du redest zu wenig. – Stimmt nicht, ich rede viel, nur nicht von Dingen, die ein Kind unmöglich verstehen kann.

Seid brav im Klassenzimmer, die Hände gefaltet, das Gesicht nach vorn, und knickst, wenn ihr Notre Mère Marie-Godeleine seht, der die jüdischen Mädchen besonders am Herzen liegen, weil die Schule von einem bekehrten deutschen Juden gegründet wurde, dessen dunkles Ölporträt in der Eingangshalle hängt. Lernt nähen und sticken – erst mit dicker roter Wolle, dann mit Baumwolle und schließlich mit Seide für eure Aussteuer – und kleidet euch *à la Franca* nach der neuesten Mode aus Pariiiee. Seid großzügig zu den Armen. Rebecca und Corinne begleiten ihre Mutter mit Paketen in ein jüdisches Waisenhaus in einem Viertel, dessen holprige Straßen keine Namen haben und wo Frauen in Hauseingängen hocken und kochen. Den Mädchen ist es nicht erlaubt, aus der Kutsche zu steigen, aber sie dürfen den Waisenjungen zuwinken. Ihre Eltern nennen es *benadamlik* – ein guter Mensch sein –, und die Nonnen in der Schule schreiben *le devoir avant tout* in Schönschrift an die Tafel.

Egal, wie man es nennt, Rebeccas Kindheit ist davon durchtränkt, und es entspricht und widerstrebt ihrem Naturell gleichermaßen: Hände öffnen, berühren, geben, schaffen, aber auch zugreifen, verstauen, horten. Und obwohl sie zu jung ist, um zu begreifen, dass ihr Vater ein zerstreuter, halbherziger Geschäftsmann ist, der das Vermögen der Familie durchbringt, und dass sich das Blatt gegen die Griechen wendet und vor allem gegen die Armenier, aber auch gegen die Juden, und dass ihr Volk hier in einer Ökonomie der Toleranz nur etwas länger zu Gast sein darf, ist sie von all ihren Freundinnen am empfänglichsten für das Glitzern einer Münze zwischen den Pflastersteinen, hungrig auf den silbernen Geschmack herausgefischten Glücks.

II

Auf halbem Weg nach unten zum Fluss wohnen zwei wichtige Menschen – Rahelika und Djentil Nahon. Rebecca hat schon immer eine beste Freundin gehabt, und es ist schon immer Rahelika gewesen, die mit ihr zur Schule geht und zum Turnen und ins Sommerhaus in Büyükdere, weil ihre Mütter eng befreundet sind und Likas Vater ein schlecht bezahlter Lehrer an einer Schule der Alliance Israélite ist und die Familie kein eigenes Sommerhaus besitzt. Die beiden Mädchen ähneln sich, beide dunkelhaarig und zierlich. Fremde halten sie manchmal für Zwillinge, obwohl Rebeccas Augen heller sind. Die Mädchen schleppen blond gelockte Zwillingspuppen mit sich herum – Geburtstagsgeschenke von Rebeccas Vater –, Chérie und Bella. In der Schule glänzt Rebecca im Zeichnen, Malen und Singen, während Lika, die Stipendiatin an der Sion ist, eine Begabung für Mathematik und Naturwissenschaften hat und Krankenschwester werden möchte, was durchaus möglich ist, sagen die Nonnen, wenn man genug betet und lernt. »Beccalika« nennt Mère Maline (so jung, so hübsch, so fröhlich, dass sie eher wie eine große Schwester wirkt) die Mädchen, oder »Likabecca«, und als Rebecca neun ist, darf sie allein zu Likas Haus gehen, Chérie fest umklammert, immer bergab, vorbei am Glasbläser mit dem verbrannten Gesicht, vorbei am Kürschner, Fischhändler, Sesamölfabrikanten, bis an Likas Tür.

Dort wird sie von Likas Mutter verhätschelt, bekocht, verwöhnt und darf sich mit Lika stundenlang Fantasiespielen hingeben, oder sie blättern französische Zeitschriften durch, die Likas Vater für den Unterricht benutzt – *Journal des Voyages* und *Je Sais Tout* –, wo sie eines Tages zwischen oberkörperfreien Walfängern und Indianerhäuptlingen mit Federschmuck auf ein illustriertes Porträt des orientalischen Juden stoßen, unter anderem auf eine Frau mit einem breiten schwarzen Band um Kinn und Kopf und einem anderen Band um den Oberkörper, das ihren riesigen Busen hochschiebt. Ihr Blick ist benommen, die Augen glänzen; sie erinnert an ein zusammengebundenes Hähnchen. *Typische türkische Jüdin* steht darunter. Gackernd stopfen sich die Mädchen Geschirrtücher unter die Kleider, binden sich Schärpen um und tun, als würden sie für Fotos posieren. Manchmal übernachtet Rebecca sonntagabends bei Lika. Dann bringt sie ihre Schuluniform mit, das schwarze Kleid mit weißem Spitzenkragen, dazu im Winter die schwarze Cabanjacke und den breitkrempigen Hut und im Frühling den Strohhut aus Frankreich.

Djentil Nahon, die erste Frau von Rebeccas Vater, wohnt über Lika, und Lika nennt sie *tiya*, Tante, obwohl sie nicht verwandt sind, deshalb tut Rebecca es auch. Mehrmals pro Woche ruft Tiya Djentil aus dem Fenster oder klopft auf den Fußboden, der Likas Zimmerdecke ist, und dann wissen die Mädchen, dass sie etwas erledigen sollen. Wenn sie auf die Straße gehen, lässt sie in einem Korb an einem Seil Geld herunter und schickt sie zu Krämern oder Läden, Aufträge, dic sie, so Likas Mutter, ohne Murren erledigen sollen, weil es ein Unglück ist, keine Kinder zu haben, und Tiya ihre alte Mutter nicht allein lassen kann. Manchmal bringen die Mädchen die Sache schnell hinter sich und legen die Besorgungen in den Korb. Aber ab und an sagt Tiya Djentil auch, kommt rauf, *mi suvrinas*, ich habe einen Kuchen für euch gebacken. Dann steigen sie die steilen Stufen zur düsteren Wohnung hoch, pflichtbewusst zunächst, dann immer neugieriger, und während Tiyas alte Mutter auf dem Sofa schnarcht, bietet sie ihnen Mandelkuchen an und Lindenblütentee oder schwarzen Kaffee mit Zucker, den sie schnell hinunterkippen, damit Tiya Djentil ihnen im trüben Kaffeesatz die Zukunft voraussagen kann. Nachdem der Kuchen aufgetischt ist und Tiya Djentil gesagt hat, *kome kon gana* – esst mit Genuss –, setzt sie sich mit ihrem winzigen, seltsam mädchenhaften Körper auf einen riesigen Holzstuhl und erzählt ihnen Geschichten, wie Rebeccas Vater sie verabscheut, die ihre Mutter duldet und nach denen Rebecca süchtig ist.

»Also, an einem Tag in der letzten Woche habe ich geklopft und gerufen – ich hatte euch einen Kuchen gebacken –, aber ihr seid nicht gekommen. Erst dachte ich, na gut, wenn sie nicht kommen, sind sie in der Schule oder helfen ihren Müttern, aber bald war es spät am Nachmittag, und ich hatte aufgehört zu klopfen, aber begann mir Sorgen zu machen. Es ist etwas Schlimmes passiert! Eine Entführung, ein Unfall, ein Feuer, Vergewaltigung gar – ihr solltet nicht wissen, was das ist –, doch dann begriff ich, dass es böse Geister sind, *shedim*, direkt hier in meiner Wohnung, in meinem Holzlöffel, denn nachdem ich meiner guten Mutter die Nägel geschnitten hatte, vergaß ich, die Späne zu verbrennen. Deshalb sagte ich: Mama, wach auf, schnell! Es gibt Ärger in unserem Löffel! Bedenkt, ich habe nicht *shedim* gesagt – denn wenn man in deren Gegenwart ihren Namen ausspricht, zeigen sie sich. Meine arme Mutter ist aufgewacht und hat angefangen zu wimmern – aaaah, aaaah, aaaah! –, als würde sie jemand mit einem heißen Messer foltern. Sie waren da an jenem Tag, die *shedim*! Der Löffel hat mich verfolgt, und meine Mutter auch! Aber euch nicht, Mädchen. Ich muss euch unbewusst ferngehalten haben. Ich habe es gespürt, bevor der Löffel es mir gesagt hat. Ich bin mit dieser Gabe gesegnet. Vielleicht besitzt ihr diese Gabe ja auch.«

Rebecca sieht zu Lika, deren Lippen vom Puderzucker weiß sind, und Lika, die versucht, nicht zu lachen, schnaubt stattdessen, sodass es staubt. In Rebecca steigt auch etwas auf, doch es ist kein Lachen. Ist es möglich, dass auch sie diese besondere Gabe besitzt? Will sie das? Die Gegenstände auf dem Tisch – der Keksteller, eine trübe *bombonyera* mit muffigen Bonbons, Gläser mit Perlen und Gewürznelken – bekommen plötzlich Gewicht, als hätte alles nicht unbedingt ein Gesicht, aber eine Seele, eine Persönlichkeit, einen Willen. In ihren Träumen kommen regelmäßig Dinge vor, die mehr als Dinge sind – ein Kleiderschrank, der geht, aber keine Füße hat, ein Schiff, das lacht, aber keinen Mund hat, Menschen, die nicht wirklich Menschen sind, aber so scheinen. Solange sie denken kann, sieht sie überall Gesichter, nicht nur in den Wolken, was ja verbreitet ist, sondern auch in Astlöchern und Fenstergittern und in den Blumen im Garten ihres Vaters mit ihren klaffenden Mündern und seidigen Köpfen. Vor ein paar Jahren hat sie an Pessach den Propheten Elias gesehen, nur den Zipfel seines Ärmels und den Stiel von seinem Weinglas, doch nur Hunde und Menschen mit einer besonderen Gabe können ihn überhaupt sehen.

»Was ist dann passiert?«, fragt sie Tiya Djentil.

»Der Löffel wurde in meiner Hand so heiß, dass meine Haut sich abgelöst hat, abgepellt, genau hier …« Sie hält einen Finger mit glänzender, wunder Kuppe hoch.

»Oh, Tiya! Du hast dich verbrannt«, sagt Lika. »Du musst es verbinden. Hast du Pflaster da? Ich kann von meiner Mutter welches holen.«

Djentil winkt ab. »Nicht nötig. Ich habe mich schon darum gekümmert.«

»Wie?«, fragt Rebecca.

Tiya zuckt die Schultern. »Nur mit Zucker und Papier.«

»Auf den verbrannten Finger? Er wird sich entzünden!« Lika klingt fast wütend.

»Natürlich nicht! Ich habe Zucker und Papier unter mein Kissen gelegt. Am nächsten Tag trinkt man ihn mit dem Morgentau. Damit sie verschwinden. *Vos do dulseria, ke me desh sultura.*« Ich gebe euch Süßes, damit ihr von mir weicht. »Das ist ein zuverlässiges Mittel, aber versprecht mir, dass ihr es nicht aufschreibt. Alle wahren Weisheiten gehen von Mund zu Ohr. Bis ihr es weitergebt, bewahrt es« – sie klopft zweimal an ihre Stirn – »hier.«

Und so geht es weiter. Manches von dem, was sie sagt, klingt vertraut, denn die Mädchen haben viele Verwandte, die noch an Geister und den bösen Blick glauben, auch wenn die Nonnen in der Schule ihnen die Amulette abschneiden, wenn sie diese entdecken. (Aber was ist mit dem Wein als Blut und der Oblate als Leib – ist das nicht genauso an den Haaren herbeigezogen?) Die Väter der Mädchen halten nichts von den alten Bräuchen, während ihre Mütter immer noch automatisch jedes Kompliment mit einem *sin ojo* oder *ojo malo ke no tengan!* aufheben – ohne Blick oder möge der böse Blick dich verschonen. Eines Tages erzählt Djentil ihnen, dass der Schlaf zu einem Sechzigstel Tod ist und man deshalb im Traum toten Seelen begegnen kann. Am nächsten Tag erzählt Rebeccas Vater ihnen, er habe gerade gelesen, dass ein Wissenschaftler, der auf den Eiffelturm geklettert ist, kosmische Strahlung entdeckt hat. Warum nicht, eins von beiden, beides. Eins scheint so plausibel wie das andere.

Rebecca freut sich immer mehr auf die Besuche bei Tiya Djentil. Alles andere in ihrem Leben ist auf Ordnung ausgerichtet, von ihrem Zuhause – trotz der Kinderschar eine gut geölte Maschine – über die Schule mit Millimeterpapier und gebohnerten Gängen bis zum Turnverein, wo sie wie die Soldaten marschieren, die kleinen Ärmchen angespannt, denn ein Jude sein heißt stark sein. Bei Tiya Djentil findet sie eine andere Welt. Trotz der Enge erinnert die Wohnung sie an die verbotenen Gegenden der Stadt, die sie magisch anziehen: der Gewürzbasar, auf dem sie nur ein einziges Mal war, während eines Schulausflugs, bei dem sie sich alle an einem langen Seil festhalten mussten, damit sie nicht verloren gingen; oder die Darbietungen der Zigeuner, bei denen ein angeketteter Bär die Trommel schlägt und gemütlich mit seinem Roma-Herrchen schwoft. Einmal, als sie den Bären aus der Ferne entdeckte, war sie so aufgeregt, dass sie der würdevollen, traurigen, schlurfenden Kreatur glatt in die Arme gelaufen wäre, hätte ihre Mutter sie nicht zurückgehalten. Schon damals (sie konnte nicht älter als vier gewesen sein) erkannte sie den Erzählwert der Geschichte, die sie mit jedem Mal mehr aufbauschte und von der sie monatelang zehrte, auch wenn es sich immer anfühlte, als wäre es gerade erst passiert: Gestern habe ich mit einem großen Bären getanzt! Sag die Wahrheit, Rebecca, ermahnte ihre Mutter sie von klein auf. Heb dir deine Fantasie für die Handarbeit auf.

Wenn ihre Eltern Geschichten erzählen, enthalten diese immer eine Moral, und es kommt fast nie das Wort *Ich* darin vor. Nicht so bei Djentil Nahon: Habe ich euch erzählt, wie ich meine *presyoza* Mutter bei einem Feuer verloren habe? Habe ich euch von dem wilden Hund erzählt, der sich nachts mein Baby geschnappt hat?

Hinterher, wenn die Mädchen ins Tageslicht treten, ziehen sie Bilanz, und zuweilen muss Rebecca Lika trösten, die Djentils Fantastereien mehr mitnehmen als Rebecca, und manchmal nimmt Lika die Geschichten auseinander und findet Ungereimtheiten: Sie hat gesagt, es ist im Juli passiert, aber in der Geschichte hat es geschneit; ihre Mutter ist nicht tot, sie liegt auf dem Sofa! Ab und zu schleichen sie sich in die Gärten ihrer eigenen Mütter, um Kräuter zu pflücken, die sie in Zaubertränke geben oder in die Tür hängen, und wenn in ihren Spielen schlimme Dinge passieren (Feuer, Krankheit, Tiere mit Reißzähnen, verstümmelte Kinder, tote Geschwister), gibt es immer einen Zaubertrank oder -spruch dagegen, und wenn ihnen die Geschichten ausgehen oder sie Appetit auf etwas Süßes haben, können sie jederzeit eine Besorgung für Tiya Djentil erledigen.

Dass Rebeccas Vater einmal mit Djentil Nahon verheiratet war, ist einfach so. Es wird noch lange dauern, bevor Rebecca es merkwürdig findet, dass ihr Vater vor ihrer Mutter überhaupt eine Ehefrau hatte. Auch dass er viel älter ist als ihre Mutter, ist einfach so, und obwohl sie auf abstrakte Weise versteht, dass ihre Eltern ein Leben vor ihr hatten, interessiert es sie nicht, und die beiden reden selten darüber. Als sie nach einem Nachmittag bei Djentil Nahon ihre Mutter einmal fragt, warum die erste Ehe ihres Vaters nicht gehalten hat, erfährt sie, dass Djentil Nahon keine Kinder bekommen konnte.

Ein Hund hat sich ihr Baby geschnappt, sagt Rebecca fast, doch irgendetwas hält sie zurück. »Warum haben sie kein Waisenkind angenommen?«

»So einfach ist das nicht, und es geht dich auch nichts an. Sei einfach nett zu ihr.«

»Bin ich ja. Gestern haben wir ihr Brot besorgt.«

Ihre Mutter legt das Nähzeug weg und blickt sie prüfend an. »Likas Mutter hat mir erzählt, dass ihr zum Tee zu Sinyora Nahon geht. Sie sagt, sie ist harmlos. Es ist lieb von euch, ihr zu helfen.«

»Es macht mir nichts aus.«

»Weiß sie, wer du bist, dass Papa dein Vater ist?«

Kennt im Viertel nicht jeder jeden? »Glaub schon. Ich weiß nicht.«

»Erwähne es lieber nicht.« Sie stickt weiter, etwas Kleines, Filigranes. Die Nadel in ihrer rechten Hand geht auf und ab, auf und ab, während sie mit der linken den Rahmen dreht. »Es könnte sie aufregen.«

»Warum? War Papa gemein zu ihr?«

Ihre Mutter zögert. »Nein, nicht gemein, sie ist nur ... sie hat Probleme. Dein Papa unterstützt sie immer noch. Sie hat kein eigenes kleines Mädchen.« Sie seufzt. »Ich hatte – *ojo malo* – großes Glück, auch wenn die Arbeit nie abreißt.« Sie bindet einen Knoten und beißt das Ende mit den Zähnen ab.

»Wie unterstützt er sie?«

»Es reicht, Rebecca.«

»Gibt er ihr Geld?«

»Stellst du in der Schule auch so viele Fragen? Deine Nonnen tun mir leid!«

Ihre Mutter hat den Mundwinkel jetzt voller Stecknadeln, deren Perlenköpfchen zwischen den Lippen herausragen, während sie den Rahmen löst und die Stickerei, an der sie gearbeitet hat, auf einem größeren Stoffstreifen befestigt, weiß und durchscheinend, duftig frisch. Rebecca sieht, dass es ein Kleid für ihre kleine Schwester Elsa wird, teilweise gesmokt, vorn eine gestickte Ente im Regen, die einen Schirm hält, daneben ein Kaninchen in Galoschen. Der Regen besteht aus schrägen grauen Vorstichen, die Stiefel aus rosa Kreuzstichen. Die Augen – Rosa fürs Kaninchen, Schwarz für die Ente – sind feste französische Knoten. Es ist das Schönste, was sie je gesehen hat, und nicht für sie.

»Halt das bitte mal für mich«, sagt ihre Mutter durch einen immer noch mit Nadeln verstopften Mund, doch während Rebecca gegen den Drang ankämpft, den Stoff wegzuschieben, fängt Elsa im Kinderzimmer an zu weinen, wovon Marko aufwacht, der ebenfalls zu weinen anfängt, und dann steht das Kindermädchen da – ein neues, korpulentes aus Bulgarien –, mit Elsa auf der Hüfte, Marko neben sich, und ihre Mutter steckt die Nadeln wieder in das pralle zartrosa Kissen und erhebt sich mit einem Schulterblick – hast du deine Hausaufgaben gemacht? –, bevor sie sich mit offenen Armen zu den Kleinen herabsinken lässt.

Tiya Djentil fragt nie, ob sie ihre Hausaufgaben gemacht haben. Sie nennt sie nicht mal beim Namen. Nur, nehmt noch Tee, nehmt noch einen Keks, *hört zu*, sodass die Mädchen in ihrer Gegenwart vier offene Ohren, vier Augen, zwei hungrige Münder werden. Seit einiger Zeit schließt Rebeccas Vater die Türen zur Bibliothek, um mit Geschäftspartnern und Männern von der Synagoge wichtige Angelegenheiten zu besprechen. Ihre Eltern reden neuerdings über die Köpfe der Kinder hinweg auf Englisch. Rebecca hat einen Wachstumsschub und noch mehr Appetit auf Süßes als sonst. Ihre Waden schmerzen. Von den Nonnen wird sie zurechtgewiesen, weil sie im Unterricht mit den Beinen wippt und lauter als die anderen Mädchen singt; von ihrer Mutter, weil sie die Treppen runterpoltert, und von Corinne, weil sie nachts im Bett nicht still liegt, denn sie hat entdeckt, wie gut es sich anfühlt, wenn sie die Handfläche an ihrem Becken reibt, und schläft jetzt immer so ein.

Tiya Djentil erzählt ihnen von einem Wesen mit dem Gesicht eines Jungen und dem Körper eines Delfins, von einem Geist, der unsichtbar ist, aber Fußabdrücke wie Hühnerkrallen hinterlässt, und von einer *zingana*, einem Roma-Mädchen, das von ihrem Liebsten verlassen wird und ihm einen Zaubertrank verabreicht, von dem er Ausschlag bekommt; aus jeder Wunde sprießt ein Pilz, und das Mädchen macht ihm daraus eine Pilzsuppe, die er isst, worauf er sich wieder in sie verliebt. Das ist wirklich passiert, beginnt Djentil jede ihrer Geschichten. Sobald ihre Mutter stöhnt, steht Djentil auf, um sie anders hinzulegen, ihr Brühe in den Mund zu löffeln oder ihren schütteren Schädel mit Mandelöl einzureiben, wobei sie ihr gut zuredet, wie einem Baby – *mi alma Mamasita, mi presyoza korazon*.

Das Faszinierendste an Tiya Djentil sind für Rebecca nicht ihre Geschichten, sondern dass sie einerseits in ihrer Fantasiewelt lebt und andererseits so patent und fürsorglich ist. Ihre Wohnung ist zwar stickig und staubig, aber es gibt immer leckeres Essen. Ihre Mutter, knorrig und gekrümmt, mehr tot als lebendig, ist immer sauber, und Djentil kniet sich in regelmäßigen Abständen vor der alten Frau hin, die fast doppelt so groß ist wie sie, und massiert ihr behutsam die Muskeln, angefangen bei den Fingern, dann die Zehen, Füße, Waden, und singt leise dazu, bevor sie zu ihren Geschichten zurückkehrt, sodass es fast egal ist, ob die Mädchen da sind und zuhören, doch wenn die Mädchen gehen wollen, dreht sie den Kopf und bittet sie, zu bleiben.

Im Lauf der Zeit verstören die Besuche Lika immer mehr, obwohl die Süßigkeiten sie nach wie vor locken. Sie sollte mit ihrer Mutter zum Arzt gehen, sagt sie über Tiya Djentil. Sie sollte ihr einen dieser Stühle mit Rollen besorgen und ab und zu lüften. In der Schule haben sie alles über Florence Nightingale gelernt, die vor Kurzem gestorben ist, und Lika hat angefangen Tortendiagramme zu zeichnen und regelmäßiges Lüften und Händewaschen zu propagieren.

»Wir sollten sie nicht beachten, wenn sie auf den Fußboden klopft. Vielleicht öffnet sie dann das Fenster, wenn sie uns draußen sieht«, sagt Lika eines Tages. »Dann wird die Wohnung mal durchgelüftet.«

»Hör auf, Lika. Sie ist einsam«, sagt Rebecca, als wäre sie die Gütigere, Großzügigere von ihnen, dabei will sie nur die Geschichten.

»Eines Tages also – das ist eine wahre Geschichte, keine *konseja* – gab es da eine reiche Dame oben auf dem Berg. Zusammen mit ihrem Ehemann bereiste sie Städte in aller Welt. In einem Jahr fuhren sie nach Barcelona in Spanien, und im Hotel unterhielten sie sich mit dem Herrn an der Rezeption: ›Sinyor, wir sind hier, um Ihre wunderschöne Stadt kennenzulernen. Können Sie uns sagen, welche Museen, welche Kirchen und Burgen wir uns ansehen sollen?‹ Der Hoteldirektor sagt: ›Natürlich, gehen Sie zu dieser Kirche, jener Ausstellung, und wenn Sie Courage haben, zeige ich Ihnen danach noch etwas anderes.‹ Der Ehemann sagt: ›Was meinen Sie damit, Sinyor?‹ ›Ich meine, wenn Sie die Courage haben, den *Schneid*, zeige ich Ihnen etwas hier in meinem Hotel!‹ Der Ehemann versteht immer noch nicht. ›Natürlich, wir sind hier, um Ihr Land kennenzulernen, wir wollen alles sehen.‹ ›Wenn Sie darauf bestehen‹, erwidert der Hoteldirektor. ›Ich zeige es Ihnen, aber es ist nicht meine Schuld.‹

Bueno, das Paar besucht also alle Sehenswürdigkeiten, und an ihrem letzten Tag endlich führt der Hoteldirektor sie in den Keller. Nun, wenn man einen Teppich hat, was macht man damit im Sommer? Man trägt ihn in den Hof, gießt heißes Wasser drüber. Schrubbt ihn. Man macht ihn sauber, rollt ihn zusammen, dann verstaut man ihn bis zum Winter im Keller. Das Paar folgt dem Hotelmanager also in den Keller, und was sie sehen, ist ein großer, aufgerollter Teppich. Und der Hoteldirektor sagt, der ist aus Ihrer Haut, der Haut Ihrer Vorfahren. Menschenhaut. Jüdische Haut. ›Tut mir leid, dass ich Ihnen das sagen muss‹, erklärt er, ›aber es ist die Wahrheit.‹ An den Wänden sehen sie Bilder, lange Gemälde, in allen Farben – ebenfalls aus unserer Haut.

Ich habe die Geschichte von der Dame persönlich«, sagt Tiya Djentil. »Sinyora Estella Caldora, möge sie in Frieden ruhen. Danach hat sie immer gesagt: ›Also reist, meine Freunde, seht euch die ganze Welt an, genießt es, aber versprecht mir, dass ihr nie nach Spanien zurückkehrt, denn es ist verflucht.‹ Ich hatte nie davon gehört. Ich wusste, dass man den Juden, die nicht geflohen oder konvertiert sind, in Spanien Arme und Beine gebrochen hat. Sie wurden verbrannt und gesteinigt, all so etwas, aber das mit der Haut hatte ich nie gehört. Haut sollte verschwinden, nachdem man gestorben ist. Einfach zu Erde werden, wisst ihr. Keine Spuren hinterlassen. Diese ist noch da. Könnt ihr euch das vorstellen?«

Sie seufzt, ein langes, rasselndes Geräusch, und scheint für einen Moment sehr weit weg, wie jemand anderes. »Es ist mir ein Rätsel, wie sie das gemacht haben. Ein Rätsel.«

III

Drei Jahre hatte Alberto mit Djentil Nahon zusammengelebt, die durch die Heirat für eine Weile zu Djentil Cohen wurde. Er war zweiundzwanzig, als sie heirateten, und sie achtzehn, die Ehe von den Eltern arrangiert, als sie noch Kinder waren. Während Djentil heranwuchs, gelang es der Familie irgendwie, deren Eigenarten weitgehend zu verbergen, die sie von den Bediensteten oder von der älteren Generation übernommen hatte oder die von dem Sturm herrührten, der sich in ihrem Gehirn zusammenbraute. Vielleicht wurde Alberto auch von den Wünschen seiner Eltern geködert oder von der Tatsache, dass Djentil außergewöhnlich hübsch war, zierlich, mit großen Augen und langen schwarzen Locken, flinken Bewegungen wie ein Singvogel; Alberto war kein hochgewachsener Mann und ein kleiner Romantiker (er liebte Blumen, schrieb gelegentlich Gedichte). Wie es Brauch war, zog sie zu ihm und seinen Eltern, und für eine Weile ging es gut. Ihre Väter waren Geschäftspartner, beide in der Textilbranche, beide erfolgreich. Die Ehe stärkte die Geschäftsbeziehung, und Djentil sang und plauderte und leistete seiner Mutter Gesellschaft.

Obwohl es im Ehebett lebhaft zuging, kam kein Kind, nicht im ersten Jahr, nicht im zweiten, und ungefähr zu dieser Zeit begann Djentil, ein Glas auf den Balkon zu stellen, um den Morgentau zu trinken und Beschwörungen zu murmeln, und bald begann sie, zu jeder Tageszeit Raki zu trinken und nachts durch die Straßen zu irren, und eines Tages brach sie bei der Brit Mila des Sohnes von Albertos Cousin mitten in der Zeremonie in Tränen aus und verlangte nach der Vorhaut, um einen Zaubertrank daraus zu machen, damit ihre Pechsträhne abreißen und sie ein Kind bekommen würde, und die anderen Frauen hatten Mitleid und Angst zugleich, und einige der Männer machten einen Witz daraus – Hungrig, Lady? Bedien dich! –, und Alberto fühlte sich zutiefst gedemütigt.

Er fand einen Arzt, der auf Frauenleiden spezialisiert war, und einen weiteren, der Geisteskrankheiten behandelte. Er ließ sogar Djentils Großmutter, die aus dem Landesinnern in der Nähe von Ankara kam, einige Hausmittel ausprobieren, *milizina de la kaza*, denn Gedanken besaßen Macht, und er war verzweifelt, nicht weil er unbedingt ein Kind wollte – das erwies sich bald als zweitrangig –, sondern weil er mit seiner Frau am Arm zum Gottesdienst gehen wollte und zu den Einladungen seiner Geschäftspartner und zu Wohltätigkeits- und Purimbällen, weil er wollte, dass sie ihn, wenn er nach Hause kam, ruhig, bei Verstand, freundlich und mit seinen Hausschuhen und einem Glas Wein erwartete.

Djentils Großmutter spaltete gekochte Eier mit einem Haar und gab sie Djentil zu essen. Sie ließ Djentil ihren Bauch am Bauch einer Schwangeren reiben. Albertos Mutter sah hilflos zu und betete. Die Ärzte verschrieben Bettruhe, Wickel, Tabletten, frische Luft, Gesellschaft, Zurückgezogenheit. Alberto begann zu spielen, erst nur ein bisschen, Karten im Café. Mit geringem Einsatz. Nur um Dampf abzulassen. Nicht nur, weil Djentil nicht schwanger wurde, sondern weil ihr Zustand immer schlimmer wurde. Sie hörte Stimmen. Sie schnitt sich mit einem Messer die Haare ab und machte Schmuck daraus, flocht Perlen und Flügel von Käfern hinein. Auf Wochen, in denen sie zu viel redete, folgten Wochen, in denen sie überhaupt nicht sprach. Es beängstigte und ekelte ihn, wie sie Religiöses in ihre Geschichten einstreute, wenn sie behauptete, der

Prophet Elias sei in sie eingedrungen und habe sie geschwängert. Eines Tages ging Alberto mit seinen Sorgen zu einem Mann, der die Nahons von Kind an kannte, und der Mann sagte: Djentil, *loka*? Das überrascht mich nicht, sie war schon immer ein bisschen – und er pfiff und ließ einen Finger neben dem Ohr kreisen. Zum ersten Mal verspürte Alberto so etwas wie Wut, die einen dumpfen Schmerz in seinen Zahnwurzeln auslöste. Niemand hat mich gewarnt, sagte er.

Damals blühte in Manchester das Baumwollgeschäft. Albertos Vater, der das Familienunternehmen bereits um mehr als das Doppelte vergrößert hatte, sah für seinen Sohn eine Fluchtmöglichkeit, die gleichzeitig Profit versprach. Warum denkst du nicht darüber nach, Alberto, warum siehst du es dir nicht mal an? Es gab dort einen Freund der Familie, ebenfalls ein Turkino, der expandierte. Alberto konnte das Handwerk lernen, das Exportgeschäft übernehmen, Englisch lernen, Abstand zu den Problemen zu Hause gewinnen. Wessen Idee war es? Er schrieb die Schuld, beziehungsweise das Verdienst, gern seinem Vater zu. Zunächst fuhr er nur für ein oder zwei Monate, dann für längere Zeiträume. Wenn er zurückkehrte, schlief er im Doppelbett neben seiner Frau, fasste sie jedoch nie an, denn wenn man nach einer gewissen Zeit kein Kind hatte – eine lange Zeit, zehn Jahre –, konnte man sich von Rechts wegen scheiden lassen. In England fand er Frauen in Bordellen und nahm sich für eine Weile sogar eine nichtjüdische Geliebte. Es gelang ihm, die Erinnerung an Djentil zu verdrängen, die ihn anflehte, sie mit nach England zu nehmen, und ihn mit Zaubersprüchen belegte, wenn er zurückkehrte, sich mitten in der Nacht rittlings auf ihn setzte, mit bloßen Brüsten und immer noch wunderschön, schmal wie ein Kind, aber mit überraschenden Kurven, zimtfarbenen Brustspitzen und geschickter Zunge, und schließlich sagte, dass etwas mit ihm nicht stimme – er müsse Jungen mögen, er müsse verhext sein –, wenn er sich (was ihm ungemein schwerfiel) verweigerte. Nimm mich mit, ich verspreche, ich bin brav, flehte sie, aber sie wäre an einem Ort wie Manchester untergegangen, und Albertos Wut machte ihm selbst Angst, denn im Herzen war er kein guter Mensch, nicht wirklich, jedenfalls glaubte er das. Er hatte verstörende Visionen, wie er sie windelweich prügelte, bis ihr die *loka*-Gedanken aus Ohren und Nase bluteten, und er zählte die Monate und Jahre runter.

Djentil zog zurück zu ihren Eltern. Einmal, als er nach Hause kam und Geld vorbeibringen wollte, sagte man ihm, sie sei nicht da, man habe sie in ein Sanatorium gebracht. Jeden Monat schickte er Geld aus England und für eine Zeit lang auch ein Geschenk zu ihrem Geburtstag, einen feinen Wollschal oder Samthut. Er bekam einige Briefe von Djentil, die, wie er glaubte, ihre Mutter verfasste. Dann blieben die Briefe aus. Als er nach zwei Jahren für einen Sommerurlaub zurückkehrte, meldete er sich nicht bei ihr, und schließlich hörte ihr Vater auf, mit seinem Vater Geschäfte zu machen. Albertos Bruder Maurice hatte eine gute Partie gemacht, deshalb waren seine Eltern so gnädig, ein Auge zuzudrücken.

Alberto blieb zehn Jahre und sechs Monate in Manchester (um auf Nummer sicher zu gehen), abgesehen von gelegentlichen kurzen Heimatbesuchen. Es fühlte sich wie eine angemessene Buße an. England *lag* ihm nicht, wie man dort drüben sagte. Es war grau und kalt, das Essen fade, die Sprache schwierig und ohne jeden Charme. Der Ehemann der nichtjüdischen Geliebten kehrte aus Indien zurück. Alberto entwickelte ein Interesse für edle Stoffe, lernte Vokabeln wie *fustian, brocade* und *velveteen* zu verwenden, stand mit einem Fes auf dem Kopf (sollte er noch eine Schlange mit Korb oder eine Wasserpfeife hinzufügen?) im Cotton Yard und machte Geschäfte; doch die Geschäftswelt langweilte ihn, und Zahlen waren noch nie seine Stärke gewesen. Zu dieser Zeit begann er, der in den Talmud-Tora- und Alliance-Schulen seiner Jugend nur ein leidlicher Schüler gewesen war, nachts zu lesen, und zu lernen; zunächst, um sein Englisch zu verbessern, und dann, als ein Freund aus Thessaloniki ihm Bücher auf Ladino, Hebräisch und Französisch lieh, um die großen jüdischen Denker zu studieren. In den Worten von Saadia Gaon, Jehuda Halevi und vor allem Maimonides fand er tiefschürfende, logische Gedankengänge zu den Themen, die ihn beschäftigten, aber auch einen Weg zurück zu El Dyo, der ihn verlassen hatte oder den er verlassen hatte, obwohl er schon vorher die Gottesdienste der sephardischen Synagoge in der Cheetham Hill Road besucht hatte, weil die rosa Marmorsäulen und der maurische Bogen inmitten des ganzen Graus das Einzige waren, was ihn ein bisschen an zu Hause erinnerte.

Nach der Scheidung, die zwar ins Geld ging, ansonsten aber unkompliziert war, kehrte er erleichtert nach Konstantinopel zurück, ein Ort, den er jeden einzelnen Tag während seiner langen Abwesenheit vermisst hatte. Als er Sultana bei einem Spaziergang auf der Insel Büyükada zum ersten Mal begegnete, war sie barfuß und hängte gerade Wäsche auf. Zu diesem Zeitpunkt war er schon seit einigen Jahren Junggeselle. Tagsüber arbeitete er, abends frequentierte er Varietés, Kaffeehäuser und Bars, spielte Backgammon und Poker und Schach, zockte, diskutierte, debattierte, hörte und spielte Musik und sang mit den anderen Männern. Nach den Bars las er, und nach dem Lesen betete er, und manchmal betete er mehr, als dass er trank, und manchmal trank er mehr, als dass er betete. Jedenfalls schienen die beiden Dinge nie im Widerspruch zu stehen. Freitagabends und samstagmorgens ging er in die Ahrida-Synagoge, und an den meisten Tagen betete er morgens in der kleinen *kal* im Viertel, wo er auch Freunde traf und beim Kaffee Geschäfte besprach, der von einem barfüßigen Jungen mit einem flaumigen Schnauzer serviert wurde. Jeden Monat schickte er über einen Kurier Geld an Djentil Nahon, und wenn die Geschäfte gut liefen, schickte er ein bisschen mehr, wenn nicht, ein bisschen weniger. Niemand schien besonders daran interessiert, ihm nach seiner Scheidung eine Ehefrau zu vermitteln, und er war der Ehe gegenüber sowieso misstrauisch geworden und wohnte bei seinen Eltern, worüber er nicht unglücklich war.

Sultana mit ihrem frischen Gesicht und den nackten Armen, auf denen sich Wäsche türmte, hätte auch ein Dienstmädchen sein können, doch irgendetwas ließ ihn innehalten – ihre Güte vielleicht oder ihr draller Körper (im Gegensatz zu Djentil Nahon hatte sie etwas Fleisch auf den Rippen) oder die Meeresbrise, die ihren Rock aufbauschte und ihr Haar zerzauste. Er sprach sie an, und sie sagte: Ja, es sei in der Tat ein schöner Tag, und er hörte den irischen Akzent in ihrem Spanyol, fast ein Näseln, eine ungewohnte Melodie. Es stellte sich heraus, dass sie kein Dienstmädchen war, sondern Tochter einer wohlhabenden Familie, die den Großteil ihrer Kindheit in Irland verbracht hatte. Ihr Vater, Behor Camayor, war ein erfolgreicher Tabakhändler (nach seinem Tod würde die irische Botschaft sechs weiße, in Gold gekleidete Pferde stellen, um die Kutsche mit seinem Sarg zu ziehen), und die Familie hatte abwechselnd in Irland, der Türkei und Malta gelebt, bis ihr Vater sich endlich zur Ruhe gesetzt hatte. Ob sie Lust hätte, später ein Eis mit ihm essen zu gehen? Sie sah so jung aus, dass er fürchtete, sie würde Nein sagen, doch sie sagte Ja.

Sie sprachen eine fließende Mischung aus Ladino und Französisch, aber Englisch war ihre Geheimsprache. *I'm a wee bit tired*, sagte sie, wenn sie bei seinen Eltern zum Abendessen waren, und dann wusste er, es war Zeit für einen Spaziergang im Park, wo sie sich im Schatten der Bäume umarmten. Sultana war flink und lebhaft, fleißig, vernünftig und liebevoll, geistig gesund, und sie schien ihn nicht dafür zu verurteilen, dass er sich von einer anderen Frau hatte scheiden lassen, auch wenn Djentil ihr wahnsinnig leidtat. Ihr gefiel, dass er belesen war (obwohl sie es nicht war) und dass er sang und musizierte. Es war eine Liebesheirat, und weil er bei seinen Eltern gewohnt hatte und kein junger Mann mehr war und sie eine gute Mitgift mitbrachte, konnten sie sich ein Haus auf dem Berg in Fener leisten. Bald kam Corinne zur Welt, dann Rebecca, dann Isidoro. Durch den Tod eines unverheirateten Onkels gelangte Alberto zu noch mehr Geld, und sie kauften ein Sommerhaus auf Büyükdere, also nicht auf der Prinzeninsel direkt, wo die meisten aus ihrem Umfeld den Sommer verbrachten, doch es hatte einen weitläufigen Garten und lag in einem vornehmen Viertel in der Nähe der Sommerbotschaften und nicht weit von der Stadt (wenn die Pflicht rief, war er mit dem Boot in einer Stunde bei der Arbeit), und wenn man vor die Tür trat, begegnete man nicht jedes Mal einem Cousin oder dem Cousin eines Cousins.

Nach Isidoro verlor Sultana zwei Babys, eine Fehlgeburt und eine Totgeburt, sodass Alberto, als das nächste Kind, ein gesunder Junge, geboren wurde, sich auf Sultanas Wunsch dem alten Brauch fügte und ihn für ein paar Tage zu Verwandten gab. Als der Junge zurückkehrte, war er wie ein Prinz gekleidet und trug einen neuen Namen, Marko, was so viel hieß wie »verkauft«. Und auf ihn folgte Elsa. Alberto verdiente es nicht, doch El Dyo hielt die Hand über ihn, weshalb er sich bemühte, schwarze Zahlen zu schreiben und gut für seine Familie zu sorgen. Und das gelang ihm, größtenteils, für geraume Zeit, doch als sich die Kinder mehrten und seine Verantwortung wuchs, wuchs auch sein Verlangen nach Ablenkung. Nicht nach Frauen – er würde Sultana nie betrügen, auch wenn er anderen Frauen nachschaute –, aber nach seinen alten Lieblingsorten, Bars, Bädern, Kaffeehäusern, und am meisten vielleicht nach der Gartenarbeit.

»Lass uns wandeln durch der Gärten Luft / Schmecken der Narden und der Rosen Duft«, schrieb der von ihm geliebte Dichter Jehuda Halevi. Es war ein tiefes, herrlich verbotenes Vergnügen, mitten am Tag die Arbeit zu verlassen und sich für eine Stunde oder so im Garten zu verstecken, wenn niemand zu Hause war – Sultana bei ihrer Mutter oder mit irgendeiner guten Sache beschäftigt, die Kinder bei ihr oder beim Kindermädchen oder in der Schule –, und er harkte oder stutzte oder pflanzte eine neue Tulpensorte, die er in Holland bestellt hatte. Dabei trug er Handschuhe, damit seine Hände ihn nicht verrieten, obwohl er sie manchmal auszog, weil er die Erde fühlen wollte, und zuweilen wurde seine Hose dreckig. Falls Sultana es später entdeckte, verdrehte sie die Augen – du bist schlimmer als die Kinder –, aber es war ein vergleichsweise harmloses Laster. Für ihn war das Gärtnern jedoch fast so erfüllend wie Sex, und vor allem brachte es ihn Gott näher. Es vertrieb seine Sorgen, an deren Stelle tiefe Wurzeln traten, sprießende Triebe, die dünne Umhüllung einer Knospe, die in ihrer eigenen Zeit existierte; sie würde aufgehen, wenn sie aufging, ihre Hülle abstreifen.

Vielleicht versäumte er es also, ein oder zwei potenzielle neue Kunden zu werben. Vielleicht hörte das Geschäft auf zu wachsen und begann zu schrumpfen. Die Zeiten wurden immer härter, nicht nur für ihn, sondern für alle. Wenn die Belastungen der Arbeit ihm zu viel wurden, ging er Poker, Schach oder Backgammon spielen, meist um hohe Einsätze, und gewann immer gerade genug, um sich selbst einzureden, dass Spielen eine vernünftige Lösung sei (öfter verlor er, und das Geld verschwand, als hätten seine Taschen Löcher, obwohl Sultana seine Sachen gut in Schuss hielt, seit sie kein Geld mehr hatten, neue Anzüge nähen zu lassen). Es sind harte Zeiten. Nichts ist mehr so, wie es war. War es seine Schuld, dass die Umstände (und irgendwie gefiel ihm die Vorstellung sogar) ihn in einen dekadenten Fin-de-Siècle-Mann verwandelten? Sein Vater war inzwischen tot und konnte ihn nicht mehr kritisieren. Sultana hatte ihn gebeten, nicht zu spielen, doch Frauen hatten keinen Zutritt zu den Clubs, und die Männer deckten einander, woher sollte sie es also wissen?

Zwar war das schlechte Gewissen sein ständiger Begleiter und sprang gelegentlich aus dem Schatten, um ihn in die Waden zu beißen, doch ebenso präsent war sein Stolz. Er teilte seine Sorgen mit niemandem. Er war stets gut gekleidet, egal zu welchem Anlass, und hatte einen aufrechten Gang. Er war immer in Bewegung, schlängelte sich durch seine Stadt, durch Viertel, wo man ihn kannte und grüßte, und solche, wo er angenehm unerkannt blieb. Manchmal kehrte er in ein Kaffeehaus ein oder vergnügte sich an einer Straßenecke bei einem schlichten Glücksspiel, bei dem man in einen Stoffbeutel griff und einen Knopf hervorzog, verschiedene Farben für verschiedene Gewinne – Ball, Pfeife, Stoffpuppe mit dem Gesicht des Sultans. Dann kam er mit Geschenken für die Kinder nach

Hause: Welche Hand, welche Hand? Wie sie kreischten, an ihm zogen, ihn belagerten, also blieb er eine Weile, dann befreite er sich von ihren gierigen, klebrigen Händen – loslassen, ihr Strolche, euer Papa hat einen wichtigen Termin – und zog weiter.

IV

Als Rebecca zehn ist, stirbt die Mutter von Djentil Nahon. Sie erfahren es von Nurie, Likas Mutter, die mit Lika die Fähre von der Stadt zum Sommerhaus in Büyükdere genommen hat, um eine Woche zu bleiben. Die Mädchen sind im Garten, wo sie gemeinsam mit Corinne auf Rebeccas jüngere Geschwister aufpassen sollen, als sie hören, wie die beiden Mütter sich auf der Veranda über den Tod der alten Dame unterhalten. Offenbar sammelt die Gemeinde Spenden für den Grabstein, doch Djentil ist mit der Organisation überfordert; und hat ihre Familie nicht von irgendwoher Geld, hatten sie jedenfalls mal, und gab es da nicht eine Schwester in Frankreich und einen Bruder in Amerika, aber es kommt nie jemand zu Besuch, den Nahons hat früher das ganze Haus gehört, dann haben sie ein Stockwerk verkauft, dann das andere. Traurig. Wie kann ihre Familie sie so im Stich lassen?

Während des Schuljahrs waren die Besuche der Mädchen bei Tiya Djentil immer seltener geworden, und Rebecca ist froh, dass sie nicht dabei waren, als die alte Dame ihren letzten Atemzug tat.

»Tut mir leid, das zu sagen, aber sie hat eigentlich schon wie tot gewirkt – sie war *fünf vor zwölf!*«, flüstert Lika, und die Mädchen lachen, weil ihre Mütter diesen Ausdruck immer verwenden, doch dann versucht Rebecca Likas »tot« zurückzunehmen, bevor es noch Unglück bringt. »Du meinst ›*lebendig*‹«, sagt sie und sieht ihre Freundin eindringlich an, die kurz stutzt, bevor sie erwidert: »Oh, klar. Sie hat lebendig gewirkt. Sehr lebendig! Oh ja, sehr sogar.«

Schließlich verlieren sie das Interesse und müssen sowieso Elsa hinterherjagen, die auf die Gartenmauer geklettert ist, während die Jungen unter der Linde mit Schwertern spielen. Corinne ignoriert sie, die Nase in einem Buch, und die Eidechsen sitzen wie erstarrt auf den Steinen und beobachten alles. Dann taucht ihr Vater zwischen den Büschen auf, schweißgebadet, fast glühend in seinem Gartenhut und den Handschuhen. Er schreit die Jungen an, dass sie aufhören sollen, steigt die Stufen zur Veranda hinauf und wedelt mit den Armen, als wollte er Sultana und Nurie auseinandertreiben, obwohl sie sich nur unterhalten, zwei harmlose Mütter in Blümchenkleidern an einem Sommertag.

Alles steht still. Sogar die Kleinen wissen, dass sie sich besser ruhig verhalten. Dann schreit ihr Vater so laut, dass es die Nachbarn hören. Es reicht, bringt nicht noch mehr Schande über mich, hört zu, es wird keine Spende der Gemeinde geben! Wie können sie es wagen – wie könnt ihr es wagen, so etwas zu sagen und Schande über mich zu bringen? Rebeccas Mutter beschwichtigt ihn, natürlich, du hast recht, Schatz, und beruhige dich, und bitte, Alberto, die Kinder, und bei diesen Worten fährt er herum und starrt seine Kinder und Lika an, als sähe er sie zum ersten Mal.

»*Lo syento*«, entschuldigt er sich, dann sagt er dieselben Worte noch mal zu seiner Frau und ein drittes Mal zu Likas Mutter, fast weinerlich. »Tut mir leid, tut mir leid, ich habe den Kopf verloren, bitte verzeiht.«

Doch er hört danach nicht auf, wechselt nur ins Englische, die Worte, wenn auch etwas ruhiger, scharf und nasal, mit gespuckten Ts. Tiya Nurie sammelt die Kinder ein – »Kommt, wir gehen die Schiffe anschauen, und wenn ihr brav seid, kaufe ich euch ein Eis« –, paart Klein mit Groß und scheucht sie durchs

Tor, obwohl keiner an Eis denkt, sondern alle nur zwei Worte im Kopf haben: Djentil Nahon, Djentil Nahon.

Im Herbst, als sie wieder in der Stadt sind, ruft Tiya Djentil nach Rebecca und Lika, nicht nur ein- oder zweimal pro Woche, sondern Tag und Nacht. Sie klopft auf den Boden (Likas Zimmerdecke), ruft aus dem Fenster, zunächst nach ihren *suvrinas*, ihren Nichten, so wie es ihre Gewohnheit war, doch schon bald fängt sie an, sie Töchter zu nennen: »Kommt, *mijikas*, ihr müsst etwas für mich erledigen! Kommt schnell, ich habe etwas für euch gebacken!«

Ihre Mütter sind sich einig, dass Djentil Nahon den Verstand verloren hat, und obwohl sie ein Auge auf die arme Frau haben und dafür sorgen, dass sie nicht verhungert, befehlen sie ihren Töchtern, sich von ihr fernzuhalten. Sie kommt allein zurecht, sagt Nurie, jetzt, wo sie nicht mehr für ihre Mutter sorgen muss. Es tut ihr gut, das Haus zu verlassen. Die Frauen von der Armenhilfe, darunter auch Sultana und Nurie, schauen regelmäßig bei ihr vorbei. Rebecca und Lika protestieren nicht. In Wahrheit sind sie erleichtert. Sie werden größer, zu alt, um ihre Zeit damit zu verbringen, eine verrückte alte Jungfer zu besuchen, und die Nonnen haben gesagt, dass man von zu viel Zucker Pickel bekommt, aber vor allem macht Djentil ihnen jetzt Angst, weil sie so dringend nach ihnen verlangt, weil sie zu sehr an die unsichtbare Welt glaubt, weil sie Mama, Mama, Mama in die Nacht ruft. Lika, sonst ganz wissenschaftlichem Denken verhaftet, sagt, dass sie die alte Frau halb verwest in ihrem Bett liegen sieht, dass sie diese Bilder nicht aus dem Kopf bekommt, und hat Djentil Nahon es eigentlich sofort jemandem erzählt, hat sie das Leichentuch selbst genäht, und was, wenn der Geist ihrer Mutter zurückkehrt? Wir sollten uns von so jemandem fernhalten, sagt Lika mit überraschender Kälte. Wir hätten sie nie *Tiya* nennen dürfen.

Rebecca empfindet Traurigkeit, gepaart mit Ungläubigkeit, denn wie kann man in einer so dicht gesponnenen, bevölkerten Welt leben, in der Löffel Geister beherbergen und Mädchen Flügel haben, aber dann stirbt die eigene Mutter, und man kann sie einfach nicht finden, weder in einem Löffel noch in einem Teppich noch sonst irgendwo, und die Mädchen, die immer zu Besuch gekommen sind, sind nicht deine Töchter, nicht mal deine Nichten, und kommen nicht mehr vorbei, und der einzige Mann, der dich je geheiratet hat, ist jetzt mit einer anderen verheiratet. Eine Weile ruft und klopft, klopft und ruft Djentil Nahon noch. Dann hört sie eines Tages damit auf. Und es ist vorbei, einfach so. Gelegentlich sehen Rebecca und Lika sie noch auf der Straße, mit ihren langen grauen Locken, wie sie in ihren Korb murmelt oder stehen bleibt, um Unkraut aus Ritzen zu zupfen, doch sie sieht durch die Mädchen hindurch, als wüsste sie nicht mehr, wer sie sind.

Rebecca wird zwölf. Die Veränderungen nimmt sie zunächst als ein innerliches Ausdünnen wahr, eine Fragilität von Gedanken und Launen, was im Missverhältnis zu der Ausdehnung und den Kurven ihres Körpers steht. Eines Abends kommt ihr Vater nach Hause und verkündet, dass sie das Turnen aufgeben muss, weil er nicht mit Maccabis Fokus auf Palästina einverstanden ist, den er nicht nur als Verrat an ihrem Land empfindet, sondern auch für falschen Messianismus, dem der Sabbatianer nicht unähnlich – er hat ihr von ihnen erzählt, hat sie zugehört, erinnert sie sich, wer sie sind? Ja, aber darum geht es nicht, Papa, sagt Rebecca. Ich bin so gut geworden, ich bin eine der Besten. Wir haben bald eine Aufführung, um Geld für die türkische Flotte zu sammeln! Das lasse ich nicht zu, dass du dich vor den Leuten zur Schau stellst. Und glaub mir, die türkische Flotte ist nur ein Vorwand.

Am nächsten Tag versucht sie, ihn umzustimmen, doch vergeblich, und von ihrer Mutter kann sie keine Hilfe erwarten, weil sie nach einer weiteren schweren Geburt und einer Operation krank im Bett liegt. Jetzt ist also Josef da, aber Rebecca hat genug von kleinen Kindern; ihre Großmutter mütterlicherseits wohnt vorübergehend bei ihnen und zwingt sie, Wäsche zu holen und Windeln zu wechseln, und das Baby spuckt und schreit ständig. Lika, deren Mutter spät noch mit einem kleinen Jungen gesegnet worden ist, nimmt Arbeit in einer Kurzwarenhandlung an, weil ihr Stipendium an der Sion gekürzt wurde. Rebecca geht zur Schule, kommt nach Hause, erledigt ihre häuslichen Pflichten, passt auf die Babys auf und sitzt bis spät über den Hausaufgaben. Sonntagnachmittags trifft sie sich manchmal mit Lika, und dann ziehen sie ihren kleinen Brüdern lustige Kleider an und schieben sie im Kinderwagen am Fluss entlang, aber die Mädchen sind zu alt für Puppen, und anders als Puppen sind ihre Brüder anstrengend und können nicht allein gelassen werden, wenn man anfängt, sich zu langweilen, deshalb nutzt sich der Spaß schnell ab.

Trotzdem hat es auch Vorteile, älter zu werden. Corinne redet jetzt wieder mit Rebecca, gibt ihr Ratschläge oder bittet ihre Schwester, ihr die Haare zu flechten und zu einem raffinierten Knoten zu stecken. Eines Tages erlaubt Sultana Rebecca, sich ein Kleid nähen zu lassen – ihre Garderobe besteht, bis auf das jährliche Festtagsgewand, hauptsächlich aus abgelegten Sachen von Corinne. Rebecca entwirft zusammen mit der Schneiderin Amada Almaleh ein flottes Matrosenkleid aus dunkelblauer Rohseide mit roter Krawatte, hoher Taille und Perlenknöpfen. Ihr wird Talent bescheinigt, und von nun an verbringt sie mehrere Nachmittage in der Woche im Atelier, hilft bei den Nähkursen für kleine Mädchen und lernt das Handwerk.

In der *kal* und bei gesellschaftlichen Zusammenkünften drehen sich die Jungen nach ihr um, und eines Tages lernt sie bei einem Picknick mit Likas Verwandten einen Jungen namens Sabetay Levy kennen – alle nennen ihn Samuel –, der sie und Lika in einem Tretboot auf einem kleinen Teich zwischen Schwänen und Enten herumfährt. Samuel erzählt ihnen etwas über Schwäne – dass es in Afrika und der Antarktis keine gibt, dass sie ihr ganzes Leben zusammenbleiben – und verfolgt Rebeccas Bewegungen mit Blicken. Hinterher fragt sie Lika über ihn aus – wo wohnt er, wo geht er zur Schule? –, und Lika sagt Ortaköy und dass er die Schule verlassen musste, um zu arbeiten, sein Vater hat sich aus dem Staub gemacht, sie sind furchtbar arm, eine Geschichte, die so gar nicht zu dem blitzgescheiten, gut gekleideten Jungen passt und auch nicht zu Rebeccas Gefühl, dass sie sich alle drei auf eine strahlende Zukunft zubewegen, während ihr Boot im Sonnenschein träge im Kreis fährt. Ein Jammer, sagt sie zu ihrer Freundin. Er hätte jemand sein können. Lika reagiert gereizt – vor Gott ist jeder jemand –, und Rebecca sagt, natürlich, so habe ich es nicht gemeint, obwohl sie sich Likas Cousin aus dem Kopf schlägt.

Am 14. November 1914 empfängt sie am Schultor ein großes Schild: VACANCES DE GUERRE. Zunächst hält Rebecca die in krakeliger Schrift hingeworfenen Worte für einen Kinderstreich. Aber nein: Es steht eine echte Wache vor dem Gebäude, mit steifen Knien und durchgestreckten Schultern. Die Gesichter der Erwachsenen sind aschfahl. Corinne nimmt Rebecca und Lika fest an die Hand. Rebecca dreht sich um, zweifelt an ihrem Französisch. Wie kann Krieg Ferien bedeuten? Und welcher Krieg überhaupt (die Balkankriege, für die sie Verbände aufgewickelt und Schals gestrickt haben, sind vorbei, glaubt sie jedenfalls)? Sie verspürt einen Anflug diebischer Freude – heute keine Schule! –, aber gleichzeitig eine dunkle Vorahnung von Verlust.

Die Mädchen dürfen die Schule nicht betreten, nicht einmal ihre Handarbeiten, Hefte und Bilder holen, kein letztes Mal in den marmornen Hof, wo das Jesuskind nach dem Kinn der Jungfrau Maria greift. Sich nicht einmal verabschieden. Die Einzelheiten erfahren sie erst später: dass die Schule ohne Vorwarnung geschlossen worden ist, die Nonnen nach Frankreich zurückgeschickt oder interniert, weil sie Spione sein könnten (könnten sie?), die Internatsschüler auf die Straße gesetzt. Draußen versammeln sich immer mehr Gendarmen, und mit ihren roten Fesen, goldenen Quasten und blauen Uniformen sieht es aus, als würde sich eine Parade formieren, aber Monsieur Radkov, der sonst so sanftmütige albanische Pförtner, der die Mädchen jeden Morgen zur Schule eskortiert, packt Rebecca und Lika am Arm, viel zu fest, raunt Corinne etwas zu und zieht sie fort.

Und so endet Rebeccas unbeschwerte Kindheit – die schöne Zeit, so wird sie immer daran zurückdenken – innerhalb weniger Stunden. Ihre Lieblingslehrerin Mère Mélanie flieht nach Frankreich, ohne sich zu verabschieden, und man darf keine Briefe in ein verfeindetes Land schicken oder von dort bekommen. Das Lycée Notre Dame de Sion wird eine Ingenieursschule fürs Militär, dann ein Krankenhaus. Innerhalb eines Monats sind Rebecca und Corinne bei der deutschen

Schule angemeldet, mit ihren nackten Klassenräumen, gutturalen Lauten und strengen Lehrern, kein Gesang, außer ein paar Kirchenlieder, weder Kunst noch Statuen, und wenn ein Mädchen bestraft werden muss, packt die Lehrerin es am Ohr. Da Likas Vater arbeitslos ist (alle Schulen der Alliance Israélite in der Stadt sind geschlossen worden), kann ihre Familie sich die deutsche Schule nicht leisten, und es gibt zu viele Mädchen, die auf ein Stipendium angewiesen sind, unzählige, denen ihr Französisch jetzt nichts mehr nützt. Rebecca fragt ihren Vater, ob sie Likas Gebühren nicht übernehmen können, aber er sagt Nein, sie hätten selbst wenig Geld. »Aber sie ist eine der besseren Schülerinnen«, erwidert Rebecca. »Und sie geht gern zur Schule.« »*Chacun pour soi*«, sagt ihr Vater kalt, doch dann dreht er sich noch mal um und fügt mit freundlicherer Stimme hinzu: »Leider ist das Leben nicht immer gerecht, Rebecca. Ich hätte zum Beispiel selbst gern studiert und wäre Lehrer geworden, doch stattdessen leite ich eine Fabrik, um für meine Familie zu sorgen.« Lika muss die Schule verlassen und den ganzen Tag im Kurzwarengeschäft arbeiten, aber nicht für lange, weil ihre Familie nach Ortaköy zieht, um bei Verwandten zu wohnen und Geld für Amerika zu sparen, und Lika findet eine neue Arbeit in einer Bäckerei.

Die beiden Mädchen sehen sich anfangs alle zwei Wochen, dann nur noch einmal im Monat. Im folgenden Jahr übernimmt das Militär die Textilfabrik von Rebeccas Vater für Uniformen, und Rebecca ist gezwungen, der Schneiderin zu sagen, dass sie nur bleiben kann, wenn sie bezahlt wird. Das bedeutet mehr Arbeit in weniger Zeit – die Sinyora treibt sie an, sobald die Uhr läuft –, anstrengende Stunden nach der Schule, in denen sie Säume heftet und ungeschickten, zappeligen Mädchen das Nähen beibringt.

An einem Sonntag im Mai kommt Lika vorbei, um sich zu verabschieden, bevor sie mit ihrer Familie nach Amerika geht.

»Du fährst wirklich?«, sagt Rebecca. Obwohl es für sie keine Neuigkeit ist, hat sie es nicht wahrhaben wollen. Sie streckt die Hand aus, um das Gesicht ihrer Freundin zu berühren, das in ihrer Vorstellung immer noch so sehr dem eigenen ähnelt – allerdings sieht Lika in Wahrheit älter aus, blass und angespannt. »Verlass mich nicht«, sagt Rebecca. »Wir wollten doch Nachbarn sein und unsere Kinder gemeinsam großziehen.«

»Hör auf.« Lika weicht zurück. »Ich kann nicht. Wir fahren übermorgen. Meine Mutter kommt nachher vorbei, um sich zu verabschieden. Bitte wünsch mir einfach alles Gute.«

»Tut mir leid«, stottert Rebecca. »Natürlich wünsch ich dir das, es ist nur … mir vorzustellen, dass du wirklich gehst, ist hart für mich. Wir sind so lange denselben Weg gegangen …«

»Nein.« Likas Stimme ist flach. »Du hattest immer mehr.«

Likas Blick huscht zu dem großen Steinhaus hinter ihnen, und Rebecca erinnert sich an ein Spiel, das sie früher in der Schule gespielt haben, ein Staffellauf, bei dem man die sieben Todsünden übergab, und am Ende sollte man die Sünde nennen, mit der man am meisten zu kämpfen hatte, und sollte in sich gehen. Lika nannte immer Neid und Rebecca Eitelkeit, doch schon damals war ihr bewusst, dass Likas Neid gerechtfertigter war als ihre Eitelkeit. Schon immer hatte sie die schöne Oberfläche der Dinge geliebt, das eigene Gesicht eingeschlossen, und Hässlichkeit störte sie so sehr, dass ihre Kunstlehrerin sie oftmals rügte, weil sie die Merkmale ignorierte, die einer *natura morte* Authentizität verliehen – die abgesplitterte Stelle an der Tülle eines Krugs, die braunen Flecken einer Birne. Nach dem Spiel hatte sie für etwa eine Woche nicht mehr in den Spiegel gesehen, eine Maßnahme, die sie so sehr aus dem Konzept brachte, dass sie schnell wieder davon Abstand nahm. Da sie keine Katholikin war, musste sie sich auch nicht mit den sieben Todsünden herumquälen, fand sie.

»Tut mir leid, Lika«, sagt sie noch mal und kann sich nicht verkneifen hinzuzufügen: »Für uns ändert sich auch alles. Wir haben viel verloren.«

Lika zuckt die Schultern. *»Plus ça change.«*

»Wir haben die Fabrik immer noch nicht zurück. Mein Vater muss jetzt für sie arbeiten.«

Lika wirkt überrascht, fast erfreut. »Dann kommt mit nach New York. Meine Cousins sind schon da. Wir können dann in *Spanish Harlem* Nachbarn sein.«

»Ich frage meinen Vater«, sagt Rebecca, aber sie wissen beide, es ist undenkbar, dass sie ihr Zuhause verlässt, ihr Vater hat Freunde auf höchster Ebene und wird sicher eine Lösung finden. Ihre Familie, vor allem ihr Vater, ist von hier, wie die Pflastersteine von hier sind, Teil der Erde. Wenn er, was selten vorkommt, von den zehn Jahren spricht, die er in England verbracht hat, zeichnet er ein düsteres Bild von einem Heimwehgeplagten an einem feuchten, traurigen Ort.

Lika nimmt ihr silbernes Medaillon ab und legt es Rebecca um den Hals. »Ich muss gehen. Darin sind unsere Initialen.« Sie beugt sich vor, ihr Atem der schwindelerregende grüne Duft der Kindheit. »Für dich, Beccalika, aber nur geliehen. Du kannst es mir zurückgeben, wenn wir uns wiedersehen.«

Rebecca fasst sich an die Ohren und nimmt ihre goldenen Kreolen ab, ein Geschenk von ihren Eltern, die sie nur in den Ferien abnimmt und durch ihre Davidstern-Ohrringe ersetzt. »*Grasyas*, Likabecca. Ich werde es immer tragen. Die sind für dich.«

»Das kann ich nicht annehmen, die sind aus Gold – das ist viel zu wertvoll.«

»Gut. Falls du je Geld brauchst, kannst du sie verkaufen.«

»Nur über meine Leiche.«

»*La boka mala,* Lika! Sag so etwas nicht!«

Lika schließt ihre Hand um die Ohrringe, und Rebecca gibt ihrer Freundin einen Kuss, erst auf die eine Wange, dann auf die andere. »*Kaminos di leche i miel*« – Wege aus Milch und Honig.

Lika wendet sich ab, ohne den Kuss zu erwidern. Sie rennt den Berg hinunter, schlängelt sich zwischen den Leuten auf dem Gehweg hindurch. Nur einmal dreht sie sich um, um zu winken. Während Rebecca zurückwinkt, muss sie an eine Szene in der Küche in Büyükdere denken, als ein Splitter tief in ihrer Ferse steckte. Unter der Anleitung von Rebeccas Nona sterilisierte Lika – sie waren vielleicht neun oder zehn – eine Nadel mit einem Streichholz, klemmte sich Rebeccas Fuß zwischen die Knie und stach tief hinein, ein chirurgischer Eingriff, schnell und selbstbewusst ausgeführt, der mit einem langen, blutigen Splitter belohnt wurde. Je schneller man macht, desto weniger tut es weh. Es mochte derselbe Sommer gewesen sein, in dem sie anhand der französischen Zeitschriften von Likas Vater ihre Weltreise planten (obwohl keine von ihnen je weiter gekommen war als bis Izmir). Indien und China, Marokko, Polynesien, England. Irland, wo Kobolde hinter Steinen hockten. Paris und Rom, in jeder Stadt ein paar Tage, aber nie Amerika; es kam in den Zeitschriften nicht vor, und es war so weit weg, und sie kannten niemanden, der schon einmal dort gewesen war.

Je schneller man macht, desto weniger tut es weh, doch es hatte ziemlich wehgetan, als sie den Splitter rauszog, und danach spritzte Blut aus dem Loch, gefolgt von Eiter und einer klaren, reinigenden Flüssigkeit, wie Tränen. Rebecca lehnt sich an die Hausmauer, innerlich wie ausgeschabt, während ihre Freundin den steilen Berg hinunterläuft, und erst verschwindet Likas Körper und dann ihr Kopf, und sie ist weg.

Eines Tages, ungefähr fünf Monate nach Likas Abschied, geht Rebecca von der Arbeit nach Hause und sieht Djentil Nahon an ihrem Erkerfenster sitzen. Sie geht ein Stück weiter, bevor sie an einem Stand stehen bleibt und spontan einen Strauß Gänseblümchen kauft, den sie billiger bekommt, weil es schon spät am Tag ist. Dann dreht sie um, stellt sich unter das Fenster und ruft nach oben, ganz förmlich jetzt: »Sinyora Nahon? Sinyora Nahon? *Buenas tardes!*«

Das Fenster wird geöffnet. Djentil Nahon sieht hinaus. Es ist ein warmer Herbsttag, aber sie ist in eine Decke gewickelt, das graue Haar fällt ihr über die Schultern. Sie sieht noch kleiner aus als früher, obwohl die Sicht von den Weinranken behindert wird, die das Haus zu verschlingen drohen. Der Korb am Seil hängt auf Straßenhöhe. Behutsam legt Rebecca die Blumen hinein, ruft: »Ich habe Ihnen Gänseblümchen gekauft!«, und tritt zurück, um zuzusehen, wie der Strauß nach oben gezogen wird. Djentil Nahon nimmt die Blumen aus dem Korb und lässt ihn so abrupt wieder fallen, dass Rebecca ausweichen muss.

Djentil bleibt am Fenster stehen, ihr Blick nach unten so intensiv, dass Rebecca heiß wird. Weder bedankt sie sich, noch bittet sie Rebecca hinauf oder sagt, dass sie Zwiebeln braucht. Sie sagt nicht, dass sie Rebecca verzeiht, dass sie nicht mehr zu Besuch kommt, oder Alberto verzeiht, dass er sich hat scheiden lassen, oder El Dyo, dass er ihr kein Kind geschenkt hat, oder ihrer Mutter, dass sie gestorben ist, oder Lika und ihren Eltern, dass sie weggezogen sind und sie mit Fremden in der Wohnung unten zurückgelassen haben, die heruntergekommen aussieht, tote Pflanzen in den Blumenkästen, getrocknete Schlammspritzer auf dem Eisengitter.

Rebecca hat die Blumen aus einem Impuls heraus gekauft – eine kleine Aufmerksamkeit für eine einsame Frau. Die Blumen erinnern sie an ihren Vater und seine Verbindung zu Djentil, daran, wie traurig und besorgt er in letzter Zeit wirkt, an Lika, die fort ist (obwohl sie regelmäßig Briefe schreibt und Amerika zu mögen scheint, wo sie wieder zur Schule geht), daran, wie drückend sich die Vergangenheit anfühlt, die Gegenwart dünn – all das schwingt so unterschwellig mit, dass sie es nicht benennen kann, obwohl sie es spürt. Sie neigt den Kopf zurück, begegnet Tiya Djentils Blick und will unbedingt den Segen der alten Frau: »Mögest du wachsen und gedeihen wie die Fische im Meer« oder »Mögen die Engel dir helfen«.

Djentil muss ihre Gedanken lesen, oder vielleicht ist von einer *loka* nichts anderes zu erwarten, und es ist immer noch dasselbe, schwächer, aber immer noch hörbar, wie die Musik auf den alten Wachszylindern des Phonographen, den Alberto noch in der Vitrine stehen hat, auch wenn er ihn bald verkaufen muss.

»*El Dyo te aga sigun lo ke azes por mi!*«, ruft Djentil aus dem Fenster. Möge Gott dir geben, was du mir gegeben.

»*Grasyas, Tiya!*«, erwidert Rebecca lächelnd.

Doch als sie weiter den Berg hinaufgeht, fragt sie sich: Ist es ein Segen oder ein Fluch?

Istanbul, 1924

Alberto ist spät dran. Wäre er direkt ins Büro des Jüdischen Flüchtlingshilfswerks gegangen, wäre er längst da, doch es ist schwer, geradeaus zu gehen, wenn du vom Raki betrunken bist und dir das Herz bricht, und wenn er zu dem Termin erscheint, muss er Ja oder Nein sagen und dann die Neuigkeit Sultana und den Kindern überbringen. Wenn er Ja sagt, wird es geschehen: Sie werden nach Spanien zurückkehren, *regresar,* obwohl sie vorher nie dort gewesen sind. Und dort, im einstigen Land der *Convivencia,* wird er dann Hausmeister sein.

Alberto ist alt. Bald wird er siebzig und sein jüngster Sohn

Josef erst zehn. Alt, betrunken, müde, verwirrt, sentimental, enttäuscht, obwohl er weiß, er sollte dankbar sein für diese Gelegenheit. Er eilt in die falsche Richtung, den Berg hinab, durchs Balat-Tor in das baufällige, enge Viertel, das sie ironisch Balat-sur-Mer nennen, vorbei am Kai mit den Obst- und Gemüsekisten, wo unter gestrandeten Ruderbooten Flüchtlinge schlafen, und am nächsten Kai mit den Feuerholzbooten, vorbei an der Skala de los kayikes, von wo Passagiere und Leichen nach Hasköy übergesetzt werden, weil der jüdische Friedhof auf dieser Seite voll ist. Er lauscht dem Rhythmus seiner Füße, während er versucht, seinen Geist zu leeren und sich auf die Umgebung zu konzentrieren, die er jetzt schon vermisst, trotz ihrer Ungeschminktheit. Wie schnell er sich vorwärtsbewegt, als wäre er ein viel jüngerer Mann. Sein erregtes Gemüt verleiht ihm Flügel.

Sechs Monate sind vergangen, seit er sich auf Drängen seiner Frau zum ersten Mal an das Hilfswerk gewandt hat, diesmal nicht als Spender oder Unterstützer, wie in der Vergangenheit, sondern als potenzieller Bittsteller. Da ich harte Zeiten durchlebe, und in der Hoffnung auf ein besseres Leben für meine Familie, suche ich für mich und meine Söhne Arbeit in Frankreich, Amerika oder England. Er sprach nicht laut aus, dass er Isidoro aus der Stadt schaffen musste, damit er nicht zum Sklaven der Armee gemacht wird (die Wände haben Ohren), doch das verstand sich von selbst. Etwa einen Monat später bestellte ihn der Direktor Jacobo Carvalho zu sich und sagte: Wenn du offen für Palästina bist, könnten unsere Kollegen bei der Zionistischen Weltorganisation vielleicht helfen, doch Alberto lehnte ab (er würde nur auf direkte Einladung von Gott nach Palästina gehen).

»Was ist mit Kuba, wo meine älteste Tochter und ihr Ehemann sind?«, fragte Alberto. »Sie werden von dort nach Amerika weiterreisen.«

»Viel Glück dabei«, sagte Jacobo. »Wenn du meinst, versuch Kuba, aber stell dich darauf ein, dort hängen zu bleiben, es sei denn …« Er rieb Daumen und Zeigefinger aneinander. »Und zwar viel.«

»Was ist mit Ägypten, oder England?«

»Nur, wenn du über beträchtliche Mittel verfügst.« Jacobo seufzte. »Wir halten die Augen für dich offen, aber wie du weißt, haben viele Länder ihre Grenzen dichtgemacht oder die Kontrollen verschärft, und wir haben Tausende von Flüchtlingen, die wir unterbringen müssen. Am besten wäre es wahrscheinlich, deine eigenen Beziehungen im Ausland spielen zu lassen.«

Alberto erwiderte, das würde er selbstverständlich tun, obwohl in Wahrheit nicht viele übrig sind – er hat sein Vermögen verspielt, so manche Brücke hinter sich abgebrochen –, und eigentlich will er auch gar nicht weg.

Dann, vor jetzt neun Tagen – schon Ende Oktober, eine gewisse Kälte in der Luft, kurz nach Sukkot –, traf er einen alten Bekannten in der Librairie Cohen Sœurs (nicht verwandt) in der Rue Péra, wo er einen Koffer Bücher verkaufen wollte: Fachbücher auf Französisch, Romane auf Ladino, Kinderbücher, Schulbücher, ein paar alte Wälzer von seinem Vater; seine eigene Sammlung hat er noch nicht geplündert. Der Bekannte entdeckte Alberto am Ladentisch, wo er mit Mazalto Cohen plauderte, und erzählte auf Französisch, dass Albertos Name beim Flüchtlingsausschuss gefallen sei und man vielleicht etwas für ihn hätte. Alberto überließ Mazalto seinen Büchern und führte den Bekannten in einen der kleinen, dunklen Räume am hinteren Ende des Ladens. Man hätte meinen können, es ginge um irgendein lukratives illegales Geschäft, so zittrig und heimlichtuerisch fühlte er sich. *»Dites-moi«*, flüsterte er krächzend und viel zu laut. »Was ist das für eine Gelegenheit, von der Sie sprechen? Wo?«

»Espanya.«

»Espanya?«, hatte er zwischen den hohen Regalen der antiken, in Leder gebundenen Bände mit Titeln wie *Das Leben der osmanischen Könige und Kaiser* wiederholt, womöglich mehr als ein Mal. Wäre die Antwort Timbuktu gewesen, hätte er nicht erstaunter sein können. Denn was war Spanien? Es war das Land, aus dem sie stammten und nicht stammten. Es war das Land, in dem man sie massakriert hatte, der Ritualmordlegende beschuldigt, auf Plätzen zusammengetrieben, um ihnen die Namen von Heiligen oder Bäumen zuzuweisen. Es war das Land, aus dem sie – vor über vierhundert Jahren, Herrgott noch mal – geflohen waren. Doch Spanien war auch Ursprung seiner *lingua de leche*, die er von klein auf sprach (obwohl er Französisch bevorzugte), und Geburtsort seines Helden Maimonides, Heimat großer Dichter und in Europa.

»Erzählen Sie mehr.«

Der Mann informierte ihn, dass Primo de Rivera, der Premierminister Spaniens, ein Dekret erlassen habe, das Ende Dezember in Kraft trat, für mindestens sechs Jahre galt und den *Protegidos Españoles* sowie ihren Nachkommen, einschließlich Sepharden, die spanische Staatsbürgerschaft garantierte. Und dass es in Barcelona – eine moderne, aufstrebende Stadt – eine kleine Synagoge gab, um die sich irgendjemand kümmern musste.

»Wollen Sie mir sagen, es gibt dort eine jüdische Gemeinde?«, fragte Alberto skeptisch. »Sind Sie sicher, dass es keine Neuchristen, keine *conversos* sind?«

»Es sind richtige Juden«, erwiderte der Mann. »Wie Sie und ich, aus der Türkei, der Levante und ein paar aus Russland und Deutschland und anderen Ländern.«

»Wie viele?«, fragte Alberto.

»Ein paar Hundert vielleicht. Vielleicht mehr.«

»Und geht es ihnen dort gut? Sie werden nicht gezwungen zu konvertieren oder zu verheimlichen, wer sie sind?«

Der Mann lachte. »Nein, offenbar mögen sie uns jetzt. Sie bezeichnen Spanien als unser Heimatland.«

Alberto lachte ebenfalls, obwohl er spürte, wie sich seine Brust zusammenzog. Der Boden unter seinen Füßen, diese Stadt, wo er geboren wurde und seine Eltern begraben sind, ist seine Heimat. Nicht *nächstes Jahr in Jerusalem* (obwohl er es im Gebet zitiert und die heiligen Stätten gern vor seinem Tod noch besuchen würde) und schon gar nicht in Spanien, ein Land, mit dem er, falls es keine Erinnerungen an Blutvergießen und *Autodafé* weckt, eine Art Nostalgie für spanische Omeletts und *romanseros* verbindet, alte Geschichten, die auf Spanyol erzählt werden – eine Sprache (wenn man es überhaupt so nennen kann), die er täglich spricht, aber in gesprochener Form für Jargon hält. »Warum? Warum jetzt?«

»Ich kenne die Hintergründe nicht, Monsieur Cohen. Jemand hat erwähnt, dass sie interessiert sind, die Handelsbeziehungen mit Marokko und dem Balkan auszubauen, wobei ihnen unsere guten Verbindungen dorthin nützlich wären. Bedenken Sie, Spanien hat einen Großteil seines Reiches verloren. Vielleicht bereuen sie die Ereignisse der Vergangenheit. Sie haben viel verloren, als sie uns vertrieben haben.«

Umgeben von den ehrwürdigen antiken Büchern in den Regalen, hatte Alberto die zynischen, ungläubigen Gedanken beiseitegeschoben, die sich ihm aufdrängten, und sich dem Traum von Büchern und Musik hingegeben, von einem Leben als Gelehrter statt als Geschäftsmann. Von einem Neuanfang für seine Söhne und Töchter.

»Dann wäre ich also der Chasan?« Er ist bekannt für seine schöne Singstimme und übernimmt in seiner Synagoge oft die Rolle des Vorbeters.

»Wie gesagt, ich kenne die Einzelheiten nicht«, sagte sein Bekannter und klang fast ungeduldig. »Vereinbaren Sie einen Termin im Büro. Dort kann man Ihnen mehr sagen.«

Zwei Tage später saß Alberto im Büro in der Rue Péra.

»Nein, nicht ganz der Chasan«, sagte der junge Mann hinterm Schreibtisch. »Eher der Gabbai oder Schammes. Eine Art Hausmeister, soweit ich es verstanden habe.«

Alberto war zusammengezuckt. Die Schammes, die er kannte, waren einfache, ungebildete Männer, die *tefila, tefila!* durch die Straßen riefen, um die Leute zum Morgengebet zu wecken, und freitagnachts mit den Wachleuten Patrouille liefen, um sich zu vergewissern, dass die Läden geschlossen waren. Der Schammes der Ahrida-Synagoge war nebenbei bei der freiwilligen Feuerwehr und verhökerte an der Straßenecke gepökelten Fisch, um sich etwas dazuzuverdienen.

»Und warum nicht der Chasan?« Es gelang ihm nicht, gelassen zu klingen.

»Der Gemeinde steht wenig Geld zur Verfügung, und es gibt viel zu tun.«

»Als da wäre?«

»Als da wäre ... Keine Ahnung, alltägliche Verrichtungen vermutlich – Öffnen und Schließen des *oratorio,* die Stufen fegen.«

Der junge Mann unterstrich das Wort *fegen* mit einer entsprechenden Geste, und Alberto überraschte sich selbst mit einer komischen Einlage, als er sich einen schwarzen Schirm aus dem nahen Ständer schnappte und tat, als würde er damit den Teppich fegen. Dabei zitierte er etwas atemlos aus den Sprüchen Salomos: »Geh hin zur Ameise, du Fauler, sieh an ihr Tun und lerne von ihr!« – und beide lachten herzlich.

»Wer ist Chacham?«, fragte er dann. »Und wer Chasan?«

»Es ist eine sehr kleine Gemeinde, obwohl man davon ausgeht, dass sie wächst. Ich glaube nicht, dass es einen festen Rabbiner oder Kantor gibt. Sie würden direkt neben der Synagoge wohnen. Sie liegt in einem Mietshaus, von außen nicht einsehbar. Ein friedlicher Ort. Ich glaube, sie wären der einzige Angestellte. Natürlich gibt es einen Vorstand. Man lädt Rabbiner ein, die von Frankreich oder anderen Ländern auf der Durchreise sind.«

»Verstehe. Also wäre ich der …« *Chef,* hatte er sagen wollen. *El patron.* Verantwortlich. »Schammes«, beendete er den Satz stattdessen schwach.

Der junge Mann nickte und sah auf seine Uhr. »So eine Gelegenheit können wir den wenigsten bieten. Sie würden mit Ihrer Familie umsonst wohnen, in einem netten, neuen Viertel. Das liegt daran, dass Sie Ansehen genießen, Monsieur Cohen, und der Gemeinde gegenüber immer sehr großzügig waren.«

Das stimmt; er hat immer gegeben. Er liebt das Gefühl (mehr als die tägliche Arbeit). »Danke.« Er stellte den Schirm zurück in den Ständer. »Natürlich muss ich darüber nachdenken. Ich gebe Ihnen Bescheid.«

»Wann?«

»Bald.«

»Ich gebe Ihnen eine Woche, Monsieur. Andere werden sich um diese Gelegenheit reißen, falls Sie sie nicht ergreifen.«

»Eine Woche sollte reichen.«

Und sie hatten für heute einen Termin abgemacht, zu dem er vor fast einer Stunde hätte eintreffen sollen.

Immer weiter geht er in die falsche Richtung, nachdem er seinen Termin verpasst hat, wie ein Aufziehspielzeug, das seinem eigenen unergründlichen Kurs folgt. Wo liegt das Problem, *mon vieux* (wo nicht)? Er hat seinen Teil des Familienvermögens durchgebracht oder den Überblick verloren, und er hat kein Einkommen, weil der Staat seine (bereits angeschlagene) Fabrik übernommen hat, um während des Kriegs Uniformen herzustellen, und das Dokument, das er bräuchte, um sie zurückzubekommen, ist verschwunden. In seiner Erinnerung war es nicht mehr als ein Fetzen Papier. In seiner Erinnerung hat er es zu Hause in dem kleinen Safe in seiner Bibliothek verwahrt. Dass ihm die Wichtigkeit des Dokuments nicht bewusst war, ist korrekt – natürlich war es seine Fabrik, jeder wusste das; sein Name stand auf dem Briefkopf. Dass das Dokument fehlt, ist ebenfalls korrekt. Könnte die Regierung es sich irgendwie beschafft haben? Könnte Alberto es verloren haben oder vergessen, wo er es hingelegt hat? Mehr als ein Mal hat er hinter der verschlossenen Tür seines Arbeitszimmers den Safe geleert, den Schreibtisch durchsucht, die Bücher ausgeschüttelt, in denen er manchmal Dokumente aufbewahrt, alles vergeblich. Diese Gauner wollen die Urkunde nicht anerkennen, erzählt er Sultana, die ungläubig den Kopf schüttelt, dann weint, dann betet, dass diese Männer ihren Fehler einsehen. Wie tief ist er gesunken, dass er andere verleumdet, um den eigenen Namen zu retten, und noch dazu seine eigene liebe Frau belügt.

Wären solche Eigentumsstreitigkeiten in einer anderen

Epoche vielleicht durch den Freund eines Freundes oder eine fette Spende, durch Anwälte oder ein Gericht beigelegt worden, so hatten sich jetzt alle Systeme aufgelöst, jedenfalls für einen Mann mit seinem Hintergrund. Das System will verhindern, dass er seine Fabrik zurückbekommt; davon ist er überzeugt. Er kann sich keinen Anwalt leisten, kann das Schulgeld für die Kinder nicht begleichen, kann weder die Steuern noch den monatlichen Unterhalt für seine erste Frau Djentil Nahon zahlen, und obwohl Letzteres seine geringste Sorge sein sollte (von Rechts wegen ist er zu nichts verpflichtet, ihre *ketubba* hat er schon vor Jahrzehnten bezahlt), fühlt er sich deshalb am jämmerlichsten und kann nicht mehr an ihrem Haus vorbeigehen, sondern nimmt Umwege durch Seitenstraßen.

Die mochte er sowieso lieber, wegen all der Dinge, die abseits der Hauptstraße zu entdecken waren: verschleierte Frauen, zu dritt untergehakt nebeneinander, Topfpflanzen auf den Stufen vor den Häusern, Katzen, die an Mauern entlangstrichen, und selbst wenn er es eilig hat, bleibt er stehen, um eine welke Blüte zu entfernen oder einen umgekippten Blumentopf aufzurichten. Wenigstens ist Corinne unter der Haube, auch wenn ihr Ehemann Israel gezwungen war, die Schuld für die Schmuggelgeschäfte seines Chefs in der Armee auf sich zu nehmen, weshalb sie nach Marseille geflohen sind und von dort weiter nach Kuba, wo sie Cowboykleidung von der Stange verkaufen und auf die Einreise nach Amerika warten. Es ist kaum das Leben, das er sich für seine älteste Tochter erträumt hat, obwohl er wenigstens für eine angemessene Mitgift gesorgt hatte. Rebecca, die als Schneiderin arbeitet, ohne jede Aussicht auf eine Heirat, und Elsa, die auf die kostengünstige Schule der Alliance Israélite geht, sind eine andere Geschichte, und seine Söhne – Josef ebenfalls an der Alliance-Schule, Marko und Isidoro schlecht bezahlte Hilfsarbeiter, ohne Aufstiegschancen – sind auch nicht besser dran, und es beschämt ihn zutiefst, dass er seinen Kindern nichts Besseres bieten kann.

Er ist fast in Eyüp und bleibt stehen, um sich auszuruhen, lehnt sich schwer atmend an einen Stapel Kisten. Eine Schar Katzen taucht auf, eine Mutter mit ihrem Wurf, und er erlaubt den Kätzchen, auf ihm herumzuklettern, staksend auf seinem Arm zu balancieren, nur um drollig hinunterzukullern und sich sofort erneut anzupirschen. Es heißt, dass die Moslems den Katzen Wasser und Futter hinstellen, weil einst eine Katze den Propheten Mohammed vor einer giftigen Schlange gerettet hat (Hunde dagegen werden zusammengetrieben und auf Inseln verfrachtet, wo sie sich entweder gegenseitig fressen oder verhungern). Eines der Kätzchen schafft es bis zu Albertos Schulter. Als er den Kopf dreht, schlägt es nach seinem Bart, und vor Schreck zuckt er so zusammen, dass es auf die Straße purzelt, wo es sich berappelt und davonflitzt. Gibt es in Barcelona überhaupt Straßenkatzen? Hängen blutige, vor Fett triefende Schweine in den Schaufenstern? Weht der Geist seiner geliebten Gelehrten und Dichter durch die Straßen?

Er kann jetzt seinen Puls hören. Hiob wurde mit all seinen Problemen von Gott auf die Probe gestellt, doch er kann sich kaum vorstellen, dass der gegenwärtige, menschengemachte (was ihn selbst mit einschließt) Schlamassel irgendetwas mit Gottes Willen zu tun hat. Sein Bruder will wegen seiner Spielsucht keine Geschäfte mehr mit ihm machen und hat den Zugriff auf das Schweizer Bankkonto gesperrt, auf das die bescheidenen Einnahmen von den Mietobjekten der Familie in Beyoğlu eingehen. Sie vermieten schon lange an diverse Bordelle, weshalb Alberto seinen Namen ursprünglich aus den Verträgen gestrichen hatte. Er sitzt schließlich in verschiedenen Ausschüssen und hat einen Ruf zu verlieren. Er spendet (spendete) für wohltätige Zwecke, und die Prostituierten, gefallene Mädchen aus Rumänien und Odessa, zählen zu Sultanas vielen Herzensangelegenheiten.

Ausgeruht geht er weiter in die falsche Richtung, vorbei an der stillgelegten Fes-Fabrik, den Berg hinauf zum Markt an der Eyüp-Sultan-Moschee, wo sich Käufer, Bettler, Pilger und Straßenhändler drängen. Er kauft eine Tüte geröstete Maronen und will sich genüsslich darüber hermachen, verbrennt sich jedoch an der ersten die Zunge. Ein Straßenkind mit einem gesteppten roten Hemd und einem Baby auf dem Rücken taucht auf und streckt die schmutzigen, leeren Hände aus. Alberto bietet ihm spontan die Maronen an, und das Kind schnappt sich die Tüte und verschwindet in der Menge.

Gab es schon immer so viele Bettler? Kinder, die Kinder großziehen? Während er blind seinem Tagwerk nachgegangen ist, hat sich die Stadt (das Land, das Reich) verändert, erst von Besatzungstruppen überrannt, jetzt voller Flüchtlinge, während die Juden, und auch die Flüchtlinge, das Land verlassen, so schnell sie können. Mustafa Kemal Atatürks zweiter Vorname bedeutet »Vollkommenheit«, und der neue Präsident hat wahrlich eine erhabene Vision, aber es sei auch gesagt (natürlich nicht laut), dass diese neue Republik an ihren Regeln ersticken könnte. Früher konnte man Geschäfte mit einem Handschlag und einem Raki besiegeln; jetzt gibt es Papierkram, der selbst einen gebildeten Mann wie einen Narren dastehen lässt. Niemand darf noch einen Fes tragen (vor hundert Jahren wurde der Turban zugunsten des Fes verboten) oder religiöse Symbole in den jüdischen Schulen aufhängen, wo ein staatlicher Lehrer jetzt fünf Wochenstunden Türkisch unterrichtet, was ja schön und gut wäre, wenn der restliche Unterricht nicht auf Hebräisch sein müsste, das die Regierung absurderweise zur Muttersprache der jüdischen Gemeinden erklärt hat. Selbst der Name der Stadt war geändert worden, ihr Status als Hauptstadt abgeschafft. Isidoro kann jederzeit vom Militär eingezogen werden, das ihm koscheres Essen verweigern und ihn zum Steineschleppen ins Hinterland schicken wird, und Marko würde bald dasselbe blühen. Jüdische Jungen hacken sich die kleinen Finger ab und verbrühen sich die Füße, damit sie nicht dienen müssen.

Alberto ist ganz für Fortschritt und Verfechter der Modernisierung, aber jeder sollte die Kopfbedeckung tragen, die er tragen will. Nur türkische Moslems dürfen noch in ausländischen Banken oder im öffentlichen Dienst arbeiten. Das Schlimmste ist nicht einmal, dass er sein Geschäft verloren hat, sondern dass es niemanden mehr gibt, mit dem er Geschäfte machen könnte. Die Griechen sind geflohen oder ausgetauscht worden, die Armenier hat man in Anatolien niedergemetzelt oder – wie diverse seiner Freunde und Geschäftspartner – hier in der Stadt zusammengetrieben und abtransportiert, und Alberto hat nichts dagegen unternommen, außer halbherzig zu seinem Gott zu beten, dass Gerechtigkeit geschehe. Die Juden sind scharenweise nach Amerika und Europa geflüchtet, während die Zionisten nach Palästina ausgewandert sind, um steinigen Boden zu beackern. Neulich hat ein berühmter jüdischer Kaufmann wegen finanzieller Probleme Selbstmord begangen. Selbst der Oberrabbiner ist fortgegangen, erst nach Frankreich, dann nach Ägypten, obwohl ihm der Efendi-Titel zugesprochen wurde und er zur Delegation in Lausanne gehörte.

Alberto ist geblieben. Warum? Warum nicht? Er ist reich (war es jedenfalls). Ein osmanischer Jude. Ein fortschrittlicher jüdischer Türke. Ein Türke. Dieses Land war gut zu ihm gewesen und davor zu seinem Vater und davor zum Vater seines Vaters. Er ist alt.

Aber *warum*?

Er liebt es hier. Jedes Frühjahr, jeden Sommer widmet er sich dem Garten in Büyükdere, düngt ihn mit Rindenmulch, zerstoßenen Muscheln und Eierschalen, Kaffeesatz und sogar rostigen Nägeln, um das Blau in den Hortensien hervorzubringen, womit Sultana ihn aufzieht, es Hexerei nennt, dabei ist es Wissenschaft. Er liebt die Straßen, die sich durch seine Stadt winden, die von Dichtern gern als Nabel der Welt bezeichnet wird, liebt die rosa Mauern seiner *kal* mit dem Toraschrein, der aussieht wie ein Schiffsbug, wahlweise jener der Arche Noah oder des Boots, das sein Volk aus Spanien hergebracht hat. Er liebt es, an der Ecke zu verweilen und zuzusehen, wie der Porzellandoktor Zahlen auf die Innenseiten der Scherben ritzt, wenn er eine Vase repariert, kleine Löcher bohrt, die Ränder mit Eiweiß bepinselt und mit Draht fixiert, ein Akt, der ihm Hoffnung gibt, dass alles, was zerbricht, repariert werden kann, wenn man nur genug Geschick und Geduld aufbietet. Er liebt die Werkstatt von seinem Musiklehrer Oktay in einer schmalen Gasse tief im muslimischen Viertel, ein Laden wie ein Vogelkäfig, ausgehängt mit trocknenden Bambusrohren, aus denen Oktay Neys baut, Rohrflöten, deren Klang – es war Rumi, der das gesagt hat – kein Hauch, sondern Feuer ist.

Jetzt werden die Derwisch-Konvente geschlossen, weil sie nicht mehr zeitgemäß sind. Keine öffentlichen Tänze mehr, keine Ney-Klänge. Wenn so der Fortschritt aussieht, ist Alberto versucht, ein weißes Gewand anzuziehen und sich den Sufis anzuschließen, obwohl die ihn gar nicht nehmen würden. Dreh um, dreh um, dreh um. Kehr um. Selbst sein eigener Glaube, der feste Kern seiner Tage, fühlt sich dünn an, verbraucht.

Gehört es zum Altwerden, dass man allmählich den Glauben verliert?

Als er weitergeht, erreicht er einen großen Platz und entdeckt das Straßenkind im roten Hemd, das ihn angebettelt hat. Es freut Alberto, den Jungen mit seinen Freunden zu sehen, ohne Säugling auf dem Rücken. Sie spielen Werfen und Fangen, denn Kinder sind Kinder, und Spaß ist umsonst. Erst als Alberto näher kommt, erkennt er, dass sie keinen Ball werfen, sondern ein Baby, oder nein, es ist eine Puppe, nackt, das Genick in einem hässlichen Winkel abgeknickt, und es fehlt ein Arm – der Schützling des Jungen auf der Market Street. Hin und her werfen die Gassenkinder das nackte Bündel mit seinen gespreizten Gliedmaßen, hüpfen und johlen, bringen fast die Pilger auf ihrem Pfad zu Fall, wenn sie danach hechten wie schmuddelige Krähen nach Aas. Alberto vergisst vor Wut, dass er dem Jungen gar kein Geld gegeben hat, sondern nur die restlichen Maronen, an denen er sich zuvor die Zunge verbrannt hatte. Am liebsten würde er ihn am Nacken packen und ihn vor den anderen als Schwindler und Heuchler entlarven, aber das kann er nicht. Er ist unter Fremden, und es sind nicht seine Leute. Wie schnell die Meute, sobald provoziert, über ihn herfallen würde.

Die Jungen verschwinden in der Menge, doch Alberto bleibt stehen, leicht schwankend, und fasst sich an den Ellbogen. Noch nie hat er sich so verloren gefühlt, obwohl er sich im Herzen der Stadt befindet, die er sein Zuhause nennt. Was du jetzt tun musst, ermahnt er sich im Stillen, ist an El Dyo denken, Ihn, Der Keine Gliedmaßen Hat – keine Arme, keine Beine, kein Vorn, kein Hinten, kein Ende und keinen Anfang. In diesem Viertel gibt es keine Synagoge, deshalb geht er zur Moschee, wo er seine Schuhe auszieht und seinen Hut ablegt. Er wartet am Brunnen, bis er an der Reihe ist, wäscht Füße, Hände und Gesicht und betritt den Gebetsraum.

Wie still es ist, Welten entfernt von dem trubeligen Platz. Vom Raki sind nur noch pochende Kopfschmerzen übrig. Er versucht, sich im gefilterten Licht zu verlieren, dem kalten weißen Stein, den Katzen, die zwischen den Gebetsteppichen hin und her streifen, den Männern, die sich mitten am Tag die Zeit nehmen, sich gen Mekka zu verneigen. Obwohl er nie einen Fuß in eine Kirche gesetzt hat, erlaubt es ihm sein Glaube, eine Moschee zu betreten, wo es keine falschen Götzenbilder und nur einen Gott gibt. Trotzdem fühlt er sich ein wenig unbehaglich und richtet den Blick nicht auf die Männer, sondern auf die blau-weißen Fliesen, die er wegen der verschlungenen Pflanzen und endlosen Symmetrie liebt. Selbst wenn eine Wand endet, spürt man, wie sich das Muster fortsetzt, gleich einer Wurzel im Garten, die unter der Erde weitergeht.

Beten kann Alberto hier nicht – dafür ist es nicht der richtige Ort –, aber wenigstens nachdenken. Wo geht er hin? Wo ist er gewesen? Wen wird er (als Nächstes) enttäuschen? Im großzügigen Gewölbe der Moschee erscheint ihm der bettelnde Junge mit dem falschen Baby winzig und sein eigener Zorn über die List des Kindes unangebracht. Die Wahrheit ist hart und glatt wie der geäderte Marmorboden unter seinen Füßen. Wenn er einen Lügner und Heuchler sucht, muss er nur sich selbst ansehen und all die hundert Tricks, mit denen er die Wahrheit verdreht.

Die betenden Männer erheben sich jetzt, fast synchron, holen ihre Schuhe und wenden sich den Verpflichtungen des Tages zu. Seine eigenen nackten Füße erscheinen ihm plötzlich jung, blass und die Zehen so lang, als könnte er damit Bäume erklimmen. Alberto folgt den Männern. Draußen ist das Licht zu hell. Eine Frau füttert die Tauben, und er sieht, dass sich ein Storch dazugesellt hat, lauter spitze Winkel, ein schwarzes Bein angezogen, die Flügel ausgebreitet, sodass man nicht sagen kann, ob er gerade gelandet ist oder gleich losfliegt.

Alberto wird jetzt das Flüchtlingsbüro in der Péra aufsuchen, egal ob mit der Straßenbahn, der Fähre, einer gemieteten Kutsche oder auf den eigenen Füßen.

Wenn man ihn dort trotz seiner Verspätung noch empfängt, wird er die Wahrheit sagen.

Ich brauche Ihre Hilfe. Ich nehme Ihr Angebot an. Ich werde Ihren Scheißboden schrubben.

So El Dyo will, wird er gehen.

Man führt ihn in dasselbe enge, mit Schriftstücken übersäte Büro, in dem er vor einer Woche ein Glas Apfeltee getrunken hat. Der junge Mann vom letzten Mal ist nicht da, doch ein anderer, mittleren Alters, mit beginnender Glatze, der sich als Monsieur Sasson vorstellt, begrüßt ihn freundlich auf Französisch, ohne seine Verspätung zu erwähnen, konsultiert einen dicken Ordner auf seinem Schreibtisch und kommt zur Sache.

»Wollen Sie unser Angebot annehmen, Monsieur Cohen?«

Plötzlich ist es ganz leicht. Er hat keine Wahl, beziehungsweise nur eine. »*Sí*«, sagt er, und dann: »*Oui.*«

Herr Sasson nickt. »Ich bin froh, das zu hören. Ich lasse es unsere Glaubensbrüder in Barcelona wissen. Ihren Umzug und die Einrichtung vor Ort müssen Sie selbst bezahlen, falls das in Ordnung ist.«

Albertos verbrannte Zunge fühlt sich pelzig an. »Natürlich.«

Er braucht keine Almosen. Er besitzt immer noch ein Haus, Möbel. Er hat Bücher, Porzellan und Silber verscherbelt, wenn auch zu miserablen Preisen, und kann noch mehr verkaufen, denn was ist schon Besitz, was ist ein Körper, außer ein vorläufiger Käfig für die Seele? Er fühlt sich jetzt leichter, aber auf unangenehme Weise. Alles – der Schreibtisch des Mannes, sein Gesicht, das Fenster mit den Bleiglasscheiben – sieht flach und unwirklich aus, wie ein Land auf einer Karte. Auf Ladino gibt es ein Wort, *kayades*, Stille, das gleichzeitig als Begriff dafür verwendet wird, wie man sich außerhalb der eigenen kleinen Gemeinschaft verhalten soll: Halte den Kopf gesenkt, pflege gute Beziehungen, beklage dich nicht. Er nickt die ganze Zeit, als wäre er eine Puppe. Am liebsten würde er sich selbst einen Schlag in seinen schlingernden Hühnernacken verpassen.

»Sehr schön«, sagt Herr Sasson. »Wir melden uns dann mit den Einzelheiten. Sie können davon ausgehen, dass Sie Anfang Januar dort ankommen werden. Freut mich, dass es klappt. Unser Volk hat eine stolze Geschichte in Spanien. Eines Tages möchte ich selbst hin.«

»Warum nicht jetzt?«

Herr Sasson wirkt verdutzt. »Wenn man mich schickt, gehe ich. Wir haben jetzt sowohl in Barcelona als auch in Madrid kleine Gemeinden. Ich wünsche Ihnen und Ihrer Familie alles Gute, Monsieur Cohen. *Shalom.*«

»*Shalom.*« Alberto steht auf, um zu gehen, doch dann platzt er mit der Frage heraus, die ihn schon die ganze Zeit beschäftigt. »Wissen Sie zufällig, ob es einen Garten gibt, wenigstens einen kleinen? Ich … Es ist nur, meine Frau liebt es zu gärtnern.«

»Tatsächlich?« Herr Sasson stößt ein scharfes Lachen aus,

das zu einem Seufzer verebbt, und Alberto spürt, wie er rot wird. Er hat kein Pogrom erlebt. Seine Kinder leiden keinen Hunger. Er ist weder vaterlandslos noch streng genommen ein Flüchtling. Er ist bankrott, ein bisschen gebrochen. Auf dem Schreibtisch und auf dem Boden stapeln sich Dokumente. Herr, errette mich von den Lügenmäulern. In Wahrheit würden die Gartenkräuter seiner Frau ohne ihn eingehen und gehören eher ihm als ihr, solange sie noch in der Erde sind. Ich werde eine Spende leisten, denkt er unwillkürlich, bevor ihm einfällt, dass er hoch verschuldet ist und nichts zu geben hat.

»Schon gut«, sagt er steif. »Der Garten ist unwichtig. Danke für Ihre Hilfe, Monsieur.«

»Je vous en prie.« Herr Sasson klappt den Ordner zu, räuspert sich.

Es ist Zeit zu gehen, doch Alberto rührt sich nicht, ist wie am Boden festgeklebt von dem komischen Gefühl, dass noch etwas fehlt. Er weiß nicht genau, wie lange er schon dort steht, bevor Herr Sasson sich erhebt und auf die andere Seite des Schreibtisches kommt, als wollte er ihm die Hand schütteln, ihn dann jedoch umarmt und sagt: *»Kon bien amaneskas«* – gute Morgendämmerung.

»El Dyo ke te guarde«, erwidert Alberto, bevor er sich zum Gehen wendet und sich irgendwie kleiner fühlt als noch bei seiner Ankunft: wie ein sehr alter Mann in einem hellgrauen Anzug aus ägyptischer Baumwolle, der ihm, obwohl maßgeschneidert, inzwischen zu groß ist und bessere Tage gesehen hat.

Sultana folgt ihm zur Bank in den Garten, wo sie ungestört sind. Es ist früh am Abend, als sie sich in den Schatten des Pflaumenbaums setzen. Sie hat ihm seine Hausschuhe und einen sauberen Hausmantel gebracht, wie jeden Abend, und er hat sich umgezogen und sich das Gesicht gewaschen. Die Sukka, die Laubhütte, die er mit seinen drei Söhnen am Ende des Gartens gebaut hat, ist windschief und ramponiert, obwohl noch immer Vögel darauf landen und nach Krümeln und Samen von Keksen und Früchten suchen, die an den Lorbeerzweigen hingen. Die Hinfälligkeit der Sukka soll für die Flüchtigkeit des Lebens stehen, für die Gleichheit aller Menschen vor Gott, ein Gedanke, den er von seinem hohen Ross aus immer schön fand, der ihn nun jedoch mit Panik erfüllt. Sultana hat ihm dasselbe Getränk wie jeden Abend gemacht, Rotwein mit Apfelstückchen. Heute hat sie sich auch ein Glas eingeschenkt. Mit zittriger Stimme erzählt er ihr, dass er Ja gesagt hat und sie nach Spanien gehen.

»Du hast es getan!« Sie beugt sich vor, um ihm einen Kuss auf den Mund zu geben. »Die Jungen werden nicht eingezogen! *Mashallah!*«

Wie unterschiedlich sie die Dinge sehen. Deshalb ist seine Ehe immer wieder eine Offenbarung für ihn, selbst nach all den Jahren. Er selbst muss sich so sehr bemühen, das Gute im Leben zu sehen – eine geistige Anstrengung, die sich geradezu athletisch anfühlt. Für seine Frau dagegen ist die Welt von Natur aus ein blühender Ort, und es sind eher die Schattenseiten, die sie überraschen, obwohl sie allgegenwärtig sind.

Er nickt. »Wie wir vermutet haben, gibt es nicht viele Optionen. Wir müssen ja nicht dort bleiben. Es kann ein Zwischenstopp auf dem Weg woandershin sein. Wir kommen hierher zurück, falls« – ihm versagt die Stimme – »es eine Möglichkeit gibt. Die Dinge werden sich wieder ändern. Das tun sie immer.«

Seine Frau blickt ihn unverwandt an. Ist das Mitleid in ihren Augen? »Wir werden sehen«, sagt sie, »aber bis dahin richten wir uns dort ein. Das ist wichtig für die Kinder, damit sie sich einleben. Außerdem ziehe ich Spanien anderen Orten vielleicht sogar vor, auf jeden Fall Amerika. Es ist wärmer und sonniger – und näher, und wir alle sprechen die Sprache.«

»Eher eine Version davon.« Er lächelt dünn. »Obwohl man in Barcelona hauptsächlich Katalanisch spricht, glaube ich. Eine Art Dialekt.«

»Dann haben wir eben unseren eigenen Dialekt. Oh, es gibt so viel zu tun. Wir müssen herausfinden, wie viel wir mitnehmen können.« Sie nippt an ihrem Wein. »Spanien. Wer hätte das gedacht, aber es ist irgendwie naheliegend. Wir kommen schließlich von dort.«

»Kann sein«, sagt er fast widerborstig.

»Was heißt *kann sein*? Natürlich kommen wir von dort.«

»Das wissen wir nicht. Wir nehmen es nur an.«

»Natürlich wissen wir das. Ich jedenfalls.«

So haben es die Großeltern erzählt, die es wiederum von ihren Großeltern haben, aber die Juden in dieser Gegend sind von überallher, aus Ost und West, und haben sich im Lauf der Generationen vermischt. Es gibt eine alte *konseja*, und nach dieser Mär haben die Juden, die während der Inquisition aus Spanien geflohen sind, die Schlüssel zu ihren Häusern behalten und um den Hals getragen und von einer Generation an die nächste weitergegeben. Während die Geschichte für Alberto grotesk und unlogisch klingt (warum sollte man die Schlüssel zu einem Haus in einem Land aufbewahren, in dem man niedergemetzelt wird, vertrieben oder gezwungen zu konvertieren?), findet Sultana sie schön.

»Erinnerst du dich an das Fest in der spanischen Botschaft?«, fragt sie. Der Sommersitz der Botschaft liegt in derselben Straße wie ihr Haus in Büyükdere. Früher ist Alberto abends gelegentlich vorbeigegangen, um mit den gelangweilten Wachposten zu plaudern, die immer unter der Linde vor dem hellblauen Gebäude stehen. Mit seinem Spanisch und ihrem Spanisch konnten sie sich verständigen. An einem warmen Juniabend gestand ihm einer der Männer im Flüsterton, dass er ein Marrano sei, also ein Neuchrist, ein zwangskonvertierter Jude (und ein Schwein, denn das bedeutet das Wort *marrano*). Dann bekreuzigte sich der Mann und nahm wieder Haltung an, das Kinn gereckt, den Blick auf die Küstenlinie geheftet, während Alberto verdutzt weiterging.

Etwa einen Monat nach dieser Begegnung wurden Sultana und er dort also zu einem Fest eingeladen. Es war nicht ungewöhnlich, dass sie zu solchen Zusammenkünften gebeten wurden, wo man sich in entspannter Urlaubsatmosphäre amüsierte und Geschäftsbeziehungen knüpfte oder pflegte. Sie hatten sich fein gemacht, die Kinder beim Kindermädchen gelassen. Arm in Arm gingen sie durch die sanfte Abendluft. Wie vornehm seine Frau ausgesehen hatte. Sie war früh ergraut, wie in ihrer Familie üblich, und an jenem Abend hatte sie ihn – mit ihren kupfernen Augen, dem leuchtend weißen Haar und ihrer weißen Pelzstola um den Hals – an den eleganten Polarfuchs auf seiner Zigarrenschachtel erinnert. Sie tanzten und tranken und schlenderten durch die Terrassengärten zum Bootssteg und am Bosporus entlang, während ein Streichquartett spielte und das dunkle Wasser unter ihnen ans Ufer schlug.

Gegen Ende des Abends nahm ihn ein wichtig aussehender Spanier – ein Arzt vielleicht, Alberto erinnert sich nicht an seinen Namen – beiseite, bekundete sein Interesse für spanische Juden und stellte Fragen auf Kastilisch gespickt mit gebrochenem Französisch, wenn Alberto etwas nicht verstand: Was essen Sie, welche Lieder singen Sie, mit was handeln Sie, in welche Länder exportieren Sie, machen Sie Geschäfte mit Nordafrika?

Alberto, mehr als ein bisschen betrunken, hatte geantwortet, so gut er konnte, allerdings mit wachsendem Unbehagen. Warum die ganzen Fragen?, hatte er schließlich gesagt. Sie sind elegant und kultiviert, sagte der Mann. Ein wahrer Aristokrat. Aber *warum*?, hakte Alberto nach, plötzlich nüchtern und mit einem dringenden Bedürfnis zu pinkeln. Ich habe eine Vision, sagte der Mann. Die sephardische Rasse ist fruchtbar für mein Land und für unsere Auslandsbeziehungen; ich möchte Sie zu Bürgern machen. Sind Sie selbst Jude?, fragte Alberto. Oder ein Bekehrter? Der Mann wirkte bestürzt. Nein, nein, ich bin Spanier, und Sie – der Mann nahm seine Hand, sein Griff zu fest – sind ein *español sin patria*.

»Es wurde Flamenco gespielt, weißt du noch«, sagt Sultana jetzt. »Und es gab Tänzerinnen in roter Spitze. Erinnerst du dich? Eine ließ mich ihre Kastagnetten ausprobieren. Das hatte ich seit meiner Kindheit nicht mehr gemacht.«

Während sie da zusammen auf der Bank sitzen, besprechen er und Sultana die Einzelheiten des Umzugs – was sollen sie mitnehmen, was versuchen zu verkaufen oder wegzugeben, und können sie wegen der jüngeren Kinder bis zu den Schulferien warten; wann sollen sie es ihnen erzählen (bald, meint Sultana, nämlich gleich heute Abend, wenn alle zu Hause sind) und wann Sultanas Mutter, die bei ihrem Bruder in Taksim gut aufgehoben ist, doch der Gedanke, sie zurückzulassen, treibt seiner Frau die ersten Tränen in die Augen.

Es überrascht nicht, dass es Rebecca ist, die sie im Garten findet. Als einziges der Kinder scheint sie die Gabe zu besitzen, die Gedanken ihres Vaters zu erahnen, sobald sie in die Atmosphäre eintreten, und ihr entgeht nichts. Sie ist von der Arbeit in der Schneiderwerkstatt nach Hause gekommen und trägt eine Art Zigeunerensemble, das sie selbst entworfen haben muss: geblümte Weste und Rock, eine Bluse mit wogenden Ärmeln, ein weißes Tuch um den Kopf. Es wäre ein gutes Purimkostüm, wirkt als Alltagskleidung jedoch ein wenig lächerlich. Die Schneiderin versteht zwar ihr Handwerk, stammt aber aus einem anderen Milieu, und er wünscht sich für seine Tochter einen anderen Umgang, ein weiterer Grund, warum sie von hier wegmüssen. Trotzdem ist Rebecca schön und voller Leben, und er kann nichts dagegen tun, dass ihr Anblick ihn erfreut. Sie stellt sich vor die Bank, küsst ihrem Vater die Hand und ihrer Mutter die Wange.

»*Ke haber?*«, fragt sie.

Sultana hebt ihr Glas. »Wir genießen nur unseren Wein.«

Rebecca greift danach und trinkt einen Schluck, dann gibt sie ihrer Mutter das Glas zurück. »Abgesehen davon.«

»Wir genießen die leichte Brise vom Fluss.«

»Schön, Mama. Aber worüber redet ihr hier draußen so lange? Und mit gedämpfter Stimme? Was ist los? Irgendetwas muss passiert sein. Ist alles in Ordnung?«

»Natürlich«, sagt Sultana. »Wir besprechen nur ein paar Pläne.«

Alberto sieht seine Frau an.

»Was für Pläne?«, fragt Rebecca.

»Warte, bis alle sich zum Abendessen hingesetzt haben«, sagt Sultana. »Josef erledigt eine Besorgung für mich, und die anderen Jungs sind noch unterwegs. Und Elsa …« Sie blickt über die Schulter. »Hast du sie gesehen? Passt sie immer noch auf die Nachbarskinder auf?«

»Ich weiß, was es ist, also könnt ihr es mir auch sagen.«

»Kannst du jetzt Gedanken lesen?«, sagt Alberto. »Trägst du deshalb diese« – er macht eine wegwerfende Handbewegung – »Sachen? Dann verraten Sie es uns, Mademoiselle Wahrsagerin. Was ist es?«

»Wir ziehen weg«, sagt Rebecca. »Du hast das Sommerhaus verkauft, und du hast unsere Sachen verscherbelt. Ich habe gesehen, wie du versucht hast, die Bücher so im Regal zu verteilen, dass die Lücken nicht auffallen. Ich habe Isidoro gesagt, was los ist, aber er glaubt mir nicht. Wir gehen« – Alberto kann nicht sagen, ob sie erfreut oder entsetzt klingt – »nach Amerika. Wir könnten in Likas Nähe in New York ziehen. Habe ich euch erzählt, dass sie die Abendschule besucht, um Krankenschwester zu werden?«

»Nicht nach Amerika«, sagt er.

Sie wirkt enttäuscht. »Dann nach Kuba, zu Corinne?«

Er schüttelt den Kopf.

»Frankreich?«

Wieder schüttelt er den Kopf.

»Wohin dann, Papa? Sag es mir einfach. Warum quälst du mich so?«

»Dich?«, schnaubt er. »Ich bin es, der gequält wird, von diesen Zeiten.«

Sultana schnalzt missbilligend mit der Zunge. Er sieht zu seinen Rosen, die zurückgeschnitten werden müssen. Kann er sie ausgraben, samt Wurzeln und allem, in Jute wickeln und mit nach Spanien nehmen? Sein Vater liegt in Hasköy auf der anderen Flussseite begraben, in dem für die Cohens, beziehungsweise Kohanim, reservierten Bereich, der nach wildem

Oregano duftet. Jedes Jahr zum *meldado* seines Vaters, dem Jahrestag seines Todes, besucht Alberto sein Grab, spricht ein Gebet und legt einen kleinen Stein darauf. Manchmal wünscht er sich, er könnte dort Blumen pflanzen – wie auf englischen Friedhöfen –, doch bei seinem Volk ist es Brauch, Steine aufeinanderzustapeln, und jedes Mal rührt es ihn, der kleine Stein auf dem großen, wie ein stiller Protest gegen die Maden und Würmer. Wie soll er aus der Ferne seinen Stein ablegen? »Ich weiß nicht, was mit meinem Land passiert«, sagt er düster.

»Es fällt auseinander«, sagt Rebecca aufgeräumt. »Das sagst du doch jeden Tag. Und wie es aussieht, finde ich hier keinen anständigen Ehemann, jedenfalls nicht ohne Mitgift. Aber warum nicht Amerika, Papa? Lika gefällt es dort.«

»Lies die Zeitung, Rebecca. Amerika hat die Grenzen für uns dichtgemacht.«

»Dann muss Corinne also in Kuba bleiben? Es sollte doch nur vorübergehend sein. Sie will weg. Wohin gehen wir, Papa? Vielleicht nach Palästina?«

Er schüttelt müde den Kopf.

»Ist es …«

»Hört auf«, fällt Sultana ihr ins Wort. »Bitte. Alle beide. Alberto, warum spielst du dieses Spiel mit ihr? Wir haben besprochen, dass wir es allen zusammen sagen, und so machen wir es.«

»*Wohin*, Papa?« Rebecca kniet sich ins Gras und nimmt die Hand ihres Vaters, ihre Bewegungen immer noch mädchenhaft, doch obwohl das Funkeln in ihren Augen in den letzten Jahren nicht erloschen ist, hat es sich verändert. Oft wirkt sie widerspenstig auf ihn, fast wild. Sie probiert Kostüme an, hüpft und tänzelt herum, inszeniert kleine Theaterstücke mit Elsa und Josef, obwohl sie eigentlich zu alt für so etwas ist.

Wenn sie die Straße entlanggeht, drehen sich die Männer nach ihr um, und er befürchtet, dass sie an einen Christen oder Moslem geraten könnte. Die deutsche Schule hat ihr nicht gefallen, und die Gebühren waren hoch, und obwohl sie einen Kursus für Buchhaltung oder Stenografie hätte besuchen können, ist sie bei der Schneiderin in die Lehre gegangen und bekommt ein kleines Gehalt, das sie für ihre Mitgift sparen sollte, aber stattdessen für Tand wie die glitzernden Armbänder an ihrem Handgelenk und das billige Herzmedaillon um ihren Hals ausgibt.

Sultana steht auf. »Ich muss mit dem Abendessen anfangen. Komm und hilf mir, Rebecca.«

»Marokko? England?«

Als niemand antwortet, steht Rebecca ebenfalls auf und wendet sich von ihnen ab. In der Dämmerung erscheint ihr Gesicht ihrem Vater plötzlich hart, jeder Schönheit beraubt, ihre geballten Fäuste kleine graue Bälle. »Mir fällt nichts mehr ein. Es ist auch mein Leben, wisst ihr. Das ist kein Spiel. Ich kann auch hierbleiben und weiter bei der Schneiderin arbeiten oder mein eigenes Geschäft gründen. Alt genug bin ich. Ich werde einfach ...« Ihre Stimme klingt jetzt kesss, »... bleiben.«

»Du bist meine Tochter«, sagt er. »Wohin ich gehe, gehst auch du hin.«

»Ich bin kein Kind mehr, Papa. Ich gehöre niemandem außer mir selbst.«

Bevor Alberto Rebecca daran erinnern kann, dass eine Tochter laut Gesetz ihrem Vater gehört, bis sie heiratet, mischt Sultana sich ein. »Sie hat recht, Alberto – sie hat ein Recht darauf, es zu erfahren. Wozu sie warten lassen? Sag es ihr einfach. Na los.«

Er will nicht derjenige sein, der es ausspricht. Es ist nicht sein Wunsch, dass sie gehen, auch wenn seine Taten beziehungsweise seine Tatenlosigkeit teilweise zu der Entscheidung geführt haben. Hätte ein fähigerer Chef die Fabrik retten können? Wie kommt es, dass die Geschäfte seines Bruders Maurice zwar nicht florieren, aber immerhin laufen, weshalb er nicht vorhat, das Land zu verlassen (allerdings hat er auch keine Söhne, die eingezogen werden könnten)? Seine Tochter und seine Frau starren ihn an. Aus den Tiefen seiner Tasche hört er das Ticken seiner Schweizer Uhr, noch etwas, was er verkaufen muss. Sobald er die Worte ausspricht, sind sie wahr.

»Es ist Spanien. Wir gehen nach Spanien.«

»Spanien?« Rebecca lacht ungläubig. »Aber warum? Spanien hasst Juden! Sie haben uns rausgeworfen!«

»Das war vor über vierhundert Jahren.«

»Trotzdem. Ich habe schlimme Geschichten gehört.«

»Natürlich. Aus grauer Vorzeit.«

»Nein, Papa. Gar nicht lange her. Ich habe gehört, dass sie Teppiche aus unserer Haut machen, aus der Haut« – sie senkt die Stimme – »von Juden.«

Ihre Mutter greift nach ihrer Hand. »Wer hat dir das erzählt?«

Sie zögert. »Eine alte Dame, die ich mal kannte. Sie hat es von jemandem gehört.«

»Natürlich.« Alberto leert sein Glas. »Altweibergeschwätz. Willst du wahre Geschichten? Sieh dir an, was mit den Armeniern passiert ist, und zwar genau hier. Brave Bürger, gute Menschen, meine Geschäftspartner …« Er zieht eine Handkante über seine Kehle. »Gräueltaten. Ungerechtigkeiten. Möge Gott beizeiten davon Notiz nehmen. Sieh dir die Griechen an. Aus dem halben Land wurden sie deportiert. Das sind keine Geschichten, das sind schreckliche, harte Tatsachen. Die

Dinge sind nicht mehr so, wie sie mal waren. Glaubst du, uns wird es besser ergehen? Es bedarf nur einer Nichtigkeit, damit sie sich gegen uns wenden.«

Wie kommt er dazu, sein geliebtes Land so niederzumachen? Obwohl er die Wahrheit sagt, könnte er im nächsten Atemzug das Gegenteil behaupten: Wir sind nicht wie die anderen Bevölkerungsgruppen, weil wir nie nach Unabhängigkeit gestrebt haben. Wir ducken uns, verhalten uns ruhig, *kayades*. Oder wir sind alle Kinder Abrahams. Und dann wieder die Gegenseite oder vielleicht eine dritte Seite: Sie müssen gehen, weil sie immer gehen mussten, auch wenn er sich nicht erinnert, nicht im Herzen. Er ist kein wandernder Jude. Er blickt den Hang hinunter auf das skelettartige Dach seiner Sukka, das er wieder mit Reet decken, an das er Datteln und Feigen hängen möchte, Trauben und Olivenzweige, sodass er dort studieren und danach mit seiner Frau im Arm auf der Strohmatte liegen kann, während die Vögel sich in Scharen über den Festschmaus hermachen. »Ich kann ohne Erlaubnis nicht einmal mehr nach Ankara fahren«, sagt er. »Uns gehen die Möglichkeiten aus. Für uns gibt es hier nichts mehr.«

»Aber jetzt bietet sich eine neue Gelegenheit«, sagt Sultana. »*De la spina nase la roza.*« Aus dem Dorn wird die Rose geboren.

Plötzlich bekommt Alberto einen Hustenanfall, ein quälender, trockener Husten, der aus dem Nichts kommt, seinen Oberkörper rüttelt und ihm den Atem raubt – ein Stück Apfelschale, das ihm im Hals stecken geblieben ist, oder Gott, der ihm einen Gefallen tut und ihn am Sprechen hindert. Sultana fängt an, ihm auf den Rücken zu schlagen, Rebecca auch, und während er versucht, sie abzuschütteln, ringt er mit kleinen erstickten Lauten nach Luft, bis er sich endlich beruhigt und wieder atmen kann.

Erschöpft sitzt er im Halbdunkel. »Ich hab mich verschluckt«, sagt er heiser.

»Oh, Papa.« Rebecca bückt sich, um seinen Bart zu streicheln, und Alberto spürt eine schreckliche Umkehr der Verhältnisse, als er zu ihr aufsieht. Sie, das Kind, ein Mädchen, sorgt sich um ihn, den Vater. Es ist brutal, und er will nichts davon wissen.

»Spanien also«, sagt Rebecca, fast aufgekratzt. »Was machen wir dort? In welche Stadt gehen wir? Hast du eine Arbeit dort?«

Und weil keine Regel besagt, dass ein Schammes nicht singen kann, und weil er als *kohen* der Priesterkaste angehört, geehrt mit der ersten Alija und Spender des dreifachen Segens, und weil die Abenddämmerung hereingebrochen ist und die Ränder seiner Stadt, die Gesichter seiner Frau und seiner Tochter sowie seine Lebensgeschichte verwischt, sagt er *(Herr, erlöse mich von den Lügenmäulern)*: »Mir wurde in Barcelona eine Stelle als Chasan in einer Synagoge angeboten.«

Barcelona, 1925

I

Ihr Vater fegt die Treppe. Er sprenkelt Wasser auf den Bürgersteig und bearbeitet den Marmorboden im Eingang mit Bimsstein und feinkörnigem Scheuerpulver, sinkt in seinem guten grauen Anzug auf die Knie, um den milchigen Stein zu polieren. Keiner von ihnen versteht es. Herrgott, Alberto, du hast kräftige Söhne, du hast starke Töchter, die solche Arbeit verrichten können, und selbst wenn sie es eher ungern übernähmen, wäre es ihnen doch lieber, als täglich diesen Anblick zu ertragen: die Glatze ihres Vaters oder seinen verbeulten

Filzhut, seine Altmännerhände, die sich mit einer Mischung aus Märtyrertum und Rage abrackern, vielleicht auch eine Art Buße oder ihre Zurschaustellung – schwer zu sagen.

Als sie vor einigen Monaten in der Carrer de Provença 250, Esquina Balmes, ankamen und sahen, wie er gegen Staub und Schmutz zu Felde zog, schubste ihre Mutter sie in Richtung Besen, Lappen und Eimer und zischte, na los, fragt nicht, helft ihm einfach. Sie hatte ihre Kinder dazu erzogen, ihre Betten selbst zu machen, ihre Spielsachen aufzuräumen und in ihren Schulranzen Ordnung zu halten. Als die Familie sich keine bezahlte Hilfe mehr leisten konnte, hatte sie die Haushaltspflichten aufgeteilt – die Mädchen waren für drinnen zuständig, die Jungs für draußen. Hier lernen sie schnell, dass sie den Zorn ihres Vaters auf sich ziehen, sobald sie ihre Hilfe für irgendetwas anbieten, das mit der Synagoge zu tun hat: Verschwindet, lasst mich in Ruhe, macht etwas aus eurem Leben, oder zu Rebecca (vielleicht sein grausamster Kommentar): Such dir einen Ehemann, du wirst nicht jünger! Willst du als bucklige alte Jungfer enden? Habe ich alles zurückgelassen, damit du auf den Knien den Fußboden schrubbst?

Es ist jetzt Ende März, die Luft noch kühl, die Blumen in der Stadt in duftender Blüte. Als Rebecca nach draußen tritt, sich an ihrem Vater vorbeidrängt, rutscht sie auf den feuchten Stufen aus, und obwohl sie sich fängt, verliert sie ihren Korb und sieht, wie er zu Boden segelt und alles herausfällt.

»Oh nein, meine Muster!«, ruft sie, während sie vorsichtig die Stufen hinuntersteigt. »Hoffentlich sind sie nicht ruiniert!«

Schrubb-schrubb. Das Geräusch, Borsten auf Stein, treibt sie noch in den Wahnsinn. Warum antwortet er nicht oder hebt wenigstens den Kopf? Welche Muster, meine Tochter? Ich hoffe auch, dass sie nicht ruiniert sind. Wohin gehst du? Tapferes

Mädchen, geh und suche dein Glück, *mazal bueno*. Sie hat ein neues Paar Strümpfe an und ein marineblaues Kleid mit Spitzeneinsätzen und schmaler Taille, das sie erst letzte Nacht fertig genäht hat. Je bescheidener die Umstände, desto mehr Mühe gibt sie sich mit ihren Kleidern, nutzt sie instinktiv als Maske und Aushängeschild, doch für ihren Vater könnte sie ebenso gut unsichtbar sein. Viel Spaß, Papa. *Adyo*. Schweigend staubt sie die runtergefallenen Sachen ab – ein Spitzenkragen, ein Hemd, ein gesmokter Strampler, ein mit goldenen Schwänen bestickter Kissenbezug aus Samt – und geht ohne ein weiteres Wort an ihm vorbei.

Hebt ihr Vater den Blick, um ihr nachzusehen? Sie weiß es nicht, denn sie sieht sich nicht um. Als sie um die Ecke gebogen ist, beschleunigt sie ihren Schritt, winkt der Frau am Blumenstand, lächelt einem barfüßigen Baby in einem Kinderwagen zu. Ein Milchmann lädt seine silbrigen Kannen ab. Der Himmel ist blau, die Sonne scheint. Ein Arbeiter wirft ihr einen bewundernden Blick zu, tippt sich an die Mütze und wünscht ihr auf Katalanisch einen guten Morgen, und sie lächelt und erwidert den Gruß. Anfang der Woche haben sie und Elsa sich gegenseitig die Haare nach der neuesten Mode kurz geschnitten; sie fühlt sich jetzt leichter, frei. Zu Hause trugen selbst unverschleierte Frauen einen unsichtbaren Umhang, der dafür sorgte, dass niemand sie ansah und *sie* niemanden ansahen. Hier nun, eine offene Stadt, offene Gesichter. Dass es ihr ein bisschen Angst einflößt, macht es nur reizvoller. Ihr Kleid im Stil eines Gehrocks ist noch besser gelungen als erhofft, eine Mischung aus einem französischen Schnittmuster und ihren eigenen Entwürfen, und sie fühlt sich professionell und elegant zugleich, eine moderne Frau in der Großstadt. Sie hat den Stadtplan studiert und sich den Weg nach Dreta eingeprägt, das benachbarte Viertel, in dem die Textilbetriebe liegen.

Doch das Bild ihres Vaters, der wie besessen die Stufen schrubbt, verfolgt sie. Wie sie ihn bedauert, wie sie ihn hasst (ihn liebt). Dass sie alle zusammen sind, sollte doch das Wichtigste sein. Was zählte ein Haus – zwei Häuser, Silber und Porzellan, Bücher, Diwane, Elfenbeinschnitzereien, Gemälde, Bronzebetten, Seidenteppiche? Was zählte schon ein Ort, solange man beieinanderblieb, doch erst jetzt begreift sie, dass ein Umzug an sich Menschen verändern kann, durch eine zerstörerische, innere Umgestaltung, kein Zusammenbruch, das nicht – dafür sind sie zu robust, zumindest hofft sie das –, aber eine Verhärtung, eine Schieflage, die auf Dauer in die falsche Richtung führt, wenn man nicht aufpasst oder nicht anders kann oder zu alt oder zu stur ist, um eine neue Form anzunehmen, was auf sie selbst nicht zutrifft.

»Wahrheit ist das Siegel des Heiligen, gepriesen sei Er«, hatte ihr Vater sie gelehrt. Und nach ihrer Ankunft hier festzustellen, dass er sie angelogen hat – er ist nur Schammes, ein besserer Hausmeister, kein Chasan –, war der erste echte Schock für Rebecca. Der zweite war, ihn so schnell altern zu sehen. Zwar war er immer älter als die Väter ihrer Freundinnen gewesen, doch Spanien hat einen alten Mann aus ihm gemacht, aus dessen Augen das Licht gewichen ist. Und er ist nicht der Einzige, der sich verändert hat. Ihre Brüder gebärden sich anders auf den Straßen Barcelonas, taxierende Blicke, die Muskeln angespannt, als wären sie jederzeit kampfbereit. Selbst in der Wohnung sind sie auf der Hut, rastlos, was ihren Vater veranlasst, sie zu fragen, ob sie die kleinen Geldsummen, die sie nach Hause bringen, auf legale Weise verdient haben. Mit fast elf Jahren geht Josef hier immer noch nicht zur

Schule, weil er kein Katalanisch spricht und die Schulen alle katholisch sind – was eigentlich kein Problem ist; Rebecca und Corinne waren auch auf einer katholischen Schule –, aber offenbar anders katholisch, streng, gar antisemitisch laut ihrem Vater (oder ist er zu misstrauisch?), allen voran die öffentlichen Schulen, die die einzigen sind, die sie sich leisten können, und man braucht eine Taufurkunde, um angenommen zu werden. Sogar Elsa wirkt wachsamer, ein bisschen wolfsartig, auf sich selbst bedacht, doch die Veränderungen ihres Vaters sind am auffälligsten.

Nur ihre Mutter scheint den Wandel mit Anmut gemeistert zu haben. Älter werden steht ihr, oder liegt es daran, dass sie schon an so vielen verschiedenen Ort gelebt hat und sich anzupassen weiß? Es war Sultana, die, oft in Begleitung von Rebecca, allen anderen voran die hiesige Bäckerei, den Gemüsehändler und den Fischmarkt erkundete, Nettigkeiten mit den Nachbarn austauschte, sich mit der Währung vertraut machte, dafür sorgte, dass die Gemeinde ein Telefon installierte, und Theodore Grunebaum, dem aschkenasischen deutschen Präsidenten der kleinen jüdischen Gemeinde, Tee servierte; der kommt regelmäßig vorbei und setzt sich mit Alberto an einen kleinen Tisch im Gebetsraum, wo sie in verschiedenen Sprachen radebrechen oder sich mit Zeichnungen behelfen, wenn Worte versagen.

Nur Sultana. Und Rebecca. Was soll sie sagen? Es gefällt ihr hier. Die Hauseingänge, die Brunnen, die Klappstühle aus Metall vor den Cafés, die Straßenschilder auf Katalanisch, die ganzen Xe, als wären die Worte mit Küssen gespickt. Sogar der melodische Name der Stadt – *BAR-se-LON-ah*. Endlich kann sie Corinne in Kuba und Lika in New York Postkarten mit Palmen und Palästen, Karussells und Straßenbahnen schicken, meist Sehenswürdigkeiten, die sie selbst noch gar nicht kennt, obwohl man an klaren Tagen den Tibidabo sehen kann, samt Aussichtsturm und Vergnügungspark.

Ihr neues Zuhause grenzt an den *oratorio* (so versteckt, so beengt, noch dazu ohne Rabbiner, dass er den Namen *kal* oder Synagoge nicht verdient) und befindet sich im Erdgeschoss von einem eleganten Hochhaus in einem modernen Viertel namens L'Eixample, was, wie Sinyor Grunebaum ihnen erklärt hat, auf Katalanisch so viel wie »Erweiterung« bedeutet. Die Straßen sind breit und im Schachbrettmuster angeordnet, und das Viertel verströmt zwar nicht unbedingt Behaglichkeit, aber Robustheit, Weitläufigkeit und oft auch Schönheit – Hauseingänge mit buntem Glas, schmiedeeiserne Ornamente, zwischendrin überraschend ein Bauwerk von Antoni Gaudí, das wie eine Märchengestalt oder ein umgekrempelter Körper aufragt, als wollte es sagen, dass ein Gebäude (ein Körper) alles sein kann: Kommen Sie herein! Im Vergleich dazu ist ihr altes Viertel – zumindest in Rebeccas Erinnerung – steil und verwinkelt, hutzelig und humorlos. Ihre Wohnung hier ist schlicht und bescheiden, ohne die Teppiche, Möbel oder Bücher von daheim, doch die Küche führt in einen tiefer liegenden Garten mit einer riesigen Palme in der Mitte und Blumenbeeten für ihren Vater, der, wider alle Hoffnung (warum kannst du nicht wenigstens ein bisschen froh sein, Papa, ein bisschen vergnügt?), einen Koffer mitgeschleppt hat, so vollgestopft mit Blumenzwiebeln, Samen und zusammengebündelten Wurzeln, dass er ihn mit einem Ledergürtel festzurren musste.

»*Hola. Bon dia. Sóc una modista a la recerca d'una feina.*« Die Frau in dem fensterlosen Laden, an dessen Tür MODISTA steht, prustet vor Lachen über Rebeccas ersten Satz, den sie aus einer katalanischen Broschüre für Einwanderer zusammengeschustert hat. »Ich bin Schneiderin und suche Arbeit.« »*En español, señora*«, sagt die Dame, nachdem sie sich beruhigt hat. Rebecca versucht es erneut: »*Soy una modista en busca de trabajo?*« Ist das korrekt? Ihre Familie bezeichnet die Sprache, die sie zu Hause sprechen, oft als Spanyol oder Spanyol Muestro, aber sie weiß, es ist kein modernes Kastilisch, sondern eine archaische jüdische Version, ein wenig rückständig, laut ihrem Vater, und mit anderen Elementen vermischt, weshalb in der Schule Französisch gesprochen wurde.

Sagt niemandem, dass ihr Juden seid, hatte ihr Vater sie am ersten Abend in Spanien angewiesen, deshalb sagten sie, sie wären Türken. Und erwähnt außerhalb der Gemeinde nie die Synagoge. Warum denn nicht?, hatte Marko gefragt. Ich dachte, sie wollten uns zurück und wissen, dass wir hier sind. Die Regierung gestattet uns, unseren Gottesdienst in Privaträumen abzuhalten, hatte ihr Vater steif erwidert, als würde er einen Gesetzesparagrafen zitieren. Warum müssen wir uns dann verstecken?, fragte Rebecca.

Was wollt ihr?, hatte er gefragt. Auf der Straße tanzen? Es laut herausschreien? Nur zu, ihr werdet ja sehen, was passiert! Sie haben, fügte er düster hinzu und schüttelte den Kopf, keine Ahnung, was wir sind.

Jetzt nimmt sie die Muster aus ihrem Korb, und die Frau holt eine Kollegin aus den Tiefen der Werkstadt hinzu und breitet die Sachen auf einem Tisch aus, wo die beiden sie befingern, auf links wenden, an den Säumen zupfen, nicken und dabei auf Katalanisch plappern. Rebecca widersteht dem Drang, sie zu bitten, vorsichtiger zu sein und sich vorher die Hände zu waschen. Schließlich sagt die zweite Dame ihr auf Kastilisch, dass sie keine Arbeit für sie hat, nicht im Moment. Stimmt etwas nicht mit meinen Mustern, hätte Rebecca am liebsten gefragt, doch ihr Gehirn steckt zwischen zu vielen Sprachen fest. (Katalanisch fühlt sich halbwegs verständlich an, so französisch; sie versteht gerade genug, um davon Kopfschmerzen zu bekommen.) Sie sammelt ihre Ware ein und ist schon fast aus der Tür, als die erste Dame auf einen anderen Laden zeigt, deshalb versucht sie es auch dort, jedoch ohne Erfolg.

Erst im dritten Laden, ein paar Straßen weiter, wo das Viertel zunehmend schäbiger wird, erklärt ihr eine farblose Frau in einem Sackkleid, was das Problem ist, als Rebecca unbeholfen fragt.

Die Frau zögert, dann sagt sie: *»Usted es demasiado elegante.«* Sie kleiden sich wie eine reiche Dame. »Sie bewegen sich sogar so. Ich kann nur ein Mädchen vom Land einstellen. Wir sind hier nicht schick. Unser Lohn ist niedrig.«

»Oh, das macht nichts!«, erwidert Rebecca. »Ich muss irgendwo anfangen. Ich bin fleißig. Sie können mich nach Stückzahl bezahlen, oder so, wie es üblich ist.«

Die Frau schnaubt. »Sie sollten sehen, was für schöne Kleider ich zu Hause habe, Senyoreta. Unsere Kundinnen müssen besser gekleidet sein als wir – so sind sie es gewohnt, und so bevorzugen sie es.«

»Natürlich, ich werde mir etwas anderes anziehen. Ich … Ich wollte es Ihnen nur zeigen.« Rebecca präsentiert ihren Arm mit den Spitzeneinsätzen und Samtknöpfen. »Ich habe es nur angezogen, um zu demonstrieren, was ich kann. Aber ich werde etwas anderes tragen, und ich kann alles nähen, auch schlichte Sachen – Krawatten oder Säume, Kragen, *per-*

des …« Das Wort für »Vorhänge«, glaubt sie. »Was immer Sie brauchen.«

»*Perdes?*« Die Schneiderin kneift die Augen zusammen. »*¿Qué?*«

»*Las perdes*«, sagt Rebecca, begreift jedoch, noch während sie das Wort wiederholt, dass es wohl weder auf Kastilisch noch auf Katalanisch »Vorhänge« heißt. Ihre Zunge fühlt sich dick an, während die Frau sie so intensiv anstarrt, dass sie den Blick abwendet. »Für Fenster? Was man ans *ventana* hängt«, stammelt sie. »Das *fenêtre? Les rideaux?*« Sie seufzt, gefangen zwischen der eigenen Dummheit und der der Frau. »Stoff, den man aufhängt, um das Licht fernzuhalten?«

Die Dame runzelt die Stirn. »Auf Katalanisch heißt *perde* verlieren, Senyoreta. Meinen Sie vielleicht *una cortina*, ja?«

»*Una kourtina. Claro, sí, sí.*«

Die *modista* fasst Rebecca am Arm, fährt mit einem Finger über den Stoff, prüft die Spitzenarbeit und das Bündchen. Als sie Rebeccas Hand erreicht, dreht sie die Handfläche nach oben. Während im Halbdunkel schwarze Fliegen um sie herumschwirren und im Hintergrund eine Nähmaschine wummert, erinnert Rebecca sich an Tiya Djentils Warnung, dass Spanien verflucht sei, und fürchtet unwillkürlich, dass diese Dame ihr gleich die Zukunft voraussagt, eine Zukunft ohne Liebe oder ohne Kinder womöglich oder auf tragische Weise verkürzt. *Perdre.* Auf Französisch bedeutet es auch »verlieren«. Doch die Schneiderin sagt nichts, untersucht nur Handfläche und Finger mit ihren eigenen warmen, trockenen Fingerspitzen. Fällt ihr auf, dass die Spitze von Rebeccas linkem Zeigefinger vom Kupfer-Fingerhut leicht grün ist? Bemerkt sie die typischen Schwielen einer fleißigen, erfahrenen Schneiderin?

Die Frau lässt ihre Hand los, fast widerstrebend. »Jemand

hat Sie gut ausgebildet. Ihre Arbeit ist wunderschön. Verraten Sie mir Ihren Namen, Senyoreta?«

»Rebecca.«

»Und Ihr Nachname?«

»Cohen. Camayor *y* Cohen.«

»Cohen?« Die Schneiderin weicht einen Schritt zurück und stößt gegen den Tisch. *»Jueu«*, sagt sie, und dann sanfter, auf Kastilisch: *»Judía*. Wie ich mir gedacht hab.«

In den Tiefen des Ladens verstummt eine Nähmaschine, und eine andere Frau – älter, mit aufgerollten weißen Zöpfen – erscheint und mustert Rebecca, die sich über die eigene Dummheit ärgert. Sie ist immer stolz auf den Namen Cohen gewesen, die Priesterkaste, doch ihn hier zu nennen war eindeutig ein Fehler. Obwohl es auch zu Hause Orte gab, wo es unklug war, sich als Jude zu erkennen zu geben, vor allem in den letzten Jahren, war ihr Glaube dort in der Regel einfach eine Tatsache, so wie die Synagogen der Stadt mit ihren verschnörkelten, gut sichtbaren Eingängen. Doch hier ist die Tür zum sogenannten Tempel nicht gekennzeichnet, die Mesusa innen versteckt. Will man sie küssen, muss man warten, bis man durch die Tür ist.

Ihr Körper fühlt sich plötzlich schwer an, wie ein Käfer, der an eine Tafel geheftet ist, und ihr fällt das Foto der dunkelhäutigen, geschnürten türkischen Jüdin aus Likas Kinderzeitschrift wieder ein. Aber was hat das mit ihr zu tun? Tatsächlich könnten diese beiden *modistas* eher als Jüdinnen aus fremden Gefilden durchgehen.

»Von wo kommen Sie?«, fragt die zweite Dame scharf.

»Turquía.« Sie tastet nach der *bonjuk*-Perle, die sie wider jede Vernunft und die formalen Grundsätze ihres Glaubens unter ihren Sachen trägt. *»Y Francia.«* Auch wenn sie nie einen Fuß

nach Frankreich gesetzt hat; sie ist auf eine französische Schule gegangen und spricht die Sprache. Was heißt überhaupt »von wo«? Sie war nie in Israel, aber sie ist von dort; jedenfalls hat man ihr das immer erzählt. Bis jetzt war sie nie in Spanien gewesen, aber sie ist von hier, hat man ihr immer erzählt, obwohl man ihr auch unaufhörlich eingetrichtert hat, dass ihr Volk keine Heimat hat, verdammt zu endlosem Wandern. Konstantinopel, von wo sie tatsächlich her ist, existiert nicht einmal mehr, ist zu Istanbul geworden. »Ich habe in Paris gelernt«, fügt sie hinzu. »*La haute couture*. Davor war ich auf dem *Lycée Notre Dame de Sion*. Die Nonnen haben uns schon sehr früh Sticken beigebracht …«

Doch die Damen hören gar nicht zu, sondern tuscheln miteinander, und dann packt die erste Schneiderin Rebecca fest am Arm, bugsiert sie zur Tür und dann hinaus. Draußen scheint die Sonne. Eine Horde Männer in Arbeitskitteln und schweren Schuhen drängt vorbei. Sie tragen Plakate und grölen im Chor, vereint in ihrem Zorn und durch ein gemeinsames Ziel. Als Rebecca gerade in die andere, ruhigere Richtung gehen will, taucht die ältere Schneiderin mit dem Weidenkorb voller Muster auf, an den sie überhaupt nicht mehr gedacht hat.

»Hier, Senyoreta.«

Rebecca nimmt den Korb, ohne sich zu bedanken oder der Frau in die Augen zu sehen.

»Das nächste Mal« – die Schneiderin beugt sich zu ihr hin, ihre Stimme leise – »sagen Sie: Ich bin Marie Blanco Camayor, aus Paris, Frankreich.«

»Blanko?«

»So nennen wir die *orfes*.«

Rebecca schüttelt den Kopf.

»Die *huérfanos*, die Findelkinder, die vor der Kirchentür abgelegt werden.«

Und die Dame bekreuzigt sich.

Rebecca hat die Bewegung schon Hunderte von Malen gesehen, aber sie nie selbst gemacht, obwohl es sie immer in den Fingern gejuckt hat – nicht an der Sion, nicht einmal wenn sie mit Lika Lehrerinnen-Nonne spielte, obwohl sie aus Zweigen Kruzifixe machten und aus Geschirrtüchern Hauben für ihre Köpfe. Jetzt zieht sie die Hand von der Stirn zur Brust, von links nach rechts. Wie leicht es ist, die Geste anmutig, andächtig. Wird ihr Dyo ihr vergeben? Wird der christliche ihr vergeben, den die Spanier Dios nennen, in der Mehrzahl, weil Er mannigfaltig ist, dreieinig, falls Er existiert und einem Mädchen wie ihr Beachtung schenkt? Das Bekreuzigen fällt ihr fast zu leicht, die geübte Geste der Conversos, die in Spanien geblieben sind. Manche von ihnen leben nach außen als Christen, zünden aber im Keller heimlich ihre Sabbatkerzen an. Für die Tora mag das Chamäleon ein unreines Tier sein, doch Gott hat Chamäleons aus einem Grund erschaffen, und Rebecca, die mit Lika im Garten in Büyükdere immer Eidechsen beobachtet hat, war immer beeindruckt von ihrer Fähigkeit, ihre Farbe von Blattgrün zu Steingrau zu Astbraun zu ändern.

»Soy Marie Blanko Camayor.« Ohne mit der Wimper zu zucken. *»De París, Francia.«*

»Encantat.« Die Dame nickt, streckt jedoch nicht die Hand aus.

»Haben Sie Arbeit für mich?«

»Tut mir leid, Senyoreta.«

»Aber meine Sachen sind schön. Haben Sie selbst gesagt.«

»Tut mir leid.« Die Schneiderin sieht sich nervös um und bedeutet ihr, zu gehen. »Wie gesagt, hier gibt es nichts für Sie.«

Am nächsten Tag ist Sabbat, und Rebecca bleibt zu Hause. Isidoro und Marko, die Arbeit bei sephardischen Stoffhändlern vom Balkan und aus der Türkei auf dem Encants-Markt in Sant Antoni gefunden haben, müssen los. Draußen gießt es in Strömen. »Was für ein Jammer«, sagt ihre Mutter bei einem Blick aus dem Fenster. »Die Jungs hätten ebenso gut zu Hause bleiben können.«

Der Gottesdienst ist schlicht, ohne Rabbi und kaum genug Männer für einen Minjan. Trotzdem versammelt sich die Gruppe im Gebetsraum, Rebecca, ihre Mutter und Elsa mit einer Frau aus Marokko und einer anderen aus Izmir mit kleinen Töchtern hinter dem Gitter, und die Männer und Jungen – ihr Vater und Josef, Sinyor Grunebaum, ein paar andere – auf den vier Bänken um die Bima. Die Männer sprechen die Gebete. Ihr Vater singt, und in diesem Moment scheint er fast wieder der Alte zu sein, und weil es keinen Chasan gibt, der die Rolle des Kantors übernimmt, ist er es vielleicht doch, und man lobt seine Stimme. Nach dem Gottesdienst verabschieden sich die Gäste, und ihr Vater betet noch eine Zeit lang allein, während der Rest der Familie in der Küche geröstete Melonenkerne nascht. Später bricht der Himmel auf, und ihre Brüder kehren von der Arbeit zurück, und sie machen einen Familienausflug zu einem kleinen Park, wischen ein paar Bänke trocken und teilen ein einfaches Picknick aus Brot, Obst, hart gekochten Eiern, kaltem Fisch mit Zitrone, kalter Frittata und Käse, so wie früher zu Hause. Auf dem Rückweg kauft ihr Vater, auf unverhohlenes Drängen seiner Frau, bei einem Straßenhändler allen ein Sorbet. Für einen Moment ist es, als wäre Rebecca wieder ein Kind, die Taschen ihres Vaters voll mit leicht verdientem Geld, Geschmack und Konsistenz des Sorbets wie in ihrer Erinnerung, auch wenn es hier an einem Stand und von einer Spanierin verkauft wird, nicht von einem Mann mit Bauchladen um den Hals.

Als der Abend hereinbricht, kommt Josef aus dem Garten und sagt, dass er drei Sterne am Himmel entdeckt hat, und sie versammeln sich mit der silbernen Gewürzdose und dem Kidduschbecher, den sie von zu Hause mitgebracht haben, am Küchentisch zur Hawdala, ein Ritual, das Rebecca immer geliebt hat, weil es den Übergang vom heiligen Tag zur normalen Woche auf so besondere Weise markiert. Da sie keine geflochtene Kerze haben, hält ihre Mutter zwei Kerzen zusammen, und ihr Vater setzt sich auf einen Hocker und spricht das Gebet: Gesegnet seist Du, Gott unser Gott, der zwischen Heiligtum und Nichtgeheiligtem geschieden, *hamav'dil bein kodesh l'chol*. Dann gibt es Wein und Lachen, Feuer und Gewürze, die alten vertrauten Worte, auch wenn sie hier leise und bei geschlossenen Fenstern gesprochen werden.

Das Lachen ist für Rebecca das Schönste an diesem Ritual, doch heute fühlt es sich gezwungen an, ihre Kehle trocken, ihre Familie ein gebückter, sich schüttelnder kleiner Kreis: Hahaha! Trotzdem lacht sie mit, atmet den Duft von Zitronenschale, Minze und Zimtstangen ein und versucht, den gestrigen Tag zu vergessen, der durch Picknick und Sorbet kurz in den Hintergrund getreten ist, ihr aber nicht aus dem Kopf geht.

Warum hat die *modista* ihr Hilfe angeboten und dann zurückgenommen, ihr einen neuen Namen angeboten (obwohl sie nicht die Freundlichkeit hatte, ihren eigenen zu verraten), aber keine Arbeit? *Blanko* wie weiß, wie unbeschrieben. Ein Findelkind (aber ich bin nicht verloren!). *Ihre Arbeit ist wunderschön.*

»Wahrscheinlich ist sie Jüdin«, hatte ihr Vater gesagt, als sie ihm an jenem Tag nach dem Essen einen Besuch in seinem

Besenkammer-Büro neben dem Gebetsraum abstattete und erzählte, was passiert war. »Oder Halbjüdin. Sie denken nicht gern darüber nach, aber viele von ihnen haben jüdisches Blut.«

»Wer? Die Schneiderinnen?«

»Die Spanier. Vor allem die Katalanen – man nennt sie auch die Juden Spaniens. Es gab hier viele Conversos. Und Leute wie uns, die geflohen sind.«

»Dann sind wir aus Katalonien?«

»Wir sind Osmanen«, hatte er scharf gesagt. »Osmanische Juden.« Doch dann wurde sein Blick weicher, und er sah ihr in die Augen. »Du bist, wer du bist, Rebecca, ein Kind von El Dyo. Nur das zählt. Wenn man dich fragt, wer du bist, sagst du: ›Ich bin, wer ich bin.‹« Er hob die Hände mit den Handflächen nach oben. »Das ist alles. Und damit Schluss.«

Ken sos tu? Ich heiße Rebecca (Rivka, Rebekah) nach meiner Großmutter mütterlicherseits und der Frau Isaaks in der Bibel. Der Name bedeutet »zusammenbinden« oder auch »umschlingen«, weshalb sie – jedenfalls hat ihre Mutter das immer gesagt – so gut mit Nadel und Faden umgehen kann. Ich bin eine Camayor, von meinem Großvater mütterlicherseits, Behor Camayor, Gott hab ihn selig, und eine Cohen, Hohepriester und Nachkomme der Söhne Aarons, ein Name, dem sie gerecht werden möchte, obwohl sie ihn bei Bedarf verheimlicht, möge Gott ihr vergeben. Ich komme vom Granatapfelbaum, den mein Vater bei meiner Geburt gepflanzt hat, von meinen Nonnen in weißer Tracht, meiner Treppe mit der abgenutzten neunten Stufe, dem Kerzenlicht, das sich in meinen Fingernägeln spiegelt. Ich bin ein Zigeunermädchen, weil es einst romantisch schien, keine Heimat zu haben. Ja, sie konnte tanzen und beim Turnen Seile hinaufklettern, durch pure Willenskraft. Oder war ihre Heimat damals eher überall gewesen? Sonntags war sie durch die Häuser getingelt, alle Türen offen, Tanten und Cousinen, Freunde und Freunde von Freunden, bis sie vor Kuchen und Apfeltee schier platzte.

Es war die schöne Zeit. Falls es in ihrer Stadt Blutvergießen gab (und das gab es), hatte sie es weder gesehen noch gerochen. Sie hatte keine Angst, so gut wie nie. Ihr Name war ihr Name, ihre Zukunft golden: Wenn ich groß bin, wenn ich heirate und in der Nähe meiner besten Freundin wohne, wenn ich die Welt bereise und in mein Haus auf dem Berg zurückkehre und zu meinem Haus am Meer. Sie hatte den Zigeunern gern beim Tanzen zugesehen, Münzen in ihren Hut geworfen, während sie selbst mit den Hüften wackelte und mit dem Fuß wippte. Manchmal streckten die Tänzerinnen die Hände aus, um sie in ihren Kreis zu ziehen, doch ihre Mutter hielt sie stets zurück; es hieß, dass sie Kinder raubten und unsauber waren. Die *zinganas* schlugen ihr Lager an verschiedenen Orten der Stadt auf, und ehe man sichs versah, waren sie wieder verschwunden, und obwohl Rebecca sich die Gesichter der Mädchen in ihrem Alter genau einprägte, sah sie sie nur selten ein zweites Mal. Damals erschien es ihr wie eine Art Freiheit, ständig in Bewegung zu sein – Kuckuck, weg bin ich –, und erst vor Kurzem war ihr in den Sinn gekommen, dass sie vielleicht nur deshalb in Bewegung waren, weil sie nicht anders konnten (eine Tür zu, noch eine Tür zu), und dass man sie nicht nur fürs Tanzen und Singen bezahlte, sondern auch dafür, dass sie weiterzogen. Auch in Barcelona gibt es sie – hier nennt man sie *gitanos* –, aber Rebecca bleibt nicht bei ihnen stehen. Sie hat keine Münzen mehr übrig und muss auf Distanz gehen, wenn sie westlich gekleidet Klinken putzen geht (eine Tür zu, noch eine Tür zu).

Woher kommst du? Zwischen Leichtigkeit und Dunkelheit, zwischen Israel und den Nationen, zwischen dem siebten Ruhetag und den sechs Arbeitstagen. Wenn sie die Augen schließt, kann sie eingehen in den Klang und eins werden mit der unermesslichen Weite – ein Staubkorn, ein Nadelstich, reiner Atem. Zwischen Nacht und Tag, Wasser und Luft, Feuer und Wasser. Ich komme von *blanko*, dem Nichts, das Selbst ausradiert, alle Spuren verwischt.

Am Montag zieht sie das triste braune Kleid an, das sie normalerweise bei der Hausarbeit trägt, nimmt ihren Korb und macht sich wieder auf den Weg, diesmal in die entgegengesetzte Richtung. Marie Blanko Camayor findet Arbeit im zweiten Laden, den sie betritt. Sie wird pro Stück bezahlt, die Ausstattung des Ladens fast so mies wie in einem dieser Ausbeuterbetriebe, voll mit Mädchen an Maschinen, die Seidenkrawatten für die Straßenhändler in Cafés und Restaurants nähen, sowie Vorhänge und Kissen, und außerdem einfache Änderungsarbeiten übernehmen. Auf den Etiketten der Krawatten steht *Fabriqué en France*. Den Kunden, meist kein Ausbund an Eleganz, wird für Änderungen hinter einem Vorhang zwischen gestapelten Stoffballen Maß genommen. Die anderen Arbeiterinnen sind meist Bauernmädchen vom Land, und obwohl Rebecca ein bisschen Katalanisch aufgeschnappt hat, sprechen viele einen Dialekt, den sie nicht versteht.

An ihrem dritten Tag tätschelt ihr der Chef, ein älterer, bulliger Mann mit rotem Schnurrbart und Ehering, den Po und erklärt lautstark, dass er sie gern vernaschen würde.

»Ich würde Ihnen nur den Magen verderben«, sagt sie, und alle lachen, vielleicht, weil es schlagfertig war, vielleicht aber auch, weil es ihr versehentlich herausgerutscht war.

Am Ende der ersten Woche hat sie ihre ersten Pesetas verdient. Sie gibt die Hälfte ihrer Mutter (ihr Vater würde ihr das Geld ins Gesicht werfen, obwohl er es braucht) und spart die andere Hälfte – ob für ihre Aussteuer, eine Zugfahrkarte nach Hause oder nach Paris, weiß sie selbst nicht genau.

Die Arbeit ist eintönig, die Luft stickig, aber das Geld hebt ihre Stimmung, und sie liebt den Weg zur Arbeit und zurück, die geschäftigen Straßen, die Schaufenster mit Gebäck, Büchern, Damenhüten – sogar Spitzenbüstenhalter, die wie seltene weiße Schmetterlinge an Tafeln geheftet sind, etwas, das es zu Hause nicht gab. Sie geht gern an den Torbögen der Universität vorbei, lauscht den Kirchenglocken, deren Klang sie an den Ruf des Muezzins erinnert. Die Männer sehen sie hier anders an als zu Hause. Manche machen ihr Komplimente, und wenn der Mann jung ist und ihrer (einstigen) Klasse und gesellschaftlichen Stellung zu entsprechen scheint, begegnet sie vielleicht seinem Blick und lächelt oder lässt sich sogar auf ein Gespräch ein, und zum ersten Mal in ihrem Leben gestattet sie sich die Vorstellung, wie es wäre, sich mit einem Nichtjuden einzulassen, nicht dass sie es tun würde, aber sind nicht alle Menschen Gottes Kinder, und viele der Spanier sehen für sie jüdisch aus, was auch immer das heißt, so wie Rebecca für sie spanisch auszusehen scheint. Darunter nagende Sorge, die an Scham grenzt, und auch Groll, denn so sollte es für jemanden wie sie nicht sein, und sie wird mit jedem Tag älter.

Es gibt da einen Katalanen, Andreu, der als Steinmetz auf der Baustelle gegenüber arbeitet und Interesse bekundet, seine Pausen zeitlich auf ihre abstimmt und vorbeikommt, um mit ihr zu plaudern. Eines Tages schenkt er ihr eine Schachtel mit vier kleinen Marzipanbirnen, grün mit lachsroten Bäckchen und braunen Sommersprossen, die Mandelpaste so sämig, vollmundig und hartnäckig auf ihrer Zunge wie ihr klebriges Verlangen. Er bittet sie um ein Rendezvous, ein Spaziergang im Park oder eine Limonade in einem Straßencafé. *Moltes gràcies, senyor,* aber ich habe heute nach der Arbeit schon etwas vor, morgen und übermorgen auch, mein Vater ist krank (nicht gelogen), meine Mutter braucht mich (wahr), doch ihre Hand widersetzt sich ihren Worten und hält ihm eine Marzipanbirne zum Abbeißen hin, und er senkt den Kopf und knabbert an ihrer Fingerspitze, bevor er in die Süßigkeit beißt.

Am nächsten Tag, Freitag, Pflaumen in einer Papiertüte. Am Montag darauf Gebäck mit Cremefüllung, das sie ablehnt – sie muss der Sache ein Ende setzen und hat sowieso Angst, dass sie zu dick wird. Sie lässt ihn stehen, obwohl nichts mit dem warmen Drängen seines Blicks und den sehnigen Muskeln seiner Arme mithalten kann. Den letzten Sabbat hat sie im Gebet verbracht und redet sich ein, dass sie ihn abblitzen lässt, weil er kein Jude ist, doch der Abstand gab ihr auch Gelegenheit, über seine schlechten Zähne nachzudenken und den Staub auf seinen Schuhen und seine Ausdrucksweise, die, wie sie spürt, nicht sehr gewählt ist. Aber der Glanz seiner Haarwirbel, dasselbe Blauschwarz wie die Flügelfedern einer Elster. Seine Zähne an ihrem Finger, Knochen an Nagel. Das Versprechen seiner Zungenspitze. Dienstag sieht sie ihn in ihrer Mittagspause auf der anderen Straßenseite, doch er kommt nicht herüber, auch nicht an den restlichen Tagen der Woche, obwohl sie ihn über seine Arbeit gebeugt sieht. Am darauffolgenden Montag steht sie vor einem fertigen Steinweg, der ins Nichts führt, wie ein schlechter Witz über ihr Leben, das Gebäude noch im Bau und ohne Tür. Also ist sein Auftrag erledigt, und er zieht weiter.

Wenn sie durch die Stadt streift, achtet sie genau auf die

Kleider der modebewussteren weiblichen Passanten, merkt sich Kragen und Knöpfe, Falten und Krausen, Schlitze, Gürtel, Taillen und kritzelt abends Notizen und Skizzen, wenn sie nicht zu müde ist. Nach einigen Wochen arbeitet sich El Patron von ihrem Hinterteil zu ihrer Brust vor, doch da sie gesehen hat, wie er mit den anderen Mädchen umgeht, ist sie darauf vorbereitet und pikst ihn mit einer Nadel in die Unterseite seines Arms, sodass er aufschreit, und die anderen Arbeiterinnen kichern hinter vorgehaltener Hand. Er könnte sie auf der Stelle entlassen, doch das tut er nicht. Sie ist zu schnell und zu gut und schüchtert ihn vielleicht sogar ein bisschen ein, denn danach wirkt es fast, als hätte er ein wenig Angst vor ihr.

Ein süßes einsames Mädchen namens Consuelo aus Asturien wird so etwas wie ihre Freundin, obwohl Rebecca nie wieder dieselbe Vertrautheit finden wird wie mit Lika – ein Relikt der Vergangenheit. Manchmal geht sie mit Consuelo die Straße hinunter zu einem winzigen Park, um dort ihre Mittagspause zu verbringen. Ich spare für meine Hochzeit, sagt Consuelo. Ich auch, sagt Marie Blanko Camayor. Sie ist älter als Consuelo und die anderen Arbeiterinnen (die vielleicht sechzehn, siebzehn sind), doch es scheint niemandem aufzufallen, zumindest erwähnt es niemand. Stattdessen fragen die Mädchen sie über Paris aus, und sie gibt sich alle Mühe, die Fragen zu beantworten, obwohl sie in Wahrheit den Bosporus beschreibt, nicht die Seine: das glitzernde Wasser, die Ausflugsboote, die einen hierhin und dorthin bringen (sie bekommt fast Heimweh, wenn sie so redet). Wunderschön, seufzen die Mädchen. Aber warum bist du hergekommen? Eine kranke Tante, spanische Verwandte, mein Vater hat eine Stelle angenommen. Manchmal singt sie bei der Arbeit, und die anderen

Mädchen sagen, sie könnte eine richtige Sängerin sein, und dann kommt ein neues Mädchen, das noch besser singen kann, in improvisierten Harmonien, und von da an singen sie zusammen und bringen sich gegenseitig Kanons bei, und sogar die Mädchen, die keine Melodie halten können, singen mit. So vertreiben sie sich die Zeit. Je nachdem arbeiten sechs, sieben, manchmal sogar acht Mädchen im Laden, fast alle von außerhalb.

Ihr Bruder Marko hat einen Freund auf dem Markt, der eine Schwester hat, Klara Goldman, ein jüdisches Mädchen aus Österreich, und Rebecca besorgt auch ihr Arbeit als Näherin und verpasst ihr einen Decknamen – Ana Perez. Klara versteht zwar keine zwanzig Worte Spanisch oder Katalanisch und ist extrem schüchtern, aber sie ist fleißig. Manchmal kommt Klara mit ihrer Familie zum Gottesdienst in die Synagoge, doch die Aschkenasen bleiben meist unter sich und versammeln sich nach dem Gottesdienst in einem eigenen Raum. Manchmal kommen sie über viele Wochen gar nicht. Rebecca weiß, dass sie Klara bei der Arbeit unter ihre Fittiche nehmen sollte, aber mit Consuelo fühlt sie sich wohler, und Klara ist so nervös und offensichtlich fremd, dass sie fürchtet, es könnte auf sie abfärben. Der Chef hat es nicht gern, wenn seine Näherinnen reden, begrüßt es jedoch, wenn sie singen. Er nennt die Mädchen seine Töchter, obwohl seine Blicke Löcher in ihre Kleider brennen. Nach Feierabend zerstreuen sich die Mädchen in der Stadt, die von Tag zu Tag heißer und schwüler wird.

Rebecca wacht auf, schläft ein und träumt von billigen Seidenkrawatten. An den langen Sommerabenden und Wochenenden arbeitet sie, wann immer sie Zeit hat – selbst am Sabbat –, an ihren eigenen Entwürfen und passt die Schnitte an

Elsa, ihrer Mutter oder sich selbst an. Nach vier Monaten hat sie genug gespart, um bei ihren Brüdern einen kleinen Vorrat hochwertiger Stoffe und Kurzwaren zu kaufen und ihre geliebte schwarz-goldene Singer-Nähmaschine überholen zu lassen, die sie von zu Hause mitgebracht hat. Ihre Brüder haben ihr von unabhängigen, hoch qualifizierten Schneiderinnen erzählt, die auf dem Markt einkaufen. Echte Profis, die von zu Hause oder in kleinen Ateliers für die Oberschicht arbeiten und für die Anproben Hausbesuche machen. Alles, was man dafür braucht, ist eine Visitenkarte und ein paar Beziehungen. Kunstfertigkeit. Etwas Französisch kann nicht schaden. Paris ist ein Plus. Man muss nur selbst gepflegte Eleganz ausstrahlen, was für sie von Vorteil ist (das Schlimmste an ihrer Arbeit ist, dass sie so ärmlich gekleidet erscheinen muss).

Am 26. Juni kündigt Marie Blanko Camayor. Sie hat ein schlechtes Gewissen gegenüber einigen der Mädchen, verspricht ihnen aber, sie anzustellen, sobald das Geschäft läuft. Am 2. Juli zupft sie ihre Augenbrauen, badet ihre Hände in Milch, zieht ein schlichtes, aber elegantes Leinenkleid an und geht mit Isidoro und Marko auf den Markt in Sant Antoni, wo sie – mit Josef als ihrem Assistenten – an einer Leine zwischen zwei Ständen einige ihrer Musterstücke aufhängt: ein blassviolettes Abendkleid mit einem Saum aus weißen Seidenblumen, zweckentfremdet von einem alten Hut, ein Kleid mit tiefer Taille und transparentem Überrock und ein Seersucker-Kinderkleid, eine Handarbeit ihrer Mutter.

Statt auf Kundschaft zu lauern oder die Passanten zu beäugen, macht sie es sich mit einer selbst entworfenen Stickerei – Sonnenblumen vor einem offenen Tor – auf einem Schemel gemütlich. Die Arbeit erdet sie, während sie ihre Umgebung mit fast übernatürlicher Deutlichkeit wahrnimmt: die gut gekleidete ältere Dame, die ihren Schritt beim Anblick ihrer Sachen verlangsamt, den Schuhputzer, der sie von gegenüber beäugt, die eigenen Hände, die sich rhythmisch und geschickt um den Rahmen bewegen, aber nicht so richtig zu ihr zu gehören scheinen. Sie trägt Likas Herzmedaillon, wird es jedoch innerhalb des nächsten Monats verlieren – entweder ist der Verschluss aufgegangen, oder die Kette wurde ihr von einem der geschickten Gassenjungen gestohlen, die über den Markt streifen und sie vielleicht für wertvoll halten, obwohl sie das nicht ist, oder nur für sie. Ihre Visitenkarten, die in einer blau-weißen Porzellandose vom Flohmarkt am Stand ihrer Brüder ausliegen, sind cremefarben, die Schrift geschwungen, die Schreibweise von Blanko von einem überheblichen Mann in der Druckerei zu Blanco geändert, obwohl Blanko auf Ladino – wird es ihr je gelingen, sich nicht mehr zu verraten? – korrekt ist:

Rebecca Blanco Camayor

Couturière de Paris ~ Modista ~ Haute-Couture

II

Sultana nimmt den Koffer voller Wurzeln, Blumenzwiebeln und Samen und kippt den Inhalt in eine Ecke des von Unkraut überwucherten Gartens, dann lässt sie ihn trotz des Regens offen auf der Terrasse liegen. Das Innere des Koffers ist mit einer Kruste aus Dreck, Stängeln und getrockneten Samen überzogen, doch der Regen, der die endlose Hitze bricht, wird ihn reinigen, oder der Stoff wird sich vollsaugen und das Leder schrumpfen lassen, bis sich der Bezug vom Rahmen löst, ein Haufen Lumpen. *Ke se vaiga a la profundina de la mar* – lass ihn auf den Meeresgrund sinken – *ni andi gayo kanta, ni pero yama* – wo kein Hahn kräht, kein Hund bellt.

Was sollte als Nächstes passieren? Der Ehemann sollte sie suchen und sie dort finden, sich zu ihr hinunterbeugen und sagen: Oh, was tust du, meine Liebe, mein Leben (meine Gemahlin)? Warum weinst du, das Gesicht himmelwärts gerichtet, obwohl deine Augen geschlossen sind, mit bebenden Schultern im Regen? Hätte ich gewusst, wie viel es dir bedeutet, dass ich den Koffer auspacke und von Gottes grüner Erde Gebrauch mache, hätte ich es schon im April getan, als du das verdammte Ding unter dem Bett hervorgezogen hast, oder im Juni, als du den Koffer in die Küche geschleppt und auf eine Unterlage aus Zeitungspapier gestellt hast, oder spätestens im August. Aber im August kann man nichts aussäen, nicht bei der Hitze, und inzwischen hatte sie ihn praktisch aufgegeben, während ihre Stimmung sank, doch fiel ihm das überhaupt auf, *sah* er es?

Jetzt ist September, Spaniens zweite Pflanzsaison, nur noch zwei Wochen bis Rosch Haschanah. Gestern Abend endlich riss der aufgequollene Himmel auf, was für Erleichterung sorgen sollte. Heute früh hat sie Neuigkeiten von Corinne aus Kuba erhalten, was Anlass zur Freude sein sollte. Stattdessen empfindet sie eine trockene, unversöhnliche Wut, die so untypisch für sie ist, dass sie sich fast besessen fühlt, als wären *shedim* in ihren Körper gekrochen. Wochenlang hat sie Tau in Gläsern gesammelt und blaue Perlen in Albertos Kissenbezug versteckt, um böse Geister abzuwehren, eher aus Verzweiflung und überlieferter Tradition als aus festem Glauben. (Auch das ein kleiner Akt der Rebellion, denn er hasst solche Dinge.) Zuvor hat sie wochenlang Gottes Rat gesucht – wo ist mein Mann, El Dyo? Was muss ich tun, um ihn zurückzubekommen? Doch es folgte nichts, keine Eingebung und kein Traum, kein Wort, nicht mal ein leises Gefühl, sodass sie nun nicht nur all die Menschen und Orte vermisst, die sie hinter sich lassen musste, vor allem ihre Mutter, sondern auch noch Heimweh nach etwas hat, das ortsunabhängig und allgegenwärtig sein sollte: nach Gott.

Ende Juli hat sie Alberto zu einem Arzt geschickt, den der Mann im Büro des American Jewish Joint Distribution Committee empfohlen hatte. Man stellte einen Eisenmangel fest, doch ansonsten war er für sein Alter gesund. Sie kochte ihm Hühnchenleber und Lamm-Kebabs, obwohl es keinen koscheren Schlachter gab – ein Mann braucht Fleisch –, doch Alberto verweigerte alles, hielt sich plötzlich strenger an die Regeln als je zuvor. Stattdessen schlangen ihre Söhne das Fleisch hinunter. Sie machte Spinatstrudel, Salat. Alberto mümmelte in kleinen Bissen, blieb blass.

Heute dann hat sich ihr Körper wie von allein bewegt. Sie hat den Koffer am abgenutzten Ledergriff gepackt und ihn nach draußen geschleppt; Corinnes Brief in der Tasche ihrer Schürze, hat sie den Inhalt des Koffers auf dem unkrautüberwucherten Beet ausgeleert. Jetzt sitzt sie durchnässt und zitternd auf der Steinbank, erschöpft vom Auftritt ihres Lebens, aber für wen? Während sie draußen wütete, war Alberto in der Wohnung am Fenster vorbeigegangen und hat ihr Schleppen und Schleudern nicht einmal bemerkt – sie hätte ebenso gut eine *loka* sein können, wie die arme Frau, die er vor langer Zeit geheiratet und verlassen hatte. (Was für ein Mann tut so etwas?)

Hätte er sich die Mühe gemacht, sie zu bemerken, sich die Mühe gemacht zu fragen, was in ihrer Seele vorging, wäre sie vielleicht in sich gegangen und hätte Worte gefunden: dass es eine Sache ist, seine Mutter, sein Haus, seine Heimat zu verlassen; keine Freundinnen zu haben, bei denen man auf einen Schwatz vorbeischauen kann, kein Hausmädchen, das einem hilft, für sieben Personen auf zu engem Raum zu sorgen; jede Peseta zweimal umdrehen zu müssen, aber wenigstens ihren Ehemann an ihrer Seite zu haben (der immer auch ihr bester

Freund und Geliebter gewesen war), aber eine ganz andere Sache ist, all das hier allein zu schaffen. Sie hat das Beste aus der Situation gemacht, dankbar für die Chance, neu anfangen zu können und ihre Söhne vor dem Militär zu bewahren, dankbar für das Essen auf ihren Tellern, das Dach über ihren Köpfen, auch wenn sie immer noch hofft, dass Josef irgendwann eine Schule besuchen kann.

So Gott will, werden die Kinder heiraten und eine bessere Zukunft haben, alles zu seiner Zeit. Sie ist stolz darauf, wie gut sie sich in der Stadt eingelebt haben, dass sie Arbeit gefunden und ihren Sinn für Humor nicht verloren haben. Jeder Witz, den sie reißen, jede Melodie, die sie summen, jede Geschichte, die sie erzählen, ist ein kleines Geschenk, und obwohl die enge Wohnung abends zu voll ist – die Jungen mit ihrem Schweiß und den muffigen Schuhen, die Mädchen mit ihrem Parfüm und den Büstenhaltern, die an Gardinenstangen trocknen –, ist ihr das Gedränge immer noch lieber als das leere Gefühl, das sie jeden Morgen überkommt, wenn sie zur Arbeit aufbrechen (sie säubert Haarbürsten, weicht Bohnen ein, lüftet Bettwäsche, legt drei Zitronen in eine Schale, eine aufgeschnitten wegen des Dufts) – und sie mit ihm allein lassen.

Denn wo ist ihr Ehemann? Zu weit, zu nah, zu weit. In ihrem früheren Leben streifte er ständig durch die Stadt, kam spät nach Hause. Er spielte, trank und rauchte zu viel und neigte dazu, sich vor seinen Verpflichtungen zu drücken, einschließlich der sich anhäufenden Rechnungen. Er sah hübschen Frauen hinterher und er stahl sich regelmäßig aus seinem Büro fort, um im Garten zu arbeiten oder Backgammon oder Karten zu spielen, erfand aus Scham oder Feigheit fadenscheinige Ausreden. Er konnte feige sein, nörgelig, pedantisch und war schnell gekränkt.

Sultana kannte seine Fehler, und trotzdem liebte sie ihn, weil er so lebendig war, so kunstsinnig und elegant, weil er so voller Liebe war, Liebe für *sie* – ein wahrer Romantiker, aber auch treu wie ein Hund. *Seit dem Moment, als ich dich das erste Mal sah,* sagte er immer; und er liebte sie, als die Kinder blau geboren wurden und die Trauer sie reizbar machte und als sie vorzeitig ergraute. Bevor ihnen das Geld ausging, störte es sie kaum, wenn er sich herumtrieb: Sie genoss den Abstand; er würde schon nach Hause kommen. Am Sabbat brachte er ihr Kissen, damit sie es sich gemütlich machen konnte, und er machte ihr oft Komplimente – lobte ihren Sinn für Zahlen, ihre Kochkünste, ihre Wohltätigkeit. Sultanita, Königin Shoshana, Malka, Reina, Licht meines Lebens, meine zweite Chance. Nach dem Tod ihres Vaters brachte Alberto ihr monatelang jeden Tag Blumen in einer kleinen Vase, die wie ein Schiff geformt war, weil ihr Vater nicht nur Zigarrenhändler, sondern auch Kapitän zur See gewesen war. Im Bett liebte er sie, und tagsüber gab er ihr oft im Vorbeigehen einen Kuss, sodass ihre Freundinnen voller Neid von ihrer Ehe sprachen (es muss an deinem Namen liegen, sagte ihre Freundin Viktoria. Er weiß, wie man eine Königin behandelt), obwohl manche ihrer Ehemänner höher angesehen waren oder es in ihrem jeweiligen Beruf weiter gebracht hatten.

Und Alberto liebte nicht nur Sultana. Er liebte ihre gemeinsamen Kinder und liebte die Welt und den Einen, Der Die Welt Erschaffen Hat, und verstand, so wie sie, dass diese Liebe nicht nur ein Geschenk war, sondern auch eine Pflicht, denn El Dyo war wesenlos, in jedem Blatt und jedem Wassertropfen, jedem Herzschlag, jedem Happen, und man war sein Leben lang dazu aufgerufen, Ihn wahrzunehmen und Ihn einzulassen. Als sie vor Jahren Albertos Heiratsantrag annahm, hatte ihre Mutter sie gewarnt, dass sie bei dem Altersunterschied eines Tages aufwachen würde und, selbst noch jung, plötzlich einen alten Mann an ihrer Seite hätte. Sultana hatte sich das nicht vorstellen können. Alberto, obwohl zweiundzwanzig Jahre älter als sie, hatte so jung gewirkt, als er den Hang hinaufgestiegen war, um sich ihr vorzustellen. Er war so experimentierfreudig und wissbegierig: Kaffeehäuser und Bücher, Ideen und Musik, Blumen und ihre Besonderheiten. Ihren Körper spielte er wie ein Instrument. Sex war ihr immer peinlich gewesen, ebenso die eigene Lust, doch er gab nicht auf, bis er sie zum Klingen brachte. Er war nicht direkt ein fröhlicher Mensch – es gab immer eine dunkle, philosophische Gegenströmung; vielleicht sah er zu viel – doch ihr Mann hatte stets den Finger am Puls des Lebens gehabt.

War er hier plötzlich alt geworden? Hatte der Umzug ihn nicht nur räumlich, sondern auch zeitlich versetzt? Das ist es nicht, jedenfalls nicht nur. Er ist immer noch kräftig und wirkt trotz seines Eisenmangels kaum anämisch; sieh doch, wie er sich bückt und schrubbt. Seine Sinne sind scharf; er liest die spanischen Zeitungen und hält die Finanzen der Gemeinde besser in Ordnung als einst die der Textilfabrik. Nein, es ist etwas anderes: Er hat aufgegeben, den Glauben verloren, trotz des übertriebenen Kümmerns um die Synagoge. Eine In-sich-Gekehrtheit, die zu Selbstsucht, ja Misstrauen führt. Sein Atem ist säuerlich; sein Blick, wenn er nicht empört funkelt, ausdruckslos. Seit Monaten hat er sie nicht angerührt, und wenn sie sich ihm nähert (seinen Arm tätschelt, einmal mit dem Finger über seine Wange streicht), zuckt er zusammen, als hätte ihn etwas gestochen.

Wenn Juden – Seeleute, Flüchtlinge, Händler, Kaufleute – den Weg zur nicht ausgeschilderten Synagoge finden, sorgt

Sultana für Kaffee, Tee und *biscochos*, und wenn die Männer mit Beten fertig sind, bringt sie ein Tablett und unterhält sich gestikulierend mit ihnen, falls sich keine gemeinsame Sprache findet. Wo wollen Sie hin, wo kommen Sie her? Haben Sie Kinder? Wie war die Reise? Was gibt es Neues in der Welt? Was kann ich für Sie tun? Bitte, setzen Sie sich doch. Essen Sie etwas. Sie empfiehlt ihnen Villa Erna, die Pension in der Carrer del Modolell, geführt von einer jüdischen Familie, und das Café Cómico, wo die Sepharden sich nach Arbeit umhören können, und den Aschkenasen das Eck-Café in der Còrsega, wo Jiddisch gesprochen wird. Sagen Sie, dass Sie von uns kommen, sagt sie herzlich. Sagen Sie, dass Sie der Freund eines Freundes sind. Wenn die Besucher staatenlos sind oder, wie ihre älteren Söhne, auf der Flucht vor dem Militär und als Deserteure gelten, steckt sie ihnen die Adresse vom Büro der Ezra Aid zu, wo man ihnen hilft, sich eine Aufenthaltserlaubnis oder einen kleinen Geschäftskredit zu besorgen, und sie die Adresse für Visitenkarten benutzen lässt. Sie erzählt ihnen von dem Markt, wo ihre Söhne Stände haben, und von der Rasierklingenfabrik, die ein Mann aus Smyrna gegründet hat, und von dem Reißverschluss-Importgeschäft eines deutschen Juden, der noch gar nicht lange hier ist. In der Türkei war ich Chirurg, sagte vor einigen Monaten ein Mann verbittert. Wundervoll, erwiderte Sultana. Dann wissen Sie ja, wie man schneidet und näht! Damit die Fremden sich orientieren können, breitet sie einen Stadtplan aus, auf dem die Carrer de Provença 250 mit einem roten Punkt markiert ist und den Worten *Estas* Aki, in ihrer Handschrift.

Manchmal wirken die Reisenden, fast alle Männer, überrascht, dass sie es ist, die Ehefrau, die das Gespräch sucht, doch was bleibt ihr anderes übrig? »Ihr sollt den Fremden lieben, denn Fremde seid ihr im Land Ägypten gewesen.« In Wahrheit ist sie selbst noch eine Fremde, mehr oder weniger neu hier und noch lange nicht heimisch, aber wozu die Gäste mit ihren privaten Sorgen belasten. Die Stadt ist wunderschön, sagt sie stattdessen. Große jüdische Weise sind auf diesen Straßen gewandelt. Wenn ein Besucher alleinstehend ist und für Rebecca oder Elsa infrage kommt, lädt sie ihn vielleicht zum Abendessen ein. Ihre Töchter flirten und plaudern, obwohl sie sich hinterher beschweren (er ist Fischer, Mama, er riecht nach Fisch!). Alberto hält sich im Hintergrund oder steht vom Tisch auf, bevor er aufgegessen hat, um sich im Dunkeln im verwilderten Garten rumzutreiben.

Gestern hat er gesagt, er hätte einen Steinmetz beauftragt, Glasscherben auf die Backsteinmauer zur Straße zu setzen.

»*Ke?*« Sie hatte ihr Gemüsemesser auf den Küchentisch gelegt. »Das hast du nicht getan, Alberto. Warum solltest du so etwas tun?«

Alberto hob nicht einmal den Blick vom Kontobuch der Gemeinde. Er zuckte die Schultern. »Es sind Dinge passiert.«

»Als da wären?«

Er schrieb etwas in das Buch. »Verschiedene Dinge. Schmierereien. Ein Schweinekopf wurde in den Garten geworfen.«

Sie schüttelte den Kopf. »Ich war dabei, als Sinyor Grunebaum uns diese Geschichten erzählt hat. Das ist Jahre her. Die Dinge haben sich geändert. Es gibt keinen Grund zu glauben, dass sich so etwas wiederholt.«

»Natürlich wird es sich wiederholen, früher oder später. Es ist nur eine Frage der Zeit.«

»Alberto, sag so etwas nicht!« Sie berührte die *bonjuk*-Perle in ihrem Kragen und murmelte *leshos de mi*, weiche von mir, obwohl ihr die Redensart schon immer egoistisch vorkam, implizierte sie doch, das Unglück solle jemand anders treffen. »Bitte.«

»Ob ich es sage oder nicht, macht keinen Unterschied. Es ist die Wahrheit.«

»Wahr ist«, sagte sie, »wenn du in den Himmel spuckst, triffst du dein Gesicht.«

»Sultana«, sagte ihr Mann müde, wie zu einem begriffsstutzigen Kind. »Wer spuckt denn? Ich habe mehr erlebt als du. Mehr gelesen. Mehr von der Welt gesehen.«

Du bist ein alter Griesgram, hätte sie fast gesagt. Ich gehe durch die Straßen und schenke jedem Fremden ein Lächeln, während du dich hier verkriechst. *Ich* sehe hinaus in die Welt und auf zu Gott.

Doch so redete eine Ehefrau nicht mit ihrem Mann, außerdem lag es ihr nicht, grausam zu sein. Alberto war immer noch ein guter Mann, der versuchte, seine Familie zu beschützen, doch sie würde nicht zulassen, dass er sie mit seiner Angst ansteckte. Die Nachbarn waren nette Leute. Sie hatten ihnen Kuchen gebracht, und Sultana hatte ihre Backkünste gelobt, weil er lecker war, aber auch, weil *boka dulse avre puertas de fierro* – ein süßer Mund Türen aus Eisen öffnet. Man musste das Gute in den Menschen sehen, statt ihnen mit einer Mauer voller Glassplitter zu begegnen. Zu Hause pflegten sie mit jedermann freundschaftlichen Umgang. Alberto hatte mit den Muslimen Musik gemacht und mit den Christen Geschäfte. Ihre Söhne und Töchter gingen mit Kindern jeder Couleur zur Schule, und sie selbst engagierte sich zwar vorrangig für jüdische Waisenkinder, aber auch für Menschen anderer Glaubensrichtungen

»Kein Glas auf der Mauer, Alberto«, hatte sie gefleht. »Bitte. Das wird mehr Probleme schaffen als lösen.«

Doch der Steinmetz war schon da, strich mit einem Spatel Zement auf die Mauer zur Carrer de Balmes und steckte dann glitzernde Glasscherben hinein, fast wie ein Bildhauer; es hätte geradezu festlich ausgesehen, wenn es nicht so grauenhaft gewesen wäre. Sultana widmete sich wieder ihren Karotten, schnippelte und schnippelte und schob die klein gehackten Stücke mit der Schneide zu einem farbenfrohen Haufen. Als Nächstes waren die Zwiebeln dran; wenigstens konnte sie dann weinen. Was war nur aus ihnen geworden? In einem anderen Leben hatte sie Glas geliebt. Alberto, der eine Gabe dafür hatte, bei seinen Streifzügen durch die Stadt kleine Schätze zu finden, brachte ihr oft Geschenke mit – einen geschliffenen hellblauen Parfümflakon, Glasblumen aus Böhmen, Pessach-Gläser mit Goldrand –, die sie alle vor dem Umzug verkauft hatten.

»Ich tu das für dich«, fuhr ihr Mann fort, während seine Hand, unbeholfen gekrümmt – er war Linkshänder, jedoch gezwungen worden, auf rechts zu wechseln –, weiter ins Buch schrieb. »Um dich und die Kinder zu beschützen.«

Sie knallte das Messer auf den Tisch. »Für mich?«

Er sah sie streng an. »Ja. Du hast richtig gehört.«

»Tja, ich will es nicht.«

»Es ist aber notwendig. Das versuche ich dir ja die ganze Zeit zu erklären.«

»Das« – sie blickte auf ihre Füße – »ist Ansichtssache.«

»Nein«, sagte er. »Ich weiß mehr als du. Ich lese Zeitung. Ich habe Bücher über Spanien gelesen. Ich habe mit vielen Leuten gesprochen. Ich sehe, was in der Welt passiert. Was weißt du schon?«

»Ich weiß, was ich mit eigenen Augen sehe. Gutherzigkeit. Freundliche Nachbarn. Niemand will uns etwas Böses.«

»Es ist nicht alles Gold, was glänzt. Das hast du selbst immer gesagt. Man muss hinter die Fassade blicken.«

Jetzt weinte sie, obwohl sie die Zwiebeln nicht angerührt hatte. »Warum sind wir dann überhaupt hier, Alberto, wenn es hier so schrecklich ist? Warum hast du uns hierhergebracht? Sag es mir.«

»Warum?« Seine Stimme klang sanft. »Weil ich versagt habe.«

»*Ke?*«

»Ich habe versagt! Soll ich es noch lauter sagen?« Er stand auf und ging zum offenen Fenster, streckte den Kopf hinaus und legte die Hände an den Mund. »Ich habe versagt!«

»Hör auf, Alberto. Hab ein wenig Selbstachtung. Ich flehe dich an.«

Der Steinmetz drehte sich neugierig um, und Sultana, die rot angelaufen war, winkte und sah den Mann verwundert zurückwinken.

»*J'ai échoué*«, wiederholte Alberto auf Französisch, und dann (wie oft denn noch?) auf Englisch. »*I failed.*«

»Warum gibst du nicht gleich eine Anzeige auf?«, sagte sie scharf in ihrer Muttersprache. »Schrei es von den Dächern! Lade die Nachbarn ein!«

Sie ging das Fenster schließen, von Tränen jetzt weit entfernt. Ein alter Mann? Von wegen. Es stellte sich heraus, dass sie mit einem Kind verheiratet war.

»Unser Land hat uns im Stich gelassen, das ist passiert«, sagte sie. »Was glaubst du, warum so viele Juden lange vor uns gegangen sind? Tausende sind geflohen, jedes Jahr mehr. Glaubst du, wir sind damit allein? Du solltest dich nicht so wichtig nehmen.«

»Dann bin ich also ein Niemand.«

Sie verdrehte die Augen.

»Du hast es selbst gesagt«, erklärte er. »Du hast einen Niemand geheiratet. Du tust mir leid.«

»Basta, Alberto! Wo hast du nur deinen Kopf?«

»Keine Ahnung.«

Er ließ den Blick durchs Zimmer schweifen, und für einen kurzen Moment dachte sie, seine Stimmung würde umschlagen und er würde einen Witz reißen (liegt mein Kopf da auf dem Teller oder da oben im Regal?). Doch seine Augen waren ausdruckslos.

»Du hast einen Niemand geheiratet«, wiederholte er.

»Hör auf, mich zu beleidigen. Hab ein wenig Selbstachtung. Keiner ist vor Gott ein Niemand.«

»Ich kann Ihn nicht finden, Sultana. Ich kann …«

Zärtlichkeit stieg in ihr auf, doch sie würde ihr nicht nachgeben.

»Du musst es versuchen«, sagte sie.

»Das habe ich ja.«

»Gib dir mehr Mühe.«

Er hob den Blick, sein Gesicht verzerrt und hässlich. »Ich bin ein alter Mann. Ich habe es satt.«

»Dafür«, sagte sie zu ihrem Mann, »solltest du dich schämen.«

In jener Nacht (es war erst letzte Nacht gewesen, obwohl es sich anfühlte, als wäre es Tage her) schlief sie nicht, sondern saß im Garten. Der Regen ließ noch auf sich warten, die Hitze war drückend, und es kamen keine Katzen vorbei, weil sie sich auf der Mauer blutige Pfoten holten, und niemand sah nach ihr oder bemerkte überhaupt, dass sie nicht da war. Sie saß und saß, eine Gartenstatue, ihr Kopf leer, und erwachte durchnässt im Regen mit steifem Hals (sie musste also doch ein wenig geschlafen haben) und ging hinein, um für ihre Familie Frühstück zu machen, nicht aus Liebe oder Edelmut, sondern weil es ihre Aufgabe war.

Heute Morgen dann, durch den Türschlitz, ein himmlisches Geschenk aus der Ferne: Corinne und Israel erwarteten ein Baby, so El Dyo will. Alberto war nur wenige Meter entfernt, als sie den Brief geöffnet hatte, doch sie hatte ihn heimlich gelesen und in ihre Schürzentasche gesteckt, wo er immer noch war, während sie den Koffer holte, ihn nach draußen schleppte und auskippte. Dann wieder auf die Bank, wo sie wie betäubt sitzen blieb, immer noch sitzt, während der Regen nachlässt und schließlich ganz aufhört (der Garten glänzt).

»Wo ist Josef, dieser kleine Lump!«

Sofort ist sie auf den Füßen, bereit, ihren Sohn zu beschützen.

»Er hat meinen Koffer genommen!«, schreit Alberto. »Er hat meine Pflanzen ausgekippt! Wie kann er es wagen! Wo ist dieser Schwachkopf? Ich erwürge ihn! Ich drehe ihm den Hals um!«

Mit überraschender Kraft nimmt er den Koffer und schleudert ihn durch den Garten. Sultana sieht zu, wie der Koffer dumpf auf die Steinplatten knallt.

»Beruhige dich«, sagt sie. »Und nicht so laut, die Nachbarn können dich hören.« Ihr ist schwindelig, weil sie zu schnell aufgestanden ist, und stützt sich am Stamm der Palme ab. Wie spät ist es? Sind alle Kinder zu Hause? Ist Josef zu Hause? Sie sieht durch die Fenster in die Wohnung, kann ihn jedoch nirgends entdecken.

»Wo ist er? Ich gehe ihn auf dem Markt suchen!«

»Lass Josef in Ruhe. Er war es nicht.«

»Wer dann? Marko? Isidoro? Eins der Mädchen? Wer würde so etwas tun? Meine« – er wirkt kurz verzweifelt, hilflos, dann wieder zornig, noch im Morgenmantel, der Gürtel offen, sein Schlafanzug aus feiner ägyptischer Baumwolle, inzwischen ausgefranst und viel zu weit – »Pflanzen von zu Hause.«

»Das waren nicht die Kinder, Alberto. Das war ich.«

Es ist El Dyo, der sie führt; darüber sind sie sich später einig. Es ist El Dyo, der Alberto seine Frau zeigt, vom Regen durchnässt, keine Tränen mehr übrig. Furchtlos.

»Du?«, entgegnet er, und sie nickt, und er jagt ihr einen Schrecken ein, als er mit erhobener Hand auf sie zukommt (gelegentlich schlägt er die Jungs mit dem Rohrstock, aber noch nie hat er die Hand gegen sie oder ihre Töchter erhoben), doch dann bleibt er stehen und lässt den Arm sinken, und was auch immer passieren soll, wird jetzt passieren. Sie ist ganz ruhig, ganz weit weg.

Schweigend geht sie los, nicht auf ihren Mann zu, sondern in die Ecke des Gartens, wo sie die Blumenzwiebeln, Wurzeln und Samen ausgekippt hat. Der Garten ist immer Albertos Reich gewesen, doch wie schwer kann es schon sein, die Wurzeln zu entwirren, die Zwiebeln auf dem Steinboden der Terrasse aufzureihen, ihre Fäuste um das Unkraut zu schließen und es aus dem Beet herauszuziehen?

Der Boden, an der Oberfläche feucht, aber darunter trocken, gibt nach, als sie mit beiden Fäusten zieht und das Unkraut neben sich auf einen Haufen wirft. Und dann ist er neben ihr, beide auf den Knien, entfernen tote Gewächse, um Platz für neue zu schaffen, und er gibt ihr Anweisungen, aber nachsichtig, als wäre nichts Ungewöhnliches zwischen ihnen vorgefallen, und er schlurft zum Schuppen an der Rückseite des Gartens und kommt mit rostiger Forke, Schaufel und Spaten zurück. Manche Zwiebeln sind vertrocknet und eignen sich nicht mehr zum Pflanzen. Die sortiert er aus. Andere fühlen sich fest an oder haben hellgrüne Triebe in der Farbe von Endiviensalat. Die pflanzt er ein. Obwohl der Koffer voll schien, als Sultana ihn leerte, ist es in Wahrheit nicht mehr als der Inhalt einer kleinen Reisetasche, gerade genug Knollen für einen Quadratmeter Narzissen, Tulpen oder Hyazinthen sowie diverse (inzwischen aufgeweichte) Umschläge voller Saatgut, beschriftet mit dem Namen der Textilfabrik. Alberto legt Zeitungspapier auf die niedrige Steinmauer und breitet die Samen auf den Schlagzeilen von gestern zum Trocknen aus, während Sultana das Unkraut an einer Stelle zwischen Schuppen und Mauer entsorgt, die er ihr zeigt.

Es ist El Dyo, der Sultana davon abhält zu sagen, dass man in einen Koffer, selbst einen kaputten, nur eins packt, nämlich Kleider (nicht nur ihre eigenen, sondern auch die Babysachen, die sie für ihre zukünftigen Enkelkinder genäht hat), und es ist El Dyo, der sie davon abhält zu sagen, dass sie genug hat, dass sie zu Corinne nach Kuba geht oder zurück nach Hause zu ihrer Mutter, dass sie Josef mitnimmt, weil er noch zu klein ist, um ihn bei einem Vater zu lassen, der ihn erwürgen will, obwohl er nichts Unrechtes gemacht hat, der immer wieder verspricht, den Sohn zu Hause zu unterrichten, es aber nie tut. *Adyo.*

Als sie endlich alles erledigt haben, sind sie verdreckt, verwildert, wie vernachlässigte Kinder (nicht ihre); sie noch in den Kleidern vom Vortag, er in Schlafanzug und Morgenmantel. Dann ist es Zeit reinzugehen, Wasser aufzusetzen und in der Zinnwanne zu baden. Sultana geht zuerst und zieht den Vorhang zu, den sie in der Küche aufgehängt hat, um die Illusion von Privatsphäre zu schaffen. Sie nimmt mal den Kessel, mal den Tonkrug zur Hand, und nachdem das Wasser erst zu kalt, zu heiß, zu kalt ist, hat es schließlich die richtige Temperatur, und die Kupferschale zum Spülen ist dieselbe, die sie an den für jüdische Frauen reservierten Tagen immer mit ins Haman genommen hat. Ihre gewölbte, gehämmerte Form erinnert sie an den riesigen *Göbek-Taşı*-Stein, auf dem die Badefrauen ihr die Haut einseiften und die Sorgen sich qualvoll auflösten, bis sie nichts weiter war als was? Eine Frau unter Frauen, der Hauch eines Körpers, eine Hülle. Zu ihrer *noche de novia* sangen ihre Mutter, Tanten und Freundinnen *kolay i liviano*, leicht und unbefangen, und wünschten ihr eine fruchtbare Ehe, so wie sie später für ihre erstgeborene Tochter singen würde. Und jetzt hat Corinne (noch immer behält Sultana die Neuigkeit für sich) ein Baby im Bauch.

In ein Handtuch gewickelt, kommt sie hinter dem Vorhang vor und weicht dem Blick ihres Mannes aus. Der Kessel, den sie für Alberto aufsetzt, spuckt Dampf, doch er ignoriert ihn und tritt hinter den Vorhang, um in ihrem Restwasser zu baden, und so nimmt sie den Kessel wieder vom Feuer. Plötzlich furchtbar müde, geht sie ins winzige Schlafzimmer, hängt ihr Handtuch an seinen Haken – in Wahrheit nur ein rostiger Nagel an der Wand –, schlüpft in ihr Nachthemd und klettert ins Bett, zieht die Decke hoch und schläft, oder vielleicht auch nicht, denn kurz darauf ist auch Alberto da, in Wirklichkeit oder im Traum, sauber, noch feucht, nach nassen Blättern duftend. Ohne ein Wort zu wechseln, kuscheln sie sich aneinander, wie in so vielen Nächten, so vielen Jahren (doch kein einziges Mal in den letzten Monaten), nur dass jetzt nicht Nacht ist, sondern Tag, alles anders und weit weg und durcheinander, außer vielleicht dieser kleinen Heimkehr: ihr Rücken an seinem Bauch, beider Atem im selben, ruhigen Rhythmus, den sie vorgibt.

Wie viel Zeit ist verstrichen? Ist sie wieder eingeschlafen? Alberto muss die Rollläden runtergelassen und die Schlafzimmertür geschlossen haben. Es muss schon nach Mittag sein, aber niemand hat Essen gemacht; es riecht nicht nach Essen. Noch im Halbschlaf fühlt Sultana einen Mund auf ihrer Haut, Hände an ihrer Hüfte, und er ist wieder da, ihr Ehemann, küsst ihre Schulter, lässt seine Hand hinuntergleiten, schiebt ihr Nachthemd hoch. Er hat (träumt sie?) den Mund an ihren schlaffen *tetas* – erst an der einen, dann an der anderen –, leckt, saugt, kostet, trinkt sie, und sie erschauert vom Scheitel bis zur Sohle, wie Kerzenwachs, das zuerst widersteht und dann in der Flamme schmilzt.

Wenige Minuten später, ihr Mann ist noch in ihr, platzt sie mit den Neuigkeiten heraus, ihr Mund an seinem Ohr – wir haben heute Post bekommen, Corinne und Israel bekommen ein Baby, sie war im fünften Monat, als sie den Brief geschrieben hat, sie wollte es uns erst erzählen, wenn es sicher ist –, und ihre Worte haben einen ungewollten Nebeneffekt, denn er wird sofort schlaff, rollt sich zur Seite und wendet sich ab. Für einen kurzen Moment hat sie Angst: Ist er wütend, dass sie damit gewartet hat, es ihm zu erzählen? Unglücklich über die Neuigkeiten? Fühlt er sich abgehängt, von der nächsten Generation ersetzt? Dann bemerkt sie, dass Alberto weint, stille Tränen, die ihm quer übers Gesicht laufen, und sie streckt den Arm über seine Schulter, um ihm mit der Handfläche die Wangen trocken zu wischen. Da dreht er sich um, sagt: *lo syento,* es tut mir leid, Sultana, ich werde mich bessern, ich werde mir mehr Mühe geben. Wieder geht es nur um ihn, als hätte er die Neuigkeiten überhaupt nicht gehört, deshalb sagt sie es noch einmal: Corinne und Israel erwarten ein Baby, in Kuba, verstehst du? Und er sagt: Natürlich, El Dyo sei Dank, ein Baby, was glaubst du, warum ich weine? Ich werde Großvater, ich bin ein Idiot! Ein Baby, so Gott will. *Mashallah!* Ich bin ein alter, sentimentaler Narr, Sultana.

Dann lachen und weinen sie zusammen in der Dunkelheit, versuchen vergeblich, leise zu sein, trunken vor Glück, obwohl sie weiß (schließlich war sie mit elf Kindern schwanger und hat nur sechs großgezogen), wie ungewiss die Zukunft ist, und Corinne ist weit weg in der Fremde, und eine schwangere Tochter sollte ihre Mutter an ihrer Seite haben. Dennoch, ein Baby. Ihr erstes Enkelkind. So Gott will, wird es ein gesunder Junge. Sie hört Josef in der Küche: Wo ist das Essen, wo ist Mama, ich bin am Verhungern, und Elsa stimmt ein – ich bin auch am Verhungern –, sodass man meinen könnte (sie zieht sich an, richtet ihr Gesicht), sie hätte ihren Kindern nicht beigebracht, wie man grüne Bohnen kocht und Spiegeleier brät.

Barcelona, 1926

I

Sie heiratet ihn, weil er sie gefragt hat. Jüdische Junggesellen sind in Barcelona Mangelware, und Rebecca ist fast vierundzwanzig, auf bestem Wege (*grasyas*, Papa, dass du mich daran erinnerst), eine bucklige alte Jungfer zu werden. Ihre große Schwester Corinne ist schon Mutter und von Kuba nach New York gezogen, wo sie sich – Rebecca versucht, ihre Eifersucht zu unterdrücken – mit Lika trifft, die ihren Cousin aus Ortaköy, Sabetay Levy, geheiratet hat und ein Baby erwartet.

Wenn es ein Mädchen wird, schreibt Lika, wird sie mit zweitem Vornamen Rivka heißen, nach dir.

Rebecca kennt Mishon (der sich Luis nennt) Baruch von seinen Besuchen in der Synagoge. Luis ist einer von nur einem halben Dutzend Junggesellen, die am Sabbat und an Feiertagen durch die versteckte Tür kommen und sich einen der Gebetsmäntel vom Ständer nehmen, die Rebecca bestickt hat. Warum ausgerechnet er? Er ist weder zu alt – nur sechs Jahre älter als sie – noch zu jung. Er ist Sepharde, aus Adrianopel im Osten der Türkei, wo seine Eltern immer noch leben. Er hat (Sultana hört sich um) eine Arbeit. Wichtiger noch, *la ija del Judio no keda sin kazar*; die Tochter eines Juden bleibt nicht unverheiratet. Auf beiden Seiten drängen die Familien, und Luis' Schwester Palomba will unbedingt eine Frau für ihren Bruder finden. Eines Tages nach dem Gottesdienst lädt Sultana Luis und Palomba, deren Mann und ihren kleinen Sohn Manuel zum Tee ein, und Palomba und ihr Mann unterhalten die Teegesellschaft mit Anekdoten. In der Woche darauf dasselbe. Luis redet nicht viel, sagt Rebecca hinterher zu ihrer Mutter. Ein Mann, der nicht viele Worte macht, sagt Sultana, ist besser als einer, der nie den Mund hält. Am Mittwoch darauf flattert eine von Luis unterschriebene Einladung durch den Briefschlitz: »Wir hoffen, deine Familie leistet uns nach dem Gottesdienst am Samstag bei einem Picknick im Park Gesellschaft.« Wie elegant, sagt Elsa, denn der Brief kommt als Schriftrolle mit blauer Schleife. Das war seine Schwester, sagt Rebecca.

Sie findet Gefallen an Palomba, die herzlich ist und Gitarre spielt und ein Gespür für gesellschaftliche Gepflogenheiten hat, ohne vornehm zu tun. Die Familie stammt aus kleinen Verhältnissen, aber Palomba hat eine gute Partie gemacht, und ihrem Mann gehört eine kleine Autowerkstatt. Sie sparen, um Manuel auf das teure Lycée Français zu schicken, wo Sultana vergeblich versucht hat, ein Stipendium für Josef zu bekommen. Zum ersten Mal seit ihrer Ankunft in Spanien hat Rebecca eine Freundin zum Plaudern. Was Luis betrifft, wie ist er so? Ein guter Junge, sagt Palomba, und er ist wirklich sehr umgänglich. Höflich – er hält Türen auf, trägt Picknickkörbe. Still. Verträumt vielleicht? Im Park spielt er mit Josef und Manuel Fangen, und Rebecca hat ihn noch nie so munter gesehen. Später verschwindet er und kehrt mit einem Windrädchen zurück, das er Rebecca mit einer Verbeugung überreicht.

»Charmant«, schreibt sie Lika. »Attraktiv«, obwohl sie sein Aussehen in Wahrheit nur so lala findet, klein und kräftig, hohe Stirn, schütteres Haar und volle rosa Lippen, für die jede Frau dankbar wäre, die bei einem Mann jedoch affektiert wirken (Jahre später wird sie im Varieté eine Bauchrednerpuppe sehen, die genau wie Luis aussieht). Doch seine Augen haben einen aparten Blauton – ungewöhnlich für Sepharden –, und seine Hände sind schön geformt, obwohl sie, wenn sie sich vorstellt, dass er ihr nahekommt, immer Andreu vor sich sieht, den Katalanen mit dem glänzenden Haar, der ihr Marzipan mitgebracht hat.

Luis ist nicht reich, nicht einmal annähernd, doch irgendwie gelingt es ihm, sie für sich einzunehmen, und plötzlich findet sie sich am Arm eines Mannes wieder. »Wir haben eine Hafenrundfahrt gemacht«, schreibt sie Lika. »Er hat mich ins Kino eingeladen, Charlie Chaplins *Goldrausch*. Hast du den gesehen? Charlie kocht und isst seinen eigenen Schuh!« Luis arbeitet in der Autowerkstatt seines Schwagers, und schon bald fängt Marko (der sich mit Isidoro in den Haaren liegt und es satthat, Waren zu verhökern) ebenfalls dort an, und sie engagieren Josef, um für ein paar Stunden die Woche Botengänge zu erledigen. Gelegentlich essen Rebecca und Marko mit der Familie in der Wohnung über der Werkstatt zu Abend, oder Luis bleibt nach dem Gottesdienst zum Essen in der Carrer de Provença.

Der Junge kriegt ja kaum den Mund auf, bemerkt sogar Alberto nach einem dieser Essen. Wie denn auch?, sagt Sultana. In dieser Familie reden alle ohne Punkt und Komma. Sprich für dich selbst, sagt Alberto, und es stimmt, dass er wesentlich weniger redet als früher, auch wenn sich seine Stimmung etwas aufgehellt zu haben scheint und er Gemüse gepflanzt und wieder angefangen hat zu lesen. *La mijor palavra es la ke no se avla* – das beste Wort ist das unausgesprochene Wort, meint Sultana erwartungsgemäß. Du solltest deinen eigenen Rat öfter befolgen, murmelt Rebecca, und als sie sieht, wie gekränkt ihre Mutter ist, eilt sie zu ihr und nimmt sie in den Arm. Sie ist zu alt, um mit ihrer Mutter auf engstem Raum zu leben und sich wie ein kleines Kind deren Weisheiten anzuhören.

Luis ist also nicht perfekt. Rebecca hat selbst eine Tasche voller Weisheiten für harte Zeiten: »Sieh die Dinge positiv!«; »Suche das Gute!« Die Nonnen hatten ein Spiel: Hier ist ein Bild von einem tristen Haus (einem lahmen Pferd, einer leeren Speisekammer). Leid durch gute Taten zu lindern ist eine wichtige Pflicht, eine andere ist jedoch – gut aufgepasst, Mädchen –, das Gute in dem zu erkennen, was man hat. Die Mädchen dachten angestrengt nach. Vielleicht bleibt das lahme Pferd gern im Haus? Vielleicht schmeckt alles besser, wenn man am Verhungern ist? Oder (alle steuerten etwas bei): Am Ende der Straße lebt eine obdachlose Familie, und die entdeckt das Haus und zieht ein, und das lahme Pferd kann zwar nicht gehen oder einen Wagen ziehen, aber es kann den Garten mit seinem Aa düngen (der letzte Vorschlag kam von Lika und löste Gelächter aus; sogar *Mère Mélanie* stimmte ein). In der Pause kehrten die Mädchen, von denen es den meisten an nichts mangelte, den Kurs der Geschichte wieder um. Das lahme Pferd verhungert im tristen Haus. *Tant pis, c'est la vie!* – ein Kehrreim zum Seilspringen, doch wenn die Nonnen in die Nähe kamen, mussten sie aufhören.

Luis spricht zwar langsam – Rebeccas Gedanken schweifen zwischen seinen Worten ständig ab –, doch seine Hände sind geschickter als seine Zunge. Er kann Autos reparieren und aus zwei kaputten Uhren eine funktionierende basteln. Er kann aus Holzresten einen Hühnerstall für die Ecke im Garten bauen (ihr Vater hat anfangen, Hühner zu halten, um sie nach ihrem Brauch zu schlachten, da sie noch immer keinen Schächter haben) oder ein Kartenhaus. Er stammt aus einer Familie von Butterhändlern, Hilfsarbeitern, hat in Barcelona aber schon viele Berufe ausgeübt – Taxifahrer, Teppich- und Zeitungsverkäufer, Schuhputzer, Fabrikarbeiter. Zu Hause hätte er ihnen Butter verkauft und wäre weitergezogen. Sein Name, Baruch, bedeutet »gesegnet«.

Die Hochzeit findet Anfang Januar im kleinen Kreis statt, an einem Freitag, weil das Glück bringen soll. Luis' Eltern sind noch in Adrianopel und können nicht kommen. Für Rebecca fällt der Gang mit Mutter, Schwestern und Freundinnen zur Mikwe aus (keine Mikwe), ebenso das Fest im Sommerhaus (kein Sommerhaus). Keine Mitgift, aber sie hat ihre Aussteuer von zu Hause mitgebracht: die Kissenbezüge, die Bettdecke und das Bettjäckchen, den Klavierläufer (kein Klavier) aus Samt, bestickt mit goldenen Granatäpfeln und Feigen. Sie hat das Lätzchen mitgebracht, das sie mit zwölf gestickt hat, und eins aus ihrer eigenen Kindheit, das ihre Mutter gemacht hat, und Untersetzer und gehäkelte Babystiefelchen, alles in ihrem Koffer, zwischen braunen Papierbögen und Lavendel- und Rautezweigen.

Sie legt die Sachen nicht aus, damit die Ältesten sie begutachten und in den Ehevertrag aufnehmen können. Der Brauch ist überholt, sagt ihre Mutter, doch in Wahrheit ist die Gemeinde hier eine kleine, abgerissene Gruppe und flüchtig, so viele nur auf der Durchreise, auf dem Weg irgendwohin, weshalb es auch keine formelle Versammlung gibt, als die Verbindung beschlossen wird. Wie soll man sich auch versammeln, wenn man keine Großmütter, Tanten und langjährigen Nachbarinnen hat, die einen anhand ihres kollektiven Urteils, allgemeiner Vorurteile und Bauchgefühle leiten? (Wie steht er? Wie isst er? Was verrät seine Kopfform? Ist sein Blick verschlagen? Ist sein Hemd schlicht, aber gut verarbeitet, oder modisch, aber billig? Ist er nett zu seiner Schwester, wenn er glaubt, dass niemand hinsieht? Schielt er nach anderen Frauen? Ordnet er, wenn er sich setzt, sein Gemächt auf eine Weise, die auf ein Zuviel oder Zuwenig deutet? Schlürft, rülpst, furzt er?) Es wäre sowieso eine Farce, so zu tun, als könnte sie sich für diesen und jenen entscheiden, denn in Wirklichkeit bleibt Rebecca nur eine einzige Wahl: Mann Junggeselle Jude = Luis.

Die Familien geben trotzdem ihr Bestes, den Anlass gebührend zu feiern. Am Tag vor der Hochzeit beauftragt Alberto Isidoro, sich ein Auto zu leihen und ihn und Rebecca zum Cementiri de Les Corts vor den Toren der Stadt zu fahren, wo sie zwischen den kunstvoll verzierten, hoch aufragenden katholischen Grabmälern eine stille Ecke suchen, um Zweige von immergrünen Pflanzen zu schneiden – Beifuß, Hasenohr, Zedern –, und falls jemand fragen sollte, tun sie, als wären sie hier, um das Grab eines verstorbenen Verwandten zu pflegen, möge El Dyo ihnen vergeben. Rebecca freut sich über den Ausflug.

Sie arbeitet jetzt selbstständig, hat sich aber die Woche freigenommen und muss sich irgendwie beschäftigen, um ihre Nerven zu beruhigen, und seit sie einen Ausweg gefunden hat, ist sie plötzlich von einem überwältigenden Gefühl sentimentaler Verbundenheit für ihre Familie erfüllt. Sie lernt von ihrem Vater, wie man Zweige richtig abschneidet – immer schräg und an einer Verbindungsstelle. Auf dem Rückweg halten sie bei einem Blumenmarkt, wo Alberto Lilien für den Tisch aussucht und weiße Rosen für Rebeccas Brautstrauß, dann, ein Stück weiter, bei einem Weinladen. Innerhalb weniger Stunden gibt er das Haushaltsbudget eines ganzen Monats aus. Ich habe nur eine Rebecca, sagt er, und sie sonnt sich in seiner Aufmerksamkeit. Ich kann auch etwas beisteuern, Papa, sagt sie (auch wenn alle anderen sich beschweren, wie schwer es ist, in diesem Wirtschaftssystem voranzukommen, läuft ihr Geschäft gut). Er schüttelt den Kopf, weint er? Das ist mein bescheidenes Geschenk für dich, sagt er, jedoch in Richtung der Blumen. So Gott will, Rebecca, wirst du nur ein Mal heiraten.

Sie näht ihr Kleid selbst, und ihre Mutter sitzt am Fenster, weil dort das Licht gut ist, und bestickt das Oberteil mit Hunderten kleiner Perlen, und Elsa und Palomba machen Marmeladen und kandierte Zitronen. Isidoro, Marko und Josef bauen aus zwei Türen einen langen Tisch und stellen ihn in den Versammlungsraum der Synagoge, wo sich normalerweise die Aschkenasen nach den gemeinsamen Gottesdiensten treffen. Ein französischer Rabbi auf der Durchreise vollzieht die Zeremonie im Gebetsraum, den Alberto mit duftendem Grün geschmückt hat. Die standesamtliche Trauung ist für den folgenden Montag angesetzt, gefolgt von einem Termin beim Fotografen. Rebeccas selbst entworfenes Hochzeitskleid, ein Etuikleid aus elfenbeinfarbener Seide, ist auf dezente Weise bezaubernd. Für die standesamtliche Trauung schneidert sie ein schlichtes, zweistufiges Kleid, das bis zum Knie reicht, und näht in letzter Minute noch einen Nerzbesatz an den Saum, weil sie einen Rest übrig hat und ihr das Kleid zu brav schien.

Später, nachdem das Hochzeitsfoto entwickelt ist und als Postkarte an Freunde und Familie verschickt, hadert Rebecca damit, wie sie auf dem Bild in die Ferne blickt, starr wie eine Wachspuppe, die Augen leicht nach hinten gerollt. Es gefällt ihr nicht, dass ihr Arm eher aussieht wie ein Bein, irgendwie geschwollen, eingeschnürt von einem Armreif, der zu klein wirkt, obwohl er nur wenige Tage vor der Hochzeit noch passte, als sie ihn von ihrer Mutter geschenkt bekam. Der Nerzbesatz an ihrem Kleid sieht aus, als würde sich ein sterbendes Tier an ihr festklammern. *Ein Andenken an unsere unendliche Liebe und Freundschaft*, schreibt sie auf die Postkarten. *Rebecca y Luis.*

Selbst die Kulisse im Fotostudio sieht im Nachhinein seltsam aus. Irgendetwas stimmt nicht mit dem Tisch, dessen vogelartige Stelzenbeine in einem ewigen Krampf gefangen scheinen und dessen Fläche nicht zum Sitzen gedacht ist, obwohl ein Mann darauf sitzt und (verzückt? stumpf?) seine frischgebackene Braut angafft, die ganz woanders hinsieht.

Irgendetwas stimmt nicht mit dem Mann.

Niemand sagt ihr, dass Luis im Großen Krieg an der deutschen Front für die türkische Armee gekämpft hat und unter den Spätfolgen der Senfgasangriffe leidet oder dass er ständig Verdauungsbeschwerden hat (sie hatte geglaubt, es sei nur eine Magenverstimmung, gefolgt von Aufregung wegen der Hochzeit) sowie Schwierigkeiten beim Lesen und Schreiben. Einige

Tage nach der Hochzeit fegt eine Kaltfront über Europa hinweg, und ein heftiger Sturm erreicht Barcelona, der die Schiffe im Hafen von den Leinen reißt und ganze Flotten beschädigt. Während es draußen vor der Wohnung über der Werkstatt, die sie mit Palomba und ihrem Mann teilen, stürmt und schüttet, versucht Luis, eine Schlagzeile in der Zeitung zu entziffern, indem er die Schrift mit dem Zeigefinger nachfährt. »Wie soll ich jetzt meine Eltern besuchen?«, fragt er weinerlich (sie hatte nichts von einem derartigen Plan gewusst). Seine Zunge schießt hervor, um den schwarz verschmierten Finger anzulecken. »Dann«, sagt er, »muss ich wohl noch warten.«

Niemand warnt sie, dass er jedes Mal, wenn sie vorschlägt, sie sollten sich eine eigene Wohnung suchen, Magenkrämpfe bekommt und das Zimmer verlassen muss, oder dass er, wenn sie ihn, in Erwartung eines Kompliments, fragt, warum er sie geheiratet hat, mit kindlicher Schlichtheit erwidert: »Weil meine Schwester es gesagt hat.« Niemand lässt durchblicken, dass er sie, nachdem der Sturm vorüber ist, zum Stöhnen bringt und blind vor Lust macht, seinen Samen streut und dann nach Adrianopel verschwindet, nach Tétouan, auf die Kanaren oder wer weiß wohin, eine rastlose Seele – Hummeln im Hintern, wie ihre Großmutter zu sagen pflegte –, und gerade lange genug zurückkehrt, um eine Handvoll ausländischer Münzen auf den Tisch zu werfen und mit ihr zu schlafen.

Als er zum ersten Mal verschwindet, ist sie schockiert, verletzt sogar und verwirrt – woher hat er das Geld für die Fahrt?; beim zweiten Mal schon weniger (er scheint hauptsächlich Geld zu verdienen, um wieder fliehen zu können); dann gar nicht mehr. Er ist nicht der einzige Ehemann, der weit reist, um zu arbeiten, und für eine Weile redet sie sich ein (bestärkt durch Palombas Fürsprache für ihren Bruder), dass Luis' Reisen zumindest teilweise auch dazu dienen, sich ein gemeinsames Leben aufzubauen. Denn er kommt immer wieder mit neuen Geschäftsideen: Teppiche exportieren, Fliesen importieren oder (so große Nachfrage!) Messingglocken. Selbst als sie nicht mehr daran glaubt, ist es notwendig, dieses Bild nach außen aufrechtzuerhalten. Mein Ehemann ist in Marokko, um Geschäfte zu tätigen. Mein Ehemann erkundet Möglichkeiten in der Türkei (dass er dort ein- und ausreisen kann, ihre Brüder jedoch nicht, ist ein Detail, das sie zunächst übersieht, bis ihr klar wird, dass die türkische Armee Luis nicht haben will, weil sie ihn bereits zerkaut und ausgespuckt hat).

Dass sie Luis vermisst, macht sie stutzig. Jede Illusion von ihm als gute Partie ist verpufft, dennoch sehnt sie sich nach ihm – oder vielleicht ist es gar nicht er, nach dem sie sich sehnt. Sie sehnt sich nach Berührung, dem betörenden Rausch, dem langsamen Auskleiden, dem Salz und der Hitze der Haut und dem Aneinanderstoßen von Zähnen, dem Gefühl der Macht, weil sie solche Lust zu erwecken vermag, und dann, von einem Moment auf den anderen, ist sie bedeutungslos, ein treibendes Blatt im Fluss. Fast könnte man meinen, dass sie ihn liebt, andernfalls ist es nur animalisches Verlangen.

Sie bemüht sich, solche Gefühle zu verdrängen, doch sie bleiben bestehen, bis sie bei einem von Luis' kurzen Besuchen in Spanien schwanger wird. Dann, als wäre der Bann gebrochen, verpufft ihr Verlangen und wird durch Übelkeit und einen überempfindlichen Geruchs- und Geschmackssinn ersetzt. Die Schwangerschaft ist eine Herausforderung, vor allem die ersten Monate. Ständig erbricht sie sich, und die meisten Gerüche, auch solche, die sie früher geliebt hat – Lavendel, Brathähnchen, Schokolade –, erfüllen sie mit Ekel. Doch durch die Schwangerschaft kommt sie in gewisser Weise auch wieder zu sich selbst, zieht klare Grenzen. Sie will von nichts und niemandem berührt werden, nicht mal von Nähten oder dem Reißverschluss an ihrem Kleid; sie ist sich bewusst, dass sie neuerdings zu zweit sind, und beginnt dem Baby in ihrem Bauch ein *kantika* zu singen, sobald sie spürt, dass es sich bewegt, wobei sie sich immer ein kleines Mädchen vorstellt.

Im Juli kommt ein Brief von Corinne mit der tragischen Nachricht, dass Likas Baby, ein Junge, die Geburt nicht überlebt hat. »Schreib ihr bitte, Rebecca«, fleht Corinne in ihrem Brief. »Sie ist sehr niedergeschlagen, und ich mache mir Sorgen um sie. Ein Brief von dir würde ihr guttun.« Rebecca schreibt einen Brief, und dann, als sie nichts hört, einen weiteren, doch Lika antwortet nicht. Sie weiß, sie sollte es weiter versuchen, doch Likas totgeborenes Kind fühlt sich wie ein schlechtes Omen für ihre eigene Schwangerschaft an, und sie redet sich ein, dass Lika sie durch Corinne ersetzt hat und nichts von ihr hören will, jedenfalls nicht jetzt, da sie in der Blüte ihrer eigenen Schwangerschaft ist *(ojo malo)*.

Im Oktober bringt Rebecca einen gesunden Sohn zur Welt, eine blitzschnelle Hausgeburt, bei der ihre Mutter und eine spanische Hebamme zugegen sind. Widerstrebend folgt sie dem Brauch und nennt den Jungen David nach Luis' Vater in Adrianopel, wo sich ihr Ehemann am Tag der Geburt seines Sohnes aufhält, oder auch nicht. Als das Baby drei Monate alt ist, beschließt sie, wieder bei ihren Eltern einzuziehen. »Dein Bruder ist nie da und unterstützt uns nicht«, sagt sie zu Palomba. »Ich muss Arbeit finden. Meine Mutter freut sich, wenn sie auf meinen Sohn aufpassen kann.« Sie hält den Kopf erhoben, doch ihre Stimme zittert, und Palomba, die das einzig Gute an dieser Familie ist, umarmt sie fest und sagt: »Ich verstehe, *mi ermana*, aber komm uns besuchen. Und bitte gib meinem Bruder noch eine Chance. Ich schwöre – er ist ein guter Mann, eine unschuldige Seele. Er wird zurückkommen. Er meint es nicht böse.«

Dann zu ihrem neuen (alten) Leben in der Carrer de Provença 250. Ihre Eltern freuen sich, doch Rebecca spürt ihre Enttäuschung. Isidoro und Marko sind ausgezogen und wohnen mit anderen jungen Männern vom Markt zusammen. Elsa übernimmt deren winziges Zimmer, und Josef schläft auf einer Matratze auf dem Küchenfußboden, während Rebecca mit ihrem Sohn wieder in ihr altes Zimmer zurückkehrt, er ist ein wachsamer, ernster Junge, der seine Avuela, seine Großmutter, seiner Mutter vorzieht, außer nachts, wenn er bei Rebecca schläft und sich an sie kuschelt und beim Stillen ihre Arme tätschelt und im Dunkeln kleine grunzende Laute von sich gibt, wie ein braunäugiges Bärenjunges. Diese Augenblicke, wenn sie am Kopf ihres Sohnes und seinem speckigen Nacken schnuppert, ihn an ihrer Brust spürt und ihn mit ihrer Milch nährt, gehören zu ihren glücklichsten.

Der Rest – genug verdienen, um für ihn zu sorgen und etwas zum Haushalt beizusteuern, nach der Arbeit im Atelier, wo sie eine Ecke für ihre Nähmaschine gemietet hat, nach Hause hetzen zu einem Baby, das sie wegschlägt, ihren abwesenden Ehemann decken – ist Plackerei, und obwohl sie nie ein zorniger Mensch war, verändert sich etwas im ersten Lebensjahr ihres Sohnes. Ihre Stimme wird kräftiger, ihr Schritt energischer. Vom Stillen hat sie ständig Hunger, und sie ist das Gewicht, das sie in der Schwangerschaft zugelegt hat, noch nicht wieder losgeworden, doch obwohl sie der Welt weicher erscheinen mag, eine kurvige, gut gekleidete junge Mutter mit einem Baby auf der Hüfte, ist sie innerlich hager, verbissen, hart.

Sie zieht sich von Palomba zurück, die keine zwei Minuten

ohne Rechtfertigungen für Luis' schlechtes Benehmen auskommt. Sie zieht sich von ihrem Vater zurück, der es missbilligt, wenn eine junge Frau die ganze Zeit arbeitet, und den sie heimlich für den Schlamassel, in dem die Familie steckt, verantwortlich macht. Sie distanziert sich sogar von ihrer geliebten Mutter, eifersüchtig darauf, wie David und Sultana einander anlächeln, liebkosen und genug sind, wenn sie in der Küche, im Garten, im Park den Tag miteinander verbringen.

Wenn David am Abend oder am Wochenende bei Rebecca ist und er quengelt, ist sie schnell dabei, ihn an ihre Mutter abzugeben. Beruhige ihn ein bisschen, gib ihm etwas zum Spielen, schlägt ihre Mutter vor. Oder sing was für ihn – er liebt deine Lieder! Also singt Rebecca, und David schreit und streckt die Ärmchen nach seiner Avuela aus, verfolgt mit den Augen jede ihrer Bewegungen. Nimm ihn einfach, Mama, bitte, ich muss ein Kleid fertig nähen. Und ich, bin ich etwa nicht dabei, Abendessen zu kochen?, erwidert ihre Mutter, doch am Ende nimmt sie das Baby immer. Mein kleiner Schatten, murmelt sie an Davids Ohr, wenn sie glaubt, dass niemand es hört. Mein kostbarer Junge.

Natürlich hat sie ihre eigene Einsamkeit; wie sie alle.

II

1927

Gelegentlich kehrt Luis zurück. Rebecca weiß nie, wann es so weit ist – er schickt selten Briefe –, aber dann kommt sie von der Arbeit nach Hause, um etwas Essbares runterzuschlingen, ihren Sohn zu stillen und ihre Füße zu baden, und findet überraschend ihren Ehemann vor, der in der Küche Kaffee trinkt oder im Schneidersitz auf dem Boden sitzt und mit David Klatschspiele spielt. Wenn man von der Tür aus zusieht, könnt man meinen, Luis Baruch sei ein präsenter, ein aufopfernder Vater. Er kann bellen wie ein Hund, schlurfen wie ein Affe, den Jungen in die Luft werfen und auffangen, und manchmal bringt er Geschenke mit – eine Muschelkette für Rebecca, einen Blechkreisel für den Jungen, Gewürze für Sultana (obwohl Rebecca den Verdacht hat, dass Palomba dahintersteckt und die Sachen vom hiesigen Markt stammen). Es ist schwer zu übersehen, wie das Baby beim Anblick seines Vaters aufblüht, obwohl es sonst eher schüchtern ist und Männer nicht mag (mit Ausnahme von seinem Onkel Josef, der selbst noch ein Kind ist).

Komm mit zu meiner Schwester, flüstert Luis Rebecca bald darauf zu. Sie überlässt uns die Wohnung für ein paar Stunden, deine Mutter kann auf das Baby aufpassen. Ich fühle mich nicht gut, vielleicht morgen, sagt sie, und am nächsten Tag – er übernachtet bei seiner Schwester, als wäre er noch Junggeselle – fragt er erneut, aber nein, Luis, tut mir leid, heute nicht, ich bin angeschlagen, David auch, ich glaube, wir bekommen eine Erkältung, ich bleibe lieber bei ihm. Bis, was soll sie tun, er an ihrem Hals knabbert, sie mürbemacht. Es ist ihre eheliche Pflicht, mit ihm ins Bett zu gehen, aber sie ist auch einsam, und irgendetwas hat Luis – vielleicht, dass er sie unverhohlen begehrt. Dass seine Augen so blau sind und so arglos wie die eines Kindes. Dass er im Grunde genommen so süß ist, oder ist es schlicht Dummheit? Sie hört ihren Vater flüstern, dass er ein *vaziyo* sei, ein Hohlkopf, nicht ganz dicht. Was sind deine Pläne?, fragt sie Luis. Du musst dich auf eine Sache konzentrieren! Er kaut auf seiner Unterlippe. Rebecca stellt sich vor, ihn zu schlagen, erst die eine Wange, dann die andere, bis ihre Handflächen brennen, doch gleichzeitig tut er ihr leid. Er scheint genauso wenig zu wissen, warum er sie geheiratet hat, wie sie, warum sie ihn geheiratet hat, und es ist nicht seine Schuld, dass der Krieg ihn kaputt gemacht hat.

Im Dunkeln, bei geschlossenen Jalousien ist Luis' Haut salzig, komplex, ganz menschlich. Er muss sich nur in einem bestimmten Winkel an ihr reiben, damit sie zum Höhepunkt kommt, auch wenn sie keine Bezeichnung für das hat, was passiert, nur das Gefühl, dass sich etwas ausdehnt und an ihrer Wirbelsäule hinaufwandert, dass sich ihre Stirn prickelnd zusammenzieht, als würde sie Kopfschmerzen oder Fieber bekommen. Und er bäumt sich auf, stöhnt, entleert sich, und dann liegen sie erschöpft da, ohne sich zu berühren, wie Fremde, während Rebeccas Zorn und Einsamkeit zurückkehren, stärker als zuvor, und ihr das Gefühl geben, alt zu sein.

»Das muss aufhören, Luis«, sagt sie nach einem dieser Zusammentreffen, während sie ihm den Rücken zuwendet und nach ihren Kleidern greift. »Du schwängerst mich sonst noch mit einem weiteren Baby, das ich allein aufziehen muss.«

»Ein Baby!«, sagt Luis froh.

Sie will aufstehen, um Ingwertee zu machen – er soll helfen, eine Schwangerschaft zu verhindern –, doch Luis packt sie an der Taille und zieht sie zurück.

»Ich werde mit Spitze handeln«, sagt er. Das hat *sie* ihm letzte Woche vorgeschlagen, nachdem ihr aufgefallen ist, dass auf dem Markt ein Mangel an qualitativ hochwertiger Spitze zu vernünftigen Preisen herrscht. »Sobald das Geschäft läuft, kommst du nach.«

»Nachkommen wohin?«

Er zuckt die Schultern. »Zu mir.«

»Wo ist das, Luis? Wo wird das sein?«

»Äh, Adrianopel? Oder Marokko? Ich überlege noch. Ein guter Ort für Spitze.«

»Warum nicht hier? Unser Sohn braucht seine Großmutter, ich brauche meine Mutter. Hier ist ein Hafen. Ich könnte deine Spitze an meine Kundinnen verkaufen. Hier haben wir schon eine Basis, mit dem Stoffhandel meiner Brüder und meinen Kontakten.«

»Gut«, sagt er und schmiegt sich an ihren Arm.

»Wo willst du sie herbekommen?«

»Wen?«

»Die Spitze für dein Geschäft – willst du sie importieren oder produzieren?«

»Ja«, sagt er.

Sie windet sich aus seinen Armen, greift sein Gesicht mit den Händen, sodass er ihr in die Augen sehen muss. »Was von beidem?«

»Au«, protestiert er. »Du tust mir weh!« Aber sie hat ihn schon wieder losgelassen und ist weg, auf dem Weg in die Küche, um Ingwer für ihren Tee zu schälen und zu schnippeln. Während sie das Wasser erhitzt, nimmt sie ein Stück Ingwer, roh und stechend scharf, vom Schneidebrett und schluckt es hinunter, eine Wurzel, um eine Wurzel im Keim zu ersticken. Noch Tage später werden ihre Fingerspitzen nach Ingwer riechen und ihr Tränen in die Augen treiben. In einem anderen Leben hätte sie ein zweites Kind gewollt, doch der Gedanke erfüllt sie mit Schrecken, und sie hat angefangen, David genau zu beobachten und mit den Babys auf der Straße zu vergleichen, aus Angst, er könnte die Defizite seines hohlköpfigen Vaters geerbt haben, auch wenn ihre Mutter, erfahren in diesen Angelegenheiten, sagt, sie soll sich keine Sorgen machen, er entwickelt sich normal.

Es ist wirklich herzzerreißend, einen Blick auf Luis' schlichtes Gemüt zu werfen.

Luis ist nicht da, als sechzehn Monate nach Davids Geburt ihr zweiter Sohn, Alberto, geboren wird, kehrt jedoch einige Monate später zurück, gerade lange genug für ein Picknick, das Palomba im Park ausrichtet. Ein Freund von Palombas Ehemann macht ein Foto von ihnen. Später wird Rebecca die Verlogenheit darin aufstoßen, denn auf dem Foto sieht sie glücklich aus, angekommen, umgeben von einem Clan aus

Freunden und Familie: ihre Brüder, ein paar Freunde aus der Gemeinde, Sultana, Elsa, Palomba mit ihrer Gitarre, sogar ihr Vater, Alberto Grande, wie sie ihn jetzt nennen (das neue Baby rufen sie Berto), der fast nie mehr das Haus verlässt. Einen Monat zuvor haben Unbekannte blutige Knochen – von welchem Tier, war unklar, vermutlich von einem Schwein – über die Mauer in den Garten an der Provença geworfen, deshalb hat Alberto seine Söhne zum Tiermarkt geschickt, um zwei Welpen zu kaufen, die er zu Wachhunden erzieht, obwohl sie auf dem Foto schlaksig, anschmiegsam und verspielt aussehen, wie Haustiere für die Kinder.

Luis, der neben David kniet und einen Welpen hält, wirkt stämmiger und älter als vorher, ein Mann von Welt, obwohl er in Wahrheit bei schlechter Gesundheit ist, während des ganzen Picknicks von Sodbrennen, Blähungen und Rastlosigkeit geplagt. Neben ihm hält Rebecca Baby Alberto in den Armen, doch während Luis für David noch Zuneigung empfindet, reagiert er gereizt, wenn Rebecca Berto stillt, und zeigt mehr Interesse an den Welpen als an seinem Zweitgeborenen. Bei diesem Besuch bittet Rebecca Luis nicht um Geld und überredet ihn auch nicht zu bleiben. »Geh bei deiner Schwester schlafen«, zischt sie ihm am Abend nach dem Picknick zu, als sie wieder in der Provença sind. Er hat eben mit ihren Eltern Kaffee getrunken – ihr Vater fing an, ihn über seine Geschäftspläne auszufragen –, und jetzt steht er in Rebeccas Zimmer, wo sie neben David auf dem Bett liegt und versucht, nicht durch die Tür zu lauschen. Beide Jungen schlafen tief und fest, doch als Luis sich ihr nähert, streckt Rebecca den Arm nach Bertos Wiege aus und fängt an, sie zu schaukeln. Luis legt sich neben sie und versucht sie zu küssen. Sie gibt ihm einen flüchtigen Kuss auf die Stirn, dreht sich weg.

»Du weckst die Jungs«, flüstert sie. »Sie sind gerade erst eingeschlafen.« Er greift ihr unter den Rock.

»Hör zu, Luis.« Rebecca rückt von ihm ab und setzt sich auf, ihre Stimme sanft, aber ernst. »Ich muss dir etwas sagen. Bitte konzentriere dich, ja? Ich habe … es ist eine Art Frauenleiden, ich war gerade beim Arzt. Offenbar kommt es vom vielen Stillen. Aber die Sache ist die, Luis« – sie neigt sich näher –, »du kannst davon Warzen auf deinem *pipi* bekommen.«

»Warzen?« Er hält schützend eine Hand in den Schritt.

Sie nickt ernst. »Ja, und dann, na ja, man hat mir gesagt, manchmal kann er davon auch schrumpfen.«

»*Ke?*«

Wieder nickt sie. Sie hat jetzt seine volle Aufmerksamkeit und empfindet gleichzeitig ein Gefühl des Triumphs und des Bedauerns – dass er so leicht zu täuschen ist, dass es so weit gekommen ist. »Dein Ding wird nutzlos«, fügt sie hinzu. »Überflüssig, wie ein Kropf. *Kaput.*«

»Aye! Davon habe ich noch nie gehört!«

Sie schnieft. »Es ist gar nicht so ungewöhnlich, aber man hat erst kürzlich die Ursache herausgefunden. Eine furchtbare Krankheit.«

In Wahrheit hat ihr die Krankenschwester, die sie nach Bertos Geburt aufsuchte, geraten, sich von Luis fernzuhalten, weil er in vielen Häfen anlege. Das waren ihre Worte: Ein Mann, der so viel reist wie Ihr Gatte, *legt in vielen Häfen an*. Hätte Rebecca bei dem Gedanken auch nur ein Aufflackern von Eifersucht gespürt, wäre vielleicht noch etwas zu retten gewesen, doch sie fühlte nichts außer Ungläubigkeit darüber, dass Luis mit anderen Frauen anbändeln könnte, sowie den starken Wunsch, eine Ansteckung oder eine weitere Schwangerschaft zu vermeiden.

Luis steht auf, geht zu seiner Schwester. Am nächsten Tag verlässt er die Stadt, ohne sich zu verabschieden. Rebecca selbst ist das Ganze vor allem peinlich; sie will kein Objekt des Mitleids sein, die verlassene Ehefrau. Doch was ist mit David, der seinen Vater vergöttert, und Berto, der noch zu klein ist, um ihn überhaupt zu kennen? Das kann sie nicht verzeihen. In den folgenden Monaten kommt Palomba regelmäßig vorbei, um kleine Geschenke für die Kinder vorbeizubringen oder mit David ein Eis essen zu gehen oder etwas Bargeld dazulassen. Mein Bruder kommt wieder, sagt sie. Oder er wird nach dir schicken, das hat er mir versprochen. In der Zwischenzeit nimm diese Kleinigkeit. Es ist nicht viel, Rebecca, aber es kann dir und den Kindern helfen. Bitte.

Danke, aber nein, danke. Gib es meinetwegen der Synagoge, aber nicht mir.

Eine Tante ist kein Vater. Rebeccas Geschäfte laufen gut. Aus ihrer alten Entschlossenheit ist durch die Geburt ihrer Kinder und das erbärmliche Verhalten ihres sogenannten Vaters eine geradezu verbohrte Sturheit geworden. Dann ist sie eben stolz. Ist das eine Sünde? Die Nonnen fanden, ja, doch in ihrem eigenen Volk gibt es die Geschichte vom Rabbiner, der sagte, man solle zwei Wahrheiten parat haben, eine in jeder Tasche, und sie nach Bedarf hervorziehen, einzeln oder zusammen:

Für mich wurde die Welt erschaffen.
Ich bin nur Asche und Staub.

Danke, aber nein, danke. Es geht uns gut.

Aufgewachsen in Seide und Spitze, näht Rebecca nun für die spanische Oberschicht und einige wohlhabende Mitglieder der kleinen jüdischen Gemeinde in Barcelona. Herrenunterwäsche, Abendkleider, Taufkleider. Elsa, die als Verkäuferin in einem Modeschmuckladen angefangen hat, findet dank der vielen Sprachen, die sie beherrscht, Arbeit in einer vornehmen Boutique.

Nachts schläft Rebecca zwischen ihren Söhnen, die beide noch gestillt werden, doch es macht ihr nichts aus. Sie findet Trost in den vier tatschenden Händchen, sogar ein vages erotisches Prickeln, wenn die beiden an ihrer Brust saugen, während draußen die Wachhunde schnüffeln und bellen. Am Ende jeder Woche übergibt sie Sultana die Hälfte ihres Verdienstes, die andere Hälfte behält sie und zweigt etwas für die kleinen Freuden des Lebens ab – ein Lippenstift oder Strümpfe, ein Spielzeugboot für David und eine Rassel für Berto – und spart den Rest für ein eigenes Atelier. Bei der Arbeit sammelt sie leere Garnspulen als Bauklötze für die Jungs, und wenn sie ein paar Minuten abzwacken kann, näht sie aus Stoffresten einfache Handpuppen – Löwe, Maus, Matrose. Aus dem übrig gebliebenen Kammgarntuch von einem teuren Anzug schneidert sie ihren Söhnen Sabbat-Hosen im englischen Schuljungenstil. Wenn David, der gerade Laufen lernt, zu Hause im Garten in ein Blumenbeet stolpert oder eine Blüte köpft, bekommt er vielleicht einen kleinen Klaps auf den Po von seinem Großvater, der nun wirklich ein alter Mann ist mit den plötzlichen Aufwallungen und der Dösigkeit eines alten Mannes. Und dann eilt Avuela herbei, um sie beide zu retten: *Ven, mi chiko, deshalo en paz!* Komm, mein Kind, lass ihn in Frieden!

Der Brief, der an einem Montag im Dezember 1928 ankommt, ist kurz und auf den Punkt: »Es geht mir besser, komm nach Adrianopel, bring die Kinder mit« – und in Luis' eigener Handschrift mit spiegelverkehrten *b*s und *d*s. Rebecca liest ihn, faltet ihn zusammen, schiebt ihn in den Umschlag zurück. Später, nachdem die Jungs eingeschlafen sind, holt sie ihn wieder hervor. Jeder Junge sollte einen Vater haben, und es ist eine tägliche Demütigung, zwei Kinder allein aufzuziehen, obwohl man keine Witwe ist, und unter der polierten Oberfläche, die sie der Welt präsentiert, fühlt sie sich wie beschädigte Ware. Gleichzeitig erscheint es reichlich töricht, in eine unbekannte, ferne Stadt aufzubrechen, um bei Luis zu sein, einem Mann, den sie nicht liebt, geschweige denn respektiert. War es möglich, dass er sich geändert hat?

Aber dann: Am Ende des Briefes, unter seinen Initialen, hat er einen Mann gezeichnet, ein simples Strichmännchen, aber mit einem zum Freudentanz angehobenen Bein, und daneben ein kleines Herz, und am Ende ist es die Zeichnung – ihr entwaffnender Charme, die Mühe, die er sich gegeben hat, das Herz –, die sie einknicken lässt.

Nicht dass sie eine Wahl hätte. Er ist ihr Ehemann. »Ihr habt vor Gott geheiratet«, sagt ihr Vater traurig, als Rebecca ihm den Brief zeigt, und ihre Mutter, die hinter ihm steht, während er am Küchentisch sitzt, legt die Hände auf seine Schultern, widerspricht nicht.

»Was, wenn ich den Brief einfach wegwerfe?«, fragt Rebecca. »Niemand muss davon erfahren.«

Ihre Mutter schüttelt den Kopf. »Vielleicht geht es ihm besser. Vielleicht haben sie ihn dort geheilt. Jeder verdient eine zweite Chance, und du verdienst einen Ehemann. Du kannst jederzeit zurückkommen oder die Kleinen hierlassen, bis du sicher bist, dass es funktioniert.«

»Nein! Es sind meine Kinder!« Rebecca steht vom Tisch auf

und unterdrückt das kindliche Verlangen, mit den Fäusten zu trommeln und mit den Füßen zu stampfen. »Ich bin ihre *Mutter*. Ich lasse sie nicht zurück.«

Sultana nickt, fast triumphierend. »Es wird ihnen guttun, Zeit mit dir zu verbringen. Möge Gott mit euch sein auf eurer Reise. Ich nähe euch vorsichtshalber das Geld für die Rückfahrt in die Kleider.«

Adrianopel, 1929

Das neue Jahr bricht an. Einige Tage später packt Rebecca einen Koffer, und ihre Eltern bringen sie und ihre beiden Söhne zum Schiff. Berto kuschelt sich in ihre Arme, aber David läuft, rennt, den Blick immer auf den nächstgelegenen Ausgang gerichtet. Für die Reise hat sie ihm ein Geschirr mit Leine genäht. Erst fahren sie nach Frankreich, nach Marseille, und von Marseille auf einem anderen Schiff in die Türkei. Sie erreichen Istanbul am Nachmittag, nachdem sie ein Telegramm geschickt haben. Der Bruder ihres Vaters, Maurice, holt sie am Hafen ab, bringt sie in sein elegantes Haus auf einem Hügel und schlägt vor, bei ihm zu übernachten und am nächsten Morgen nach Adrianopel weiterzureisen, doch Rebecca lehnt ab: »Danke, aber mein Ehemann erwartet uns.« In Wahrheit ist der Gedanke, zu Hause zu sein, aber doch nicht zu Hause, einfach zu aufwühlend, und ihre uralte Großmutter, die bei Tiyo Maurice wohnt, ist senil geworden und erkennt sie nicht mehr. Stattdessen spuckt sie in ihre Richtung, und es ist nur eine Frage der Zeit, bis David irgendein Porzellan zerbricht oder gegen eine Wand rennt.

Ich fahre zu meinem Ehemann. Die Verwandten versammeln sich, alle väterlicherseits (ihre Großmutter mütterlicherseits ist krank und kann nicht kommen). Apfeltee, *biscochos* und Baklava werden serviert. Rebecca, die, seit sie stillt, einen unbändigen Appetit hat, verschlingt zwei, vier, sechs süße Teilchen, bevor sie sich, aus Sorge um die Knöpfe ihres ohnehin schon engen Kleides, auf ihre klebrigen Hände setzt. Nichts hasst sie so sehr wie Mitleid, und sie kann es in ihrem besorgten Tonfall, ihren nervösen Blicken spüren. Wie geht es deinen Eltern? Gut. Und die Arbeit deines Vaters? Sie gefällt ihm, er hat Zeit zu lesen. Ich mag deine Frisur, sagt ihre Cousine Zimbul (Rebecca hat ihr Haar kurz und gerade geschnitten, so wie in einer ihrer Musterzeitschriften, ein betrüblicher Fehler, zum Glück nur vorübergehend); ist das in Spanien Mode? Ich würde gern bleiben, aber wir müssen zum Bahnhof, sagt Rebecca schließlich. Bleib doch noch, bittet Maurice' Frau Grasya. Nur für eine Nacht, um dich auszuruhen, und wegen der Kinder – sie brauchen ihren Schlaf, und du siehst … erschöpft aus. Es geht uns *gut*, Tiya.

Man hört die Ungeduld in Rebeccas Stimme. Während sie mit einem Glas Apfeltee auf einer breiten niedrigen Bank in diesem Salon mit hohen Fenstern und antiken Kelim-Teppichen und in Leder gebundenen Büchern sitzt, Berto in ihren Armen schläft und David in einem benachbarten Zimmer unter den wachsamen Blicken eines Kindermädchens mit Zimbuls Sohn spielt, spürt sie genau, dass sie in diese Welt nicht mehr gehört. Ihr Vater stand Maurice, der mindestens zehn Jahre jünger ist, nie besonders nah. Es gab … tja, was? … Geschäfte, Unstimmigkeiten vielleicht. Gemeinsame Besitztümer. Streit um Geld. Wer weiß? Wahrscheinlich hat ihr Vater es verschleudert. Da war etwas – ein Erinnerungsfetzen kehrt zurück, ein Gespräch, das sie aufgeschnappt hat, über ein Wohnhaus und Prostituierte, ein schändliches Geschäft. Was geschehen ist, ist geschehen; es spielt kaum noch eine Rolle. Schwerer ist es, darüber hinwegzusehen, dass Maurice hiergeblieben ist und offensichtlich gut zurechtkommt, was die Geschichte von Rebeccas Vater infrage stellt, dass sie gehen mussten, weil es für die Juden in der Türkei vorbei war. Dass sie Flüchtlinge sind. Maurice hat keine Söhne, nur Töchter, und muss sich keine Sorgen wegen der Wehrpflicht machen, vielleicht ist das der Unterschied, und er geht nur an den Feiertagen in die Synagoge, vielleicht ist es auch das – er kann sich anpassen. Doch vielleicht hat er es schlicht und ergreifend einfach besser gemacht, vorausgedacht, weniger getrunken und gespielt, härter gearbeitet, ein Leben für sich und seine Familie aufgebaut und es beschützt. (Rebecca wird dasselbe tun, schwört sie sich, obwohl sie eine Frau ist und auf dem Weg in die Walachei.)

Sie bringt ihre Jungs in einen kleinen Salon, um ihnen die Windeln zu wechseln und frische Sachen anzuziehen, stillt nur Berto, nachdem sie beschlossen hat, David abzustillen, der nicht protestiert, nimmt dann mit der Familie ein leichtes Abendessen ein und lässt sich von Grasya einen Picknickkorb mitgeben. Überwältigt von dem Wunsch, wiedererkannt zu werden, gibt sie ihrer Großmutter einen Abschiedskuss, und diesmal nimmt Nona zärtlich ihr Gesicht in die Hände. *Kaminos de leche i miel*, sagt Grasya, und die anderen sagen es ihr nach: Wege aus Milch und Honig. Maurice versucht, Rebecca für die Reise Bargeld zuzustecken, falls irgendetwas passiert; Rebecca sagt, danke, aber nein, danke, es geht uns gut (sind ihr alle anderen Worte entfallen?). Es wird schon dunkel, als Maurice sie zum Bahnhof bringt, wo Rebecca ihre Fahrkarte kauft und Luis ein Telegramm schickt, während Berto in ihren Armen weint, David an seiner Leine zieht und die Leute gaffen.

Kommen morgen gegen 4 Uhr in der Früh an STOP
Bitte hol uns am Bahnhof ab STOP Rebecca STOP

In Adrianopel finden sie eine dunkle, schneebedeckte Winterwelt vor. Während der letzten Stunde war der Zug fast leer, in ihrem Waggon nur sie drei und ein gut gekleidetes älteres türkisches Paar. Das Rütteln des Zugs war beruhigend gewesen; nach höflicher Konversation in mehreren Sprachen hatten alle geschlafen. Als Rebecca mit ihren Söhnen aussteigt, steigt das türkische Paar ebenfalls aus. Der Mann hilft ihr mit dem Koffer, die Frau mit David, der noch halb schläft und torkelnd vorwärtsstolpert, bis die Frau ihn auf den Arm nimmt. Als sie den Bahnhof betreten, ist dieser leer, der Schalter geschlossen.

Rebecca sieht sich um und sucht in ihrem Gedächtnis nach türkischen Worten, die sich nach den Jahren in Spanien verflüchtigt haben. »Mein Ehemann« – ihre Stimme hallt durch den großen Raum – »verspätet sich.«

»Wir werden mit Ihnen warten. Wir lassen Sie hier nicht allein.«

Die Frau setzt David auf die Bank und nimmt neben ihm Platz; ihr Ehemann stellt Rebeccas Koffer zu seinem eigenen Gepäck, was sie plötzlich und unerklärlicherweise traurig macht. Es befindet sich eine Fotografie von ihren Eltern darin und genug Geld für die Rückreise, in die Säume diverser Kleider verteilt.

Der Bahnhof hat eine Decke und drei Wände, die vierte Seite ist offen. In diesem höhlenartigen, kalten Raum warten sie eine halbe Stunde, eine Stunde, anderthalb Stunden. Der Mann macht ein Feuer im Ofen in der Ecke, und Rebecca setzt sich daneben und wiegt Berto in ihren Armen. Die Frau zieht ihren Mantel aus, um den zitternden David damit zuzudecken, und der Mann verschwindet und kehrt mit heißem Tee zurück, und gemeinsam essen sie Brot, Käse, getrocknete Aprikosen und Oliven aus Grasyas Picknickkorb.

»Danke.« Rebecca verständigt sich mit dem Paar in gebrochenem Türkisch, gemischt mit Französisch, das sie ein bisschen verstehen. »Vielen Dank, aber Sie können jetzt gehen. Es wird schon hell. Mein Ehemann wird bald hier sein.«

»Vielleicht hat er Ihr Telegramm nicht bekommen, *chérie*«, sagt die Türkin. »Oder er hatte im Schnee Probleme mit dem Wagen. Sie sagten, er lebt in den Bergen? In welcher Stadt? Wir sind aus der Gegend. Vielleicht können wir Ihnen sagen, wo es ist.«

Rebecca findet den Zettel mit der Adresse von Luis' Cousine in der Handtasche und gibt ihn der Frau, die ihn ihrem Mann gibt.

»Oh, das ist hoch oben in den Bergen.« Er gibt ihr den Zettel zurück.

»Ist die Straße kurvenreich?«, fragt Rebecca, und der Mann sagt, ja, sehr, und sie tastet unter ihrem Mantel nach der *bonjuk*-Perle, schließt die Augen und betet zu El Dyo – bitte lass Luis nicht in einem Graben am Straßenrand liegen; lass mich meine Augen öffnen und ihn vor mir sehen –, doch als sie die Augen öffnet, sieht sie David, der wie ein Straßenkind auf dem schmutzigen Boden liegt und mit Armen und Beinen rudert.

Zorn steigt in ihr auf, auch auf Luis, aber vor allem auf sich selbst, weil sie ein großes Kind geheiratet hat, und auf ihre Eltern: Du hast vor Gott geheiratet; wenn dein Mann nach dir schickt, folgst du ihm. Was ist mit deiner ersten Frau, Papa (hätte sie sagen können), die du verlassen hast und in den Wahnsinn getrieben? Hast *du* vor Gott geheiratet?

Das Ehepaar bleibt; die Asche glüht. Rebecca hebt David vom Boden auf und beginnt zu singen – *ah lye leh, ku ba bey* –, ein Lied ohne Sinn, das von irgendwoher aus ihrem Mund kommt. Sie wiegt ihre Kinder unter ihrem Schal und singt immer weiter, *durme durme, kerido ijiko,* bis ihre Stimme heiser wird. Endlich schlafen beide Jungen gleichzeitig ein – ein kleines Wunder, *grasyas Dyo* –, und sie legt sie in das provisorische Bettchen, das der Mann aus Bänken und einer Wand improvisiert hat. Dann setzt sie sich neben die türkische Frau, und eine Art Frieden senkt sich über sie. Sie sind alle so klein, und obwohl der Bahnhof ein Dach hat, sieht sie die Szene von oben: fünf Gestalten, drei große, zwei kleine. Sie könnten aus Ton und Draht sein, gebastelte Puppen, die instinktiv eng zusammen- und ans Feuer rücken. Und endlich schläft auch sie, den Kopf an der Schulter der Türkin.

Es ist sechs, halb sieben, noch nicht hell. Der Fahrkartenschalter öffnet, und Leute kommen, um Fahrkarten zu kaufen oder Passagiere abzuholen, aber keine Spur von Luis. Draußen steht eine Kutsche, deren Fahrer auf Kunden wartet, doch er sagt, dass er nicht mehr lange warten kann. Fahren Sie mit ihm, sagt Rebecca zu dem Ehepaar, doch sie erklären, dass sie nicht allzu weit vom Bahnhof wohnen; sie werden später zu Fuß gehen.

Um halb acht sagt der Fahrer, dass er losmuss, falls Rebecca ihn nicht braucht, deshalb steigt sie schließlich ein, mit Berto auf dem Arm, David dicht neben sich, alle zusammen unter dickem Fell. Sie zieht ihre Hand darunter hervor, um dem türkischen Paar zum Abschied zu winken, und ruft *grasyas grasyas* – es ist nicht deren Sprache, aber die Worte kommen wie von selbst. Als sie aus Rebeccas Blickfeld verschwinden, hat sie das mulmige Gefühl, etwas Gutes und Wertvolles zurückzulassen für etwas, das beides nicht ist. Allmählich geht die Sonne auf. Sie fahren auf der Straße an Leuten vorbei, die in Kutschen unterwegs sind oder zu Fuß, die Wasser tragen oder

Ziegen hüten. Als sie Männer mit Turbanen sieht und verschleierte Frauen, wie Besucher aus ihrer Kindheit, fühlt sie einen inneren Frieden (bin ich am Erfrieren?, fragt sie sich ruhig), und David steckt den Kopf unter dem Fell hervor und sieht sich mit großen Augen um, während Berto weiterschläft.

Sie fahren an einem Marktplatz vorbei, der gerade zum Leben erwacht. Sie fahren an einer großen gelben Synagoge vorbei mit Zwillingstürmen und Davidsternen in den bunten Glasfenstern, und Rebecca wird von dem Wunsch überwältigt, an einem Ort zu leben, wo sie ihren Glauben nicht verstecken muss, obwohl ihr gar nicht bewusst war, wie sehr es sie belastet hat. Als die Sonne intensiver wird, erkennt sie in der Ferne Minarette und hört den Ruf zum Gebet aus mehreren Richtungen gleichzeitig, und ihren Lippen entweicht ein Laut, ein Lied oder ein Stöhnen. Sie richtet sich auf und erklärt David, was sie um sich herum sehen. Er ist aufmerksam und neugierig, letztlich ist er ein kleiner türkischer Junge oder ein türkisch-jüdischer, wie es – aus Gründen, die Rebecca nicht ganz versteht, die ihren Vater jedoch zur Weißglut bringen – in seinem Pass steht, obwohl er in Spanien geboren wurde (ohne die Staatsbürgerschaft, die uns *versprochen* wurde).

Dann geht es durchs Stadttor und eine steile Straße hinauf, überall Schnee, und die holprige Fahrt auf dem steinigen Weg beruhigt sie, nichts als Rütteln, Rutschen, Schaukeln und die Kinder festhalten. Davids Augenlider beginnen zu flattern, und bald ist er unter der Pelzdecke wieder eingeschlafen. Rebecca schließt die Augen, das Kinn auf seinem kleinen harten Kopf. Ein türkisches Lied kommt ihr in den Sinn: *köpek uçmak istemiş, birgün kargaya gitmiş*. Der Hund will fliegen, also geht er die Krähe besuchen. Die Waschfrau hat es immer gesungen, damals, als sie noch eine Waschfrau hatten. Und ein anderes:

dandini dandini dandasta. Endlich, zwischen ihren Kleinen, die sich schwer und feucht an sie lehnen, schläft auch sie ein.

Sie wacht davon auf, dass der Fahrer fluchend mit seiner Spitzhacke auf einen Trog mit gefrorenem Wasser einschlägt, damit das Pferd trinken kann, dann setzen sie ihre Fahrt fort, klettern immer höher, auf immer schmaleren Straßen, und der Fahrer hält mehrmals an, um nach dem Weg zu fragen, bis sie endlich am Haus von Luis' Cousine Oro ankommen.

Oro, die mit einer Decke über den Schultern aus dem Haus kommt, schreit bei ihrem Anblick auf. »Du hast uns nicht gesagt, dass du kommst! Du bist Rebecca? Wir wussten nicht, dass du kommst! Wir hatten keine Ahnung!«

»Aber doch! Ich habe ein Telegramm geschickt. Er hat mir deine Adresse gegeben.«

»Wir haben kein Telegramm bekommen. Das Wetter ist furchtbar gewesen, die Straßen waren wochenlang blockiert. Es ist zu abgelegen. Kommt rein! Den Kindern ist kalt. Euch allen ist kalt, ihr Armen!« Und dann auf Türkisch zum Kutscher: »Sie auch, mein Herr. Ich mache Ihnen etwas zu essen, bevor Sie zurückfahren, und Sie können Heu und Wasser für das Pferd bekommen. Rasch, wir müssen die Tür schließen, die Wärme entweicht. Bitte kommt rein.«

Das Haus ist wie eine Scheune, ohne richtigen Boden, nur Erde. Auf der unteren Ebene leben die Hoftiere, und Oros zwei Söhne (später werden sie angesehene Rabbiner in Israel sein) machen am Feuer unter Decken Schulaufgaben. Trotz der Kälte riecht es streng nach Heu und Mist. Rebecca hat noch nie ein Haus wie dieses gesehen und muss ihren Fluchtreflex unterdrücken, doch Oro, die ein hübsches, rundes Gesicht hat und deren Name »Gold« bedeutet, zieht einen Stuhl heran und serviert lecker duftende Linsensuppe und Brot, und so essen sie alle zusammen am Feuer, und dann bezahlt Rebecca den Kutscher, der ihr Glück wünscht und sich an die Mütze tippt, bevor er rausgeht, um sein Pferd zu füttern und wegzufahren.

»Wo ist mein Mann, Oro?«, fragt Rebecca an jenem Abend vor dem Schlafengehen und erneut am nächsten Morgen, als sie Oro hilft, die vor Kälte steife Wäsche zusammenzulegen, und Tee trinkt und Berto stillt und sogar David die Brust anbietet, weil er so bedrückt wirkt. Doch Luis taucht nicht auf, und ein Tag, zwei Tage, drei Tage verstreichen, auch wenn die Zeit hier traumgleich ist, endlos und wässrig, und es ihr schwerfällt, den Überblick zu behalten. »Wo ist Luis, wo ist Mishon? Warum kommt er nicht? Meine Söhne wollen ihren Vater sehen. Er hat gesagt, wir sollen herkommen! Ist etwas passiert, Oro? Warum hat mein Mann geschrieben, dass wir kommen sollen?«

»Er arbeitet«, sagt Oro immer wieder. »Etwas weiter weg.«

»Ist er ein Lügner, Oro?«, fragt Rebecca am vierten Morgen, während sie Berto mit dem Fuß in einer derben Wiege aus Kiefernholz schaukelt. »Ehrlich gesagt habe ich ihn nie so richtig verstanden. Kannst du mir helfen? War er schon immer so ...« beschränkt, könnte sie sagen. Hohl. Dumm. »Wie war er, als er jung war?«, fragt sie stattdessen.

»Er war« – Oro macht ein gequältes Gesicht, als wäre sie kurz davor zu weinen – »ein lieber Junge. Süß. Ich habe immer mit ihm gespielt. Er hat mich nie geärgert, wie meine anderen Cousins. Er hatte ein sanftes Wesen. Er liebte es zu rennen.«

»Ha!«, sagt Rebecca so bitter, dass David aufschaut, der zu ihren Füßen mit einem Holzlöffel auf einen Kochtopf schlägt. »Es hat sich nichts geändert. War er als Kind langsam? Ein bisschen begriffsstutzig? Hatte er in der Schule Probleme, sich zu konzentrieren?«

»Langsam? Ich glaube nicht, aber wir haben alle nicht viel Schulbildung, außer in Religion, worauf ich auch bei meinen Jungs achte. Mishon hat mit neun oder zehn angefangen zu arbeiten. Später wurde er im Krieg verletzt.«

»Na ja, seine Kronjuwelen sind jedenfalls unversehrt«, sagt Rebecca grob. »Der Mann braucht nur das Zimmer zu betreten, und schon bin ich schwanger. Ich hätte gern noch ein Kind, vor allem eine Tochter, aber solange er nicht beweist, dass er seinen Lebensunterhalt verdienen und an unserer Seite bleiben kann, war's das für mich. Wo ist *dein* Ehemann überhaupt, Oro, wenn ich fragen darf?«

»Er arbeitet. Hier oben gibt es nicht viel Arbeit. Man muss ins Tal. Er wohnt bei seinem Cousin in der Stadt.«

»Warum wollen meine Schwiegereltern uns nicht besuchen kommen, um ihre Enkel zu sehen, Oro? Ich dachte …«

»Sie werden schon kommen, Rebecca, warte einfach noch ein wenig. Bitte.« Oro steht auf und weicht Rebeccas Blick aus. »Alle haben viel zu tun, das ist alles.«

Dann schaut Rebecca eines Morgens aus dem Fenster und sieht den Rabbi die steile Straße zum Haus hochsteigen. Sie sieht Frauen, alle in Schwarz, die ihm wie Krähen den Berg hinauf folgen.

»Oro!«, sagt sie. »Was wollen all diese Leute hier? Was ist passiert?«

»Keine Sorge, Rebecca, sie werden es dir sagen.«

Eine Frau betritt das Haus, setzt sich neben sie, legt eine Hand auf ihren Arm und sagt: »Mein liebes Mädchen, es tut mir so leid, es tut mir so leid, was dir passiert ist. Mir ist das Gleiche passiert. Ich war sehr jung, als ich meinen Mann verloren habe. Ja, mir ist das auch passiert!«

»Was meinen Sie? Was meinen Sie damit, dass ich meinen Mann verloren habe? Was reden Sie denn! Reden Sie nicht so mit mir!«

»Es tut mir so leid, mein süßes Kind«, sagt die Frau, »aber das ist es, was passiert ist.«

Rebecca kommt das Frühstück hoch, und sie fühlt sich seltsam schwerelos, ein Aquarell, das langsam verläuft, gefolgt von einem Hagelsturm, der gegen ihre Lider schlägt, sodass ihre Sicht verschwimmt. Später wird ihr der Rabbi erzählen, dass sie ohnmächtig geworden und vom Stuhl gefallen ist und dass sie Glück gehabt habe, weil der weiche Boden ihren Kopf vor Schlimmerem geschützt hat.

Jemand bringt etwas, um sie wiederzubeleben, Riechsalz, um sie aufzuwecken, und Oro gesteht, dass Luis nach seiner Heimkehr sehr krank wurde, und dann, nun ja, dann ist er einfach … möge er in Frieden ruhen, aber er ist *gestorben*. Er ist schon begraben; er ist fort, unter der Erde. »Es tut mir so leid«, stammelt Oro. »Ich wusste nicht, wie ich es dir sagen soll, was ich tun soll, du bist von so weit hergekommen, deine Kinder sind noch so klein …«

Offenbar hatte Luis' Vater Palomba geschrieben und sie gebeten, Rebecca aufzuhalten oder, falls sie schon aufgebrochen war, sie zur Umkehr zu bewegen, doch es war zu spät. Zu diesem Zeitpunkt war sie längst auf hoher See. Es war zu spät, um sie zu erreichen. Sie war fort.

Nachdem sie den anfänglichen Schock überwunden hat, ist ihr erster Gedanke, wie sie zu ihrer Familie nach Spanien zurückkehren kann, aber die Straßen nach Adrianopel sind unpassierbar – ein Eissturm hat eingesetzt, es ist tiefster Winter, und die Tage vergehen so langsam, dass sie sich anfühlen wie

Wochen, die sich wie Monate anfühlen. Wie dem auch sei, Luis' Familie hat andere Pläne. Seit Rebecca die schreckliche Wahrheit kennt, sind seine Eltern ständig in Oros Haus, Landmenschen mit breitem Akzent, die nach Knoblauch stinken, und obwohl sie vor ihnen zurückschreckt, hat sie auch ein bisschen Mitleid mit seiner Mutter, Bohosa, die ihren ältesten Sohn verloren hat und wie eine Schlafwandlerin herumläuft, gramgebeugt. Bleib doch ein paar Monate, damit wir unsere Enkel kennenlernen können, sagt seine Mutter immer wieder und zieht die Jungen ständig in ihre Arme, und wie verhext fängt Berto an, sie anzulächeln, und David bekommt einen schlimmen Husten. Du kannst nicht reisen, solange er so krank ist, setzt der Chor ein. Es ist noch Winter und so kalt! Bleib noch ein bisschen (mit Brühe und Raute, mit Umschlägen und Kräutersäften, mit Holztieren, die Luis' Vater für die Jungs schnitzt, ein verstecktes Talent). Deine Söhne sind Luis wie aus dem Gesicht geschnitten, sagen alle, vor allem David, während Rebecca versucht, Luis' Gesicht aus ihrem Gedächtnis zu löschen.

Später wird sich alles anfühlen wie ein schrecklicher Traum: David wird gesund, hat jedoch Rebecca angesteckt, die hustet, bis ihr die Rippen schmerzen; an einem Freitag taucht der Rabbi wieder auf, um Berto zu beschneiden, wozu sie in Spanien keine Gelegenheit gehabt hatten; vier Männer, darunter auch Oros mürrischer Mann, der wieder da ist, halten den zappelnden, schreienden Berto fest (in Spanien war für David ein Mohel gekommen, und Rebeccas Vater hatte das Baby gehalten, das mit großen Augen alles ruhig über sich ergehen ließ); Rebecca will nach Berto greifen, doch Oro und Luis' Mutter halten sie fest. Zwischen Hustenanfällen schreit sie Zeter und Mordio, eine schauerliche Version ihrer selbst, eine vulgäre Person ohne Manieren, ein tollwütiges Tier, während der Rabbi davon schwärmt, wie schön das Baby ist, so blond, so drall.

»*Ojo malo*«, ruft sie. »Hände weg von meinem Kind! So schreit er sonst nie! Verflucht seid ihr alle! Ihr tut ihm weh! Gebt ihn mir zurück!«

Dann ist Berto in ihren Armen, die Wange mit seinem eigenen Blut beschmiert, von dem groben Schnitt an seinem winzigen Penis, und sie murmelt in das rote, bestürzte Gesicht ihres Sohnes, packt David an der Hand und stolpert mit ihnen nach draußen an die kalte Luft, wo sie sich auf eine Steinmauer setzt und ihr Kleid aufknöpft, es tut mir so leid, es tut mir so leid, meine Süßen, murmelnd – ich bringe uns weg von hier, ich bringe euch nach Hause, ich hole uns hier raus, während sie das weinende Kind an ihre Brust legt.

Schließlich sind Bertos Wunden verheilt, und Ende Februar feiert er seinen ersten Geburtstag. Rebeccas Husten klingt ab, und die Straßen sind wieder frei. Der Frühling kommt. Die prallen Knospen bringen Hoffnung. Oros Söhne tragen David huckepack über die felsigen Felder. Rebecca kann endlich einen Brief an ihre Eltern schicken. Wochen vergehen, doch endlich erhält sie Antwort von ihrer Mutter: Sie solle den nächsten Zug nehmen, das nächste Schiff. Wir vermissen dich und unsere Enkel! Komm nach Hause, zögere nicht. Rebecca sagt, hör zu, Oro, danke für deine Gastfreundschaft, aber wir wollen zu meiner Familie, zu meiner Mutter und meinem Vater – wir fahren nach Spanien zurück. Oro, eine einsame Frau ohne Mutter oder Schwestern, beginnt zu weinen und fleht Rebecca an zu bleiben. Was soll ich denn anfangen ohne dich, sagt Oro, ohne dein Singen und deine Gesellschaft, doch Rebecca hat ihr nie ganz verziehen, dass sie ihr Luis' Tod verschwiegen hat, und obwohl sie sie umarmt und verspricht, ihr zu schreiben, ist sie im Herzen ungerührt.

Jemand von der Synagoge kommt, diesmal ein anderer Rabbi, jünger, gut aussehend, ein Lockenschopf. Wieder sind Frauen dabei: Rebecca, bleib bei uns, bleib hier im Dorf, geh nicht! Luis' Eltern wollen ihre Enkel in der Nähe wissen, aber nicht mit ihnen zusammenleben, vielleicht weil sie zu arm sind oder etwas zu verbergen haben. In der gesamten Zeit, die sie bei Oro war, hat Rebecca nicht ein Mal ihr Haus zu sehen bekommen.

»Wenn Sie hierbleiben, Sinyora«, sagt der Rabbi, »nehmen wir Ihre Söhne und geben sie in ein schönes, sauberes Waisenhaus, wo sie die beste Ausbildung erhalten. Keine Sorge, wir wollen sie Ihnen nicht wegnehmen. Es sind *Ihre* Kinder, aber um für sie zu sorgen, könnten Sie bei einer wohlhabenden Familie im Haushalt arbeiten und die Kinder am Wochenende besuchen. Und in der Zwischenzeit suchen wir Ihnen einen Mann zum Heiraten.«

»Rabbi«, sagt sie, »bei allem Respekt, bitte hören Sie auf. Meine Entscheidung steht fest. Ich kehre mit meinen Kindern nach Spanien zurück.«

»Oh nein, das geht nicht. Eine junge Dame mit zwei kleinen Kindern allein auf einer so langen Reise, das ist sehr gefährlich. Sie werden unterwegs umkommen!«

»Wir haben es hierhergeschafft«, sagt sie, »und wir werden es auch wieder nach Hause schaffen.«

Barcelona, 1929

Es klopft an der Tür. Ein Filmemacher, er hat keinen Termin, doch das Glück ist auf seiner Seite, denn Rebecca – nach Albertos Meinung generell zu freundlich; sie würde noch mit einem Pflasterstein plaudern und flirtet gern – öffnet und bittet den Fremden herein. Es ist ein Sonntag im November. Alberto ist im Garten und fegt Laub, als er aufblickt und sieht, wie seine Tochter einen hochgewachsenen Mann durch die Wohnung in den Garten führt. Der Mann filmt, und Alberto bemerkt als Erstes eine Kamera, die auf ihn gerichtet ist, bevor er einen Blick auf die blasse Haut und die scharfen Augen hinter einer dicken schwarzen Brille erhascht.

»Legen Sie das weg!«, sagt er reflexartig auf Ladino. Als der Mann nicht reagiert, wiederholt er es auf Kastilisch und hängt noch ein *por favor* dran.

Der Mann lässt den surrenden Apparat sinken, fummelt an einem Knopf und schaltet ihn aus. »Bitte entschuldigen Sie, Señor«, antwortet er auf Kastilisch. »Natürlich.« Unbeholfen streckt er die Hand aus, den Ellbogen noch um die Kamera gekrümmt. Alberto stellt den Besen ab, um ihm die Hand zu schütteln.

»Ernesto Giménez Caballero aus Madrid.« Der Mann deutet eine Verbeugung an. Er ist adrett gekleidet, Krawatte und gemusterter Anzug mit Einstecktuch. »Ich kann Ihnen gar nicht sagen, wie froh ich bin, Sie anzutreffen. Sie sind der Rabbi, Señor? Und der Vater dieser bezaubernden Dame?«

Alberto blickt zu Rebecca, die hinter dem Fremden steht, mit Berto und David am Rockzipfel. Bring sie rein, befiehlt sein Blick.

»*Bueno*«, sagt der Mann, nachdem die Tür zugefallen ist. »Rabbi, ich habe mehrere Ihrer Kollegen in den Balkangemeinden getroffen – Rabbi Alcalai aus Belgrad, Rabbi Levy aus Sarajevo und andere in Nordafrika. Wunderbare Männer. Außerdem hatte ich das Glück, sephardische Politiker, Bankiers und Philologen kennenzulernen, doch auch Menschen mit bescheideneren Berufen. Es war eine inspirierende Reise. Aber«, er lächelt breit, »der vielleicht aufregendste Teil meiner kleinen Erkundungstour besteht darin, bei meiner Rückkehr in Spanien einen Rabbi vorzufinden!«

Warum hat Alberto das Gefühl, dass man sich über ihn lustig macht? Und dass Rebecca durch die geschlossene Tür lauscht? (Es versetzt ihm immer noch einen Stich, wenn er daran denkt, wie er sie über seine Arbeitsstelle angelogen hat.)

»Eigentlich bin ich gar kein Rabbi, Señor. Ich bin der Schammes«, gesteht er und bemüht sich, Kastilisch zu sprechen, doch obwohl er täglich die Zeitung liest, kommt er immer durcheinander.

Der Mann wirkt verdutzt (er ist also, wie Alberto vermutet hat, kein Jude).

»Ich kümmere mich um die Synagoge«, erklärt Alberto. »Gelegentlich haben wir auch einen Teilzeit-Rabbiner, aber ich wohne hier … Es ist …«

Meins, ist er versucht zu sagen. Meine halb versteckte Wohnung, mein Gebetsraum mit Podium, Tallits und abgenutzten Siddurs, mein Versammlungsraum und mein winziges Büro, mein Garten. Hat er nicht ein kurioses kleines Königreich geschaffen, indem er ihr beengtes, umgrenztes Quartier, umgeben von toten Schweinen, Kruzifixen und Fremden, mit Hühnern, Hunden, einem Feigenbaum, Gemüse, gesundem Grünzeug und Blumen versorgt hat, obwohl die meisten Samen und Knollen, die er von zu Hause mitgebracht hat, nicht aufgegangen sind? Nie ein Freund von Zahlen, hat er es geschafft, das Budget einzuhalten, indem er sich – gefühlt jeden zweiten Tag – an das Joint Distribution Center und ein paar hiesige Spender wendet, wenn die Gemeinde knapp bei Kasse ist. Er hat mit den Schlüsseln am Messingring die Türen auf- und zugeschlossen, die Wogen zwischen Sepharden, die zuerst hier waren, und Aschkenasen geglättet, die von Monat zu Monat mehr werden. Die Treppen schrubbt er nicht mehr – sein Rücken macht ihm Probleme, und Sultana hat darauf bestanden, dass Josef diese Pflicht übernimmt –, doch noch immer bereitet er den Gebetsraum für den Gottesdienst vor und begrüßt jeden, der hereinkommt: *Shabbat shalom, shabbat shalom.* Manchmal lädt er einen älteren Flüchtling ein, sich auf ein Glas Wein mit ihm unter die Palme zu setzen. Er ist müder als früher; sie sind es auch. Die Gespräche ein mühsames Flickwerk, Brocken aus Englisch, Hebräisch und Französisch, nicht zu vergleichen mit den schnellen Wortgefechten, die er in der alten Heimat so genossen hatte. Manchmal spielen sie Schach oder Backgammon (die Russen schlagen ihn). Meistens sitzen sie einfach nur da. Ihre Geschichten bewegen ihn, aber nicht immer sind sie in der Lage, sie zu erzählen. Die meisten der Männer sind nur auf der Durchreise, doch Alberto lebt hier. Es sind fast fünf Jahre vergangen. Jeden Tag hasst er diesen Ort, und jeden Tag verschönert er ihn, mit Abstand das Schwerste, was er je getan hat.

»Ich verwalte die Kasse und leite den Gottesdienst«, erklärt er dem Filmemacher.

»Oh, ich würde gern einen jüdischen Gottesdienst filmen, mit Ihrer Erlaubnis!«

»Keine Kameras im Altarraum. So ist die Regel.«

Die Hunde im Zwinger hören seinen strengen Tonfall und fangen an zu bellen. *»Still!«*, befiehlt Alberto den Hunden.

»Natürlich, Señor.« Die Finger des Mannes zucken über dem Apparat. »Wie Sie wünschen.«

»Verraten Sie mir, warum Sie hier sind, mit Ihrer Kamera?«, fragt Alberto. Die Hunde haben aufgehört zu bellen, doch ihre Wachsamkeit erfüllt die Luft. Er hört seine Frau in der Küche Kinderlieder für David und Berto trällern und wünschte, sie würde aufhören – zu schön, zu intim sind die Lieder für die Ohren dieses Fremden. »Wir haben nicht viele Besucher aus Madrid, und nur …«

»Judíos.« Der Mann blickt auf seine Hand, als trüge sie ein Kreuz oder Stigmata. »Das ist wahr, das bin ich nicht, aber woher wissen Sie das?«

Alberto lacht dünn. »Zum einen sprechen Sie fließend Kastilisch. Die meisten von uns sind dafür noch nicht lange genug hier.«

»Erlauben Sie mir, Ihnen zu widersprechen, Señor …?«

»Cohen.«

Der Mann nickt. »In Wahrheit, Señor Cohen, sprechen Sie

mit Ihrem *Judeoespañol* ein reineres Kastilisch als ich. Es ist immerhin das Spanisch von Cervantes.«

Alberto verdreht die Augen. »Es ist ein Mischmasch, ein Patois. *Je préfère le français.*«

Der Mann, der nicht älter als dreißig sein kann und etwas von einem verbissenen Streber hat, der sich hervortun will, wirkt betroffen. »Das liegt daran, dass die Franzosen aus eigennützigen Gründen die Kontrolle über Ihr Bildungssystem übernommen haben. Die Kinder der Judíos Sefardíes sollten in dem Spanisch ihrer Vorfahren unterrichtet werden. Das ist eines unserer Ziele.«

»Wessen Ziele? Wer ist wir?«, fragt Alberto, obwohl er mehr versteht, als er zugibt. Er hat so etwas schon früher erlebt, als die Osmanen oder die neue Republik die Vergangenheit für ihre Zwecke einspannten. Spanien muss, nachdem es Kolonien in der Karibik und im Pazifik verloren hat, seine Präsenz auf dem Balkan und in Nordafrika stärken, beides Regionen mit sephardischen Juden. »Señor, können Sie mir sagen, warum Sie hier sind? Ich bin« – er lügt (seine Tage sind lang, seine Pflichten überschaubar) – »ein beschäftigter Mann.«

»Aber natürlich.« Der Mann lächelt. »Ich würde Ihnen gern von meinem Film erzählen. Können wir uns einen Moment setzen, wenn es nicht zu viel verlangt ist? Es dauert nicht lang.«

Alberto seufzt. »Kommen Sie in mein Büro, aber lassen Sie die Kamera bitte draußen.«

Der Filmemacher ist gerade von einer Reise durch Sarajevo, Bukarest, Istanbul, Tétouan und Salonica zurückgekehrt – so viele exotische Orte! Mit Unterstützung des spanischen Staatsministeriums hat er es sich zur Aufgabe gemacht, einerseits den sephardischen Juden ihr iberisches Erbe näherzubringen und gleichzeitig einen kleinen Film zu drehen, um die Spanier über das Schicksal von einer halben Million spanischer Juden im Ausland aufzuklären.

»Warum?«, fragt Alberto.

»Genau das ist die zentrale Frage, obwohl nicht viele sie stellen. Für die Judíos Sefardíes ist Spanien immer noch *patria*.«

Alberto sortiert einige Unterlagen auf seinem Schreibtisch. »Ohne Ihnen zu nahe treten zu wollen, Señor, wir haben uns woanders ein Leben aufgebaut. Spanien ist für uns gewiss keine Heimat – obwohl ich im Gegensatz zu den meisten anderen zurückgekehrt bin.«

»Sie haben *zurückgekehrt* gesagt. Zurück! Der Sog der Heimat sollte nicht unterschätzt werden.« Giménez Caballero sieht sich im Dämmerlicht von Albertos winzigem Büro um, das wirklich kaum mehr ist als ein Schrank mit einem Fenster, einem schmalen Schreibtisch, zwei Küchenstühlen, Büchern auf einem Regalbrett und der Ney, seiner Rohrflöte, die in ihrem Koffer in der Ecke neben Eimer und Feudel steht. Auf einem zweiten, leicht schiefen, weil schlecht befestigten Regal eine Reihe Gebetbücher, Haggadahs und eine illustrierte Kinderbibel mit Eselsohren, weil er seinen Kindern so oft daraus vorgelesen hat. In einer verschlossenen Metalltruhe befinden sich die Kassenbücher und Unterlagen der Gemeinde.

Nach einer langen Pause sagt Giménez Caballero: »Sie wirken – ich hoffe, Sie nehmen es mir nicht übel, wenn ich das sage – wie ein hochgebildeter, ja kultivierter Mann.« Er tippt sich an die Stirn. »Intelligent. Haben Sie … Waren Sie in der Türkei auch Schimmes in einer Synagoge?«

»*Schammes*. Nein, war ich nicht.«

»Was war Ihr Beruf?«

»Textilien.«

»Ah, verstehe. Und Sie sind hergekommen wegen …?«

»Der Möglichkeiten.«

Der Mann sieht sich in dem engen Raum um. »Haben Sie gefunden, was Sie gesucht haben?«

Alberto schnaubt. »Es hat meine kühnsten Erwartungen übertroffen.«

»Es muss hart gewesen sein, alles hinter sich zu lassen, Señor Cohen. Tut mir leid.«

Alberto hasst nichts so sehr wie Mitleid, und dennoch steigt unwillkürlich eine gewisse Nachsicht für den Mann in ihm auf, der ihm jetzt in die Augen sieht und dessen Stimme fast zärtlich klingt. Auch Alberto war einst ein junger Mann voller Ideen und rastloser Energie und neigte dazu, dick aufzutragen. Eines Tages, falls dieser kleine, zappelige Schuljunge lange genug lebt, wird auch er ein gebückter, verbitterter alter Mann sein. »Zurück zu Ihrem Filmprojekt«, sagt Alberto.

Der Filmemacher nickt. »Ich würde Ihre Synagoge gern mit reinnehmen, eine Außenaufnahme würde vielleicht schon reichen, obwohl es mir eine Ehre wäre, das Innere zu zeigen, mit den Menschen, mit Ihrer Familie, wenn Sie einverstanden sind. Ihre Enkel sind reizend, und Ihre Tochter ist eine Schönheit. Vielleicht eine kurze Aufnahme, um der Welt zu zeigen, dass es tatsächlich moderne Juden gibt, die in Spanien leben.«

Alberto beugt sich vor. »Dann will Ihre Regierung uns zurückholen? Eine Massenmigration? Das könnte interessant werden, vor allem, da sie immer noch nicht dazu gekommen ist, das Alhambra-Edikt aufzuheben, das mein Volk vertrieben hat. Es ist ja auch erst – wie lange? – vierhundert Jahre her.«

»Das ist längst überfällig, da stimme ich Ihnen zu. Seien Sie versichert, dass dies mein vorrangiges Ziel ist, aber solche Dinge brauchen manchmal Zeit.«

Alberto schüttelt den Kopf. »Meiner Familie wurde die spanische Staatsbürgerschaft versprochen, Señor, aber wir warten noch immer darauf. Selbst meine beiden Enkel, die hier in Barcelona geboren wurden, sind laut Geburtsurkunde türkische Juden, was sie in ihren Möglichkeiten erheblich einschränkt.«

»Dabei kann ich helfen. Wie gesagt, ich bewundere Ihr Volk.«

»Würden Sie sagen, Ihr Film ist Propaganda?«

»Ich betrachte mich als Avantgarde-Künstler und Herausgeber. Denken Sie an die Bibel – Poesie, aber zugleich so lehrreich!«

»Ist Ihnen aufgefallen, Señor, dass unsere Synagoge außen keine Schilder oder Symbole hat, nichts, was sie als jüdisches Gotteshaus verraten könnte? Wir sind, wie soll ich es ausdrücken, im Ungewissen über unsere Stellung hier, in fast jeder Hinsicht.«

»Die Leute sind unwissend. Ich würde gern helfen, das zu ändern.«

»Viel Glück dabei.«

Der Filmemacher seufzt. »Vergessen Sie den Film – er ist unwichtig. Was ist Ihr größtes Anliegen, Señor Cohen? In Bezug auf die Gemeinde hier und Ihre Familie oder Ihre Zukunft in Spanien? Was ist Ihr dringendster Wunsch, was hat für Sie oberste Priorität?«

In mein Haus in Fener und mein Sommerhaus in Büyükdere zurückzukehren, möchte Alberto antworten. In meinem alten Garten Maulbeeren und Feigen zu pflücken. Meine Mutter zu besuchen und das Grab meines Vaters. Meinen Kindern das Leben zu bieten, für das sie geboren wurden, und meiner Frau den Lebensabend, den sie verdient. Zu Hause zu sein.

»Ich weiß nicht«, sagt er stattdessen.

Der Filmemacher beugt sich vor. Er stellt noch mehr Fragen: Wie lange sind Sie schon hier, was arbeiten Ihre Söhne? (Dass seine Töchter ebenfalls aushäusig arbeiten, ist Alberto zu peinlich, weshalb er es nicht erwähnt.) Dann fängt der Mann an, über Maimonides zu reden, Albertos Steckenpferd. Waren Sie schon in Córdoba, Señor Cohen? Wussten Sie, dass wir vorhaben, eine Statue zu Ehren des großen Gelehrten zu errichten? Ich würde mich über einen Beitrag von Ihnen über diesen bedeutenden sephardischen Denker freuen, Señor. Eine Hommage, eine Meditation für die kleine Literaturzeitschrift, die ich herausgebe, *La Gaceta Literaria* (er zieht ein Exemplar aus seiner Tasche).

»Sie schmeicheln mir, aber ich schreibe nicht«, sagt Alberto. »Ich lese, ja, wenn ich die Zeit dazu finde, und manchmal musiziere ich. Früher habe ich gespielt« – er deutet auf die Ney – »und ein wenig gesungen. Aber schreiben, nein.«

»Ah! Wundervoll! Darf ich Sie spielen hören?«

Wie viel Zeit ist vergangen? Vielleicht eine Stunde, vielleicht mehr. Alberto erzählt Giménez Caballero von Maftirim-Musik, hebräische Verse, vertont mit türkischen Melodien, und spielt ein paar Töne auf der Ney, obwohl das Rohr trocken ist und kläglich klingt; seit Isidoros Hochzeit vor einem Jahr hat er nicht mehr gespielt. Sie unterhalten sich über Poesie und Philosophie. Seine Kinder lesen nicht, nicht so wie er, und unter den vielen Gefühlen, die sich in dem kleinen Raum drängen, ist auch der verblüffende Wunsch, dass er diesen jungen Mann von Herkunft und nationalistischem Eifer befreien und ihn zum Gesprächspartner, zum Freund gewinnen könnte. Der Filmemacher erzählt ihm von Ángel Pulido, einem spanischen Arzt, der sich für die sephardische Sache einsetzt, und

Alberto erinnert sich vage an den Spanier auf dem Empfang der spanischen Sommerbotschaft in Büyükdere.

»Möglicherweise bin ich ihm einmal begegnet, vor vielen Jahren«, sagt er. »Hat er Sie zu mir geschickt?«

»Nein. Ich habe diese Adresse vom Präsidenten der kleinen jüdischen Gemeinde in Madrid, aber ich werde Ángel erzählen, dass wir uns getroffen haben. Er wird begeistert sein.« Alberto hört Geräusche von draußen – das Lachen seiner Enkel, dann fängt einer von ihnen an zu weinen, jemand kommt, vielleicht Isidoro mit Ida, seiner bulgarischen Frau –, doch die Bürotür ist geschlossen, ebenso die Tür zum Versammlungsraum dahinter, und er fühlt sich geborgen, oder vielleicht auch gefangen, schwer zu sagen.

»Was den Film angeht …« Giménez Caballero beugt sich vor.

Alberto lehnt sich zurück, die Ney noch in der Hand. »Señor, wir sind Gäste in einem fremden Land.« Wie archaisch das klingt, wie ein Zitat aus der Bibel. »Ich muss die Privatsphäre meiner Familie und der Gemeinde respektieren. Tut mir leid, dass ich Ihnen nicht helfen kann. Viel Glück.«

Giménez Caballero steht auf und nimmt seine Tasche. »Danke für Ihre Zeit, Señor Cohen. Es war mir wirklich ein Vergnügen.« Er öffnet die Tür und sagt über die Schulter: »Sie haben es mir immer noch nicht verraten.«

»*Ke?*«

»Was Ihnen am wichtigsten ist.«

»Was mir am meisten am Herzen liegt …«

Und dann purzelt Alberto durch die Zeit zurück an einen friedlichen Ort mit Pappeln und aufeinandergestapelten Steinen, Rosmarin für die Erinnerung, in Stein gemeißelte Buchstaben, undeutlich geworden durch Flechten, mitgenommen von Regen und Sonne. Sein Vater ist dort, und er nicht. Der

Boden ist dort, doch seine Frau, Kinder und Enkelkinder sind es nicht. Gott ist dort, und er nicht.

Baruch dayan emet. Gesegnet sei der wahre Richter.

»Vermutlich«, sagt er, »die Angelegenheit unserer Toten.«

Sie treffen eine Vereinbarung. Ernesto Giménez Caballero wird ins Büro des städtischen Friedhofsbeauftragten gehen, an das sowohl Theodore Grunebaum als auch Alberto in den vergangenen zwei Jahren Briefe geschrieben haben (insgesamt fünf), aber nie eine Antwort erhielten. Dort wird er sich nach einem Gelände für einen kleinen, von Mauern umgebenen jüdischen Friedhof in Barcelona erkundigen. In Madrid gibt es so ein Friedhofsgrundstück; in Sevilla auch. Das ist nicht viel verlangt von der Stadt, angesichts, nun, von allem. Alberto wird Señor Caballero den Namen des zuständigen Beamten geben, ein gewisser Señor Ventalló, und ihm den geeignetsten Ort für so einen jüdischen Friedhof nennen – nämlich ein leeres Grundstück im Südwesten des Cementiri de Les Corts, wo er die Zweige für Rebeccas und Luis' Hochzeit geschnitten hat und reichlich Platz vorhanden ist.

Denn wenn man die Juden wirklich »zurück«holen will, sollte man seinen Worten Taten folgen lassen. Die traurige Wahrheit ist, dass verstörende Dinge passieren – ein Trauerzug, der von der Polizei angehalten wird, weil auf dem Sarg ein Davidstern prangt, Leute, die die Trauernden auf offener Straße beschimpfen, Gemeindemitglieder, die ohne Zeichen ihres Glaubens beigesetzt werden, und zwar in Grüften statt eingelassenen Gräbern. Ganz zu schweigen von all den Gebäuden, die im Lauf der Jahrhunderte aus geplünderten jüdischen Grabsteinen erbaut worden sind; Parks, Häuser und katholische Friedhöfe, die auf jüdischen Grabstätten errichtet worden sind (was glauben Sie, warum Montjuïc Mont-juïc heißt?), und ja, wir mögen wenige sein, aber es werden immer mehr, und es liegt in der Natur der Dinge, dass Menschen sterben (er selbst könnte der Nächste sein).

»Gräber über der Erde«, erklärt er, »widersprechen unserem Glauben, denn Staub bist du, und zum Staub kehrst du zurück; und außerdem, Señor, ist nach unserer Tradition im Tod niemand höher oder niedriger als der andere.«

»Eine poetische Geisteshaltung.« Giménez Caballero schreibt etwas in ein Notizbuch, dann steckt er es wieder in seine Jackentasche. »Ich werde mich morgen oder übermorgen darum kümmern, bevor ich nach Madrid zurückkehre.«

Sie sind jetzt im Versammlungsraum. Rebecca ist mit der Kamera aufgetaucht, die sie auf dem Tisch liegen gesehen haben muss. Lächelnd gibt sie sie ihrem Besitzer zurück, der sich dankend verbeugt.

»Werden Sie uns filmen, Señor?«, fragt sie kokett auf Kastilisch. Sie hat ein geblümtes Kleid angezogen und Lippenstift aufgetragen. In ihrem Haar glitzert eine Spange aus der Boutique, in der Elsa arbeitet. Sie klimpert mit den Wimpern und klappt einen unsichtbaren Fächer auf.

»*Rebecca*«, mahnt Alberto, dann wendet er sich an den Gast. »Meine Tochter hält sich für einen Filmstar.«

Giménez Caballero verbeugt sich erneut. Wird er rot? Alberto fühlt sich plötzlich überflüssig, obwohl dieser Mann doch annehmen sollte, dass seine Tochter, die zwei Kinder hat, eine verheiratete Frau ist, es sei denn, er hat gesehen, dass sie keinen Ring trägt.

»Völlig zu Recht. Ich könnte jetzt ein bisschen filmen, und ein bisschen später noch einmal«, sagt der Filmemacher. »Meine Regierung ist bekannt für ihre Effizienz, wie Ihnen nicht entgangen sein wird. Ich bin nur gelegentlich in Barcelona, weil ich in Madrid lebe, wenn es daher möglich wäre, heute anzufangen …«

»Ich hole die Jungs …«, beginnt Rebecca, doch Alberto unterbricht sie.

»Nicht heute. Bringen Sie mir eine Genehmigung von der Stadtverwaltung, Señor. Dann können wir über Ihren Film reden.«

Bis die Genehmigung vorliegt, vergehen über zwei Monate, und so ist es Mitte Januar, als der Filmemacher mit dem Brief zurückkommt, keine Gartensaison, was eine Enttäuschung für Alberto ist; noch schlimmer ist aber, dass Giménez Caballero die Familie weder unter der Palme noch neben dem Rhododendron filmen will. Stattdessen platziert er sie vor der schlichten Tür, die von der Küche in den Garten führt. Hofft der Filmemacher auf Pathos? Blickt er trotz seiner ausgefeilten Komplimente auf sie herab und möchte sie als armes, geknechtetes, einfaches Volk darstellen, das gerettet werden muss? Rebecca ist mit ihren Jungs da. Elsa ist da, und Josef. Die Aufnahme dauert nicht länger als drei Minuten. Sie stehen da, sie lächeln, Rebecca schiebt David nach vorn. Sie hat sein Haar gewaschen und gekämmt, und Bertos auch, obwohl es in alle Richtungen absteht wie ein blonder Heiligenschein – sie weigert sich, es abzuschneiden – und der Junge aussieht wie ein wildes, ungekämmtes Mädchen.

¡Mira! Eine echte spanisch-jüdische Familie! In Spanien, ihrer *patria*! Sultana weigert sich, im Film aufzutauchen, und als Giménez Caballero versucht, sie zu überreden, geht Alberto dazwischen. »Meine Frau hat Nein gesagt. Respektieren Sie ihren Wunsch, bitte.«

Er studiert bereits ein, was er zu Sinyor Nahum sagen wird, dem Teilzeit-Rabbi, und zu Sinyor Grunebaum: »Es ist mir gelungen, eine Genehmigung von der Stadt zu bekommen. Man erweist uns den Respekt eines Bet Olam, ein Friedhof nur für uns allein.« Er würde es vorziehen, in Hasköy beerdigt zu werden, mit jeder Faser seines Körpers, doch er hat sich nach den Kosten und den Details einer Überführung erkundigt (in der Vergangenheit haben sich einige einflussreiche Persönlichkeiten dafür entschieden – Abraham Camondo hat zum Beispiel dafür gesorgt, dass seine sterblichen Überreste aus Frankreich zurückgebracht werden), aber für Alberto gibt kein Zurück, nicht zu diesem Zeitpunkt, und nicht nur er und die anderen Turkinos brauchen eine richtige Ruhestätte, sondern auch die ganzen anderen Juden: Russen, Ungarn, Bulgaren, Marokkaner, Polen. Er muss zugeben, es ist keine Kleinigkeit, dass er seiner bunt zusammengewürfelten Gemeinschaft einen eigenen Friedhof verschafft, ein Vermächtnis, das er, ein einfacher Schammes, ein schlurfender *viejiziko*, hinterlassen wird.

Die Parzelle befindet sich auf dem Gelände des Cementiri de Les Corts, hebt sich aber deutlich ab – fast wie tiefer liegender Garten, nicht groß, aber ausreichend für etwa hundert Gräber, wenn man sie geschickt anordnet. Es ist ein Anfang. Sie werden eine Wasserquelle brauchen, ein kleines Waschbecken, eine Mauer. Eine Tür in der Mauer zur Straße. Die Stadt wird Gelder zur Verfügung stellen, ebenso die Familien der Verstorbenen. Auch das Joint Distribution Committee wird etwas beisteuern. Obwohl die Regeln es einem *kohen* verbieten, einen Friedhof zu betreten oder sich um Tote zu kümmern, die nicht zur Familie gehören (als kleiner Junge durfte Alberto nicht einmal unter die Bäume vor dem Friedhofszaun, weil sie den Gräbern auf der anderen Seite Schatten spendeten), kann man Ausnahmen machen, wenn es sonst niemanden gibt, der sich um die Beerdigung kümmert, was bei einigen Leute hier sicher der Fall sein wird.

Oh Herr, lass mich mein Ende wissen und was das Maß meiner Tage ist; damit ich erkenne, wie vergänglich ich bin. Der Boden ist fett, wie es sich für einen Ort gehört, der von Toten genährt wird. Vielleicht sind ein paar Sträucher erlaubt, und ein Obstbaum, falls genug Platz ist, um die Vögel anzuziehen. Bei seinem letzten Besuch auf dem Cementiri de Les Corts hat er einen Schwarm plappernder Papageien auf einer nahen Platane entdeckt, entflogene Haustiere vielleicht, oder möglicherweise sogar hier heimisch. Er begrüßt den Gedanken, dass ein Farbklecks in Form dieser klugen, bunten Vögel auf ihn oder das, was von ihm übrig ist, herabschaut. Der Aberglaube besagt, dass es besser ist, einen Friedhof *beit hahayim* zu nennen, Haus der Lebenden, als *beit kevarot,* Haus der Gräber. Also. Haus der Lebenden. Hier ein gelber Flügel, dort eine kobaltblaue Feder, der Überbiss eines Schnabels, und nachts werden sich die Vögel in den Zweigen zusammendrängen, alte Könige in Samtumhängen.

Fast könnte man sich auf den Tod freuen.

Er hat wohl nicht bemerkt, dass die Kamera lief und ihm folgte, als er in seinem Garten herumliegende Stöcke aufsammelt. Erst Monate später wird er in einem Saal mit hohen Decken im Kulturministerium von Barcelona die Vorführung des fertigen Stummfilms sehen. *Los judíos de patria española* ist ein befremdliches Werk, angefangen bei der Eröffnungsszene mit Giménez Caballero in Wollhose und mit Kamera auf einer Dachterrasse, bis zu dem fetten, bärtigen Rabbi auf einem Messingbett im Balkan, einem Mann, der einem Huhn die

Kehle durchschneidet, und einem anderen, der an einer Reihe sitzender Frauen vorbeigeht und ihre Zähne untersucht. Menschen laufen durch die verwinkelten Gassen der alten *Juderías* von Toledo, Córdoba und Sevilla – Letzterer ein Ort, an dem tatsächlich noch echte jüdische Mandelpastenmacher leben!

Dann sieht man Alberto (ein kleiner Tattergreis in Strickjacke; er sieht so alt aus, so klein) auf den Treppenstufen mit Josef und durch den Garten schlurfend, am Bildrand zerbrochene Töpfe, eine Pflanze in einer Urne, ein verrotteter Fensterladen. Die Hälfte der Zeit ist sein Kopf abgeschnitten, von einer Kamera, die er nicht beachtet. Früher hielt er sich für attraktiv und war bedacht auf sein Äußeres, und obwohl ihm vage bewusst ist, dass er sich gehen lässt, ist der Film eine unsanfte Mahnung – und für die ganze Welt zu sehen.

Dann füllen Rebecca und Elsa die Leinwand, sowie Josef und die kleinen Jungs. Alle bewegen sich, aber abgehackt, wie Marionetten in einem Theaterstück ohne Handlung. Und dann (ist das *alles*?) verlässt der Film die jüdische Familie aus Fleisch und Blut in Barcelona, um die »typisch sephardischen Eigenschaften« eines jungen Schriftstellers in Madrid zu kommentieren und danach mit diesem Politiker, jenem Diplomaten fortzufahren. Man könnte meinen, ganz Spanien habe sich der Sache verschrieben. Hier ist Señor Ángel Pulido, der tatsächlich – obwohl viele Jahre vergangen sind und der Film körnig ist, sodass es schwer zu sagen ist – der Mann sein könnte, den sie in der Botschaft in Büyükdere getroffen haben. »Unser Motto muss wieder lauten«, verkündet der letzte Untertitel, »Spanier, kehrt dorthin zurück, wo ihr einst gelebt habt!«

Als der Film nach vierzehn Minuten endet, hat Alberto Kopfschmerzen und einen trockenen Mund. Rebecca und Elsa wären zu gern auch zu der Vorführung gekommen, doch die

Einladung galt nur für zwei Personen, und Sultana liebt öffentliche Veranstaltungen. *Ich nehme eure Mutter mit.* Ein Rendezvous. Als sie das Haus für diesen seltenen Ausgehabend verließen, hatten Kinder und Enkel applaudiert, doch jetzt wünscht sich Alberto, er hätte eine Tochter an seiner Stelle geschickt. Nach höflichem Applaus strömen die Zuschauer in den Vorraum, und Alberto wird von Giménez Caballero vorgeführt. Sultana, in einem hellblauen Seidenkleid, das Rebecca genäht hat, plaudert locker mit den Ehefrauen, und es ist fast wie in alten Zeiten – Kellner mit Wein und Canapés, das Funkeln eines Kronleuchters, die Oberschicht –, nur fühlt er sich unangenehm fehl am Platz, wie eine Kuriosität im Naturhistorischen Museum in Konstantinopel, wo Anomalien wie ein zweiköpfiges Baby und eine Ziege mit sieben Beinen ausgestellt sind.

»Wir fühlen uns geehrt, heute Abend einige Juden in unserer Mitte zu haben, die in unserem kleinen Film mitgewirkt haben«, erklärt Giménez Caballero, der später Faschist wird und den man auf einen unverdächtigen diplomatischen Posten in Paraguay versetzt, nachdem er erfolglos versucht hat, den Führer zum Katholizismus zu bekehren und Spanien zu stärken, indem er Pilar Primo de Rivera mit Hitler verkuppelt.

Darf ich vorstellen, Señor Alberto Cohen, unser geschätzter hiesiger Rabbi, sagt Giménez Caballero jetzt, ohne erkennbare Ironie. Alberto erblickt seine Frau außer Hörweite am anderen Ende des Raumes, ihre Haltung würdevoll, ihr weißes Haar leuchtend, und selbst die Liebe, die er für sie empfindet, tut weh. Ein fülliger Herr mit Schnurrbart streckt die Hand aus: Rabbi Cohen, sehr erfreut, Sie kennenzulernen.

Encantado, señor.

Alberto könnte den Irrtum aufklären, oder es lassen.

Barcelona, 1934

15. Januar 1934
The Bronx, New York

Kerida Rebecca,

ich schreibe nur an dich, damit du in Ruhe über eine Idee nachdenken kannst, die Israel und ich dir ans Herz legen möchten. Auch nach vier Jahren hängt die Trauer über Rahelikas Tod noch wie eine dunkle Wolke über uns, und ich weiß, dir wird es nicht anders gehen. Noch schwerer ist es, ihre kleine Tochter Fanny Luna ohne Mutter aufwachsen zu sehen. Wie du dich vielleicht erinnerst, wurde sie zu früh geboren und hat gesundheitliche Probleme davongetragen, doch sie hat einen festen Charakter und ein gutes Herz. Ihr Vater Samuel

(Sam) Levy ist ihr größter Fan. Ich habe noch nie einen so hingebungsvollen Vater gesehen. Sam ist ein guter Mann, ehrlich und fleißig. Sie leben in Astoria, das ist ein New Yorker Stadtteil, nicht weit von der Bronx, wo wir wohnen. Sam hat einen Süßwaren- und Zeitungsladen, der besser läuft als die meisten anderen Dinge hier – die Leute haben vermutlich immer Bedarf an Nachrichten und Naschwerk, um diese zu versüßen! Sams Mutter (die auch Fanny heißt) kümmert sich um Luna, so nennen sie das kleine Mädchen, das sechs oder sieben sein muss. Das Kind ist makellos gekleidet, mit Schleifen im Haar, und wird abgöttisch geliebt.

Aber um zum Punkt zu kommen: Sam braucht eine Frau, und du brauchst einen Mann, und deine Söhne brauchen einen Vater, und Luna braucht eine Mutter. Durch die Heirat mit einem Bürger der Vereinigten Staaten, der Sam bereits ist, könnten wir dich nach Amerika holen. Unsere Bemühungen, die ganze Familie auf einmal herzubringen, führen zu nichts. Alle paar Monate gehen wir zum türkischen Konsulat, und wir haben es auch beim Spanischen versucht, aber man weist uns ab. Sie lassen keine Türken herein, und wie du weißt, sind sogar deine Söhne offiziell türkische Juden. Seit wir mitbekommen, was in Europa passiert, fragen wir uns, wie wir euch da rausholen können. Israel verfolgt die Nachrichten genau und sagt, selbst wenn Spanien im Moment noch sicher ist, gibt es im Volk Unruhen und verschiedene Lager, ganz zu schweigen davon, was in Deutschland geschieht, vor allem den Juden. Ich weiß nicht, was du gesehen hast, Rebecca, aber er hat mir einen Artikel über ein spanisches Plakat gezeigt, auf dem die Juden in einem Atemzug mit Bolschewiken und Freimaurern als dunkle Macht bezeichnet werden. Kurz gesagt, es scheint, als würde sich das Blatt wenden, und zwar gegen uns.

Folgendes haben wir uns überlegt: Wenn du Sam Levy nach einer Begegnung gutheißt, heiratest du ihn, gewinnst einen Ehemann und einen Vater für deine Söhne – und wirst Luna eine Mutter, was nach meinem Empfinden Likas größter Wunsch gewesen wäre. Ihr würdet in Kuba heiraten, sodass du als Sams Frau nach Amerika einreisen kannst. Sam hat sogar einen Cousin in Havanna, der die Trauung durchführen kann, und ich sage dir, welche Sehenswürdigkeiten du sehen musst. Wenn du erst mal in Amerika lebst, haben wir bessere Argumente, den Rest der Familie nachzuholen.

Solltest du diesen Vorschlag in Erwägung ziehen, schicke mir ein aktuelles Foto von dir und den Jungs. Ich lege dir eins von Sam bei, damit du dir ein Bild machen kannst. Ich denke, du wirst mir recht geben, dass er ein gut und weise aussehender Mann ist, trotz seines jungen Alters. In Wirklichkeit ist er nicht so dunkelhäutig, wie er auf dem Foto aussieht, und er spricht gut Englisch und wirkt recht amerikanisch. Er weiß von unserem kleinen Komplott und ist aufgrund deiner Verbindung mit Lika, seiner Freundschaft zu Israel und mir und seiner unsterblichen Liebe zu seiner kleinen Tochter offen dafür. Er sagt, dass er dir in unserer Heimat (als Likas Cousin) sogar einige Male begegnet ist – erinnerst du dich? Du musst einen guten Eindruck hinterlassen haben, du warst immer das hübscheste Mädchen im Raum. Wenn dieser Plan für dich nicht infrage kommt, respektiere ich deine Entscheidung natürlich, obwohl ich mir Sorgen mache, dass du die Lage falsch einschätzt. Israel ist sehr gut in so was, weshalb er uns auch so früh aus der Türkei rausgeholt hat, was ich keine Sekunde bereue, obwohl ich es sehr bedaure, dass unsere Familie in alle Winde verstreut ist.

Shalom, *tu hermana* Corinne

Als sie an einem für Barcelona kühlen Morgen Ende Januar dabei ist, die Wohnung zu verlassen, findet Rebecca den Brief mit der Schriftseite nach unten unter dem Briefschlitz auf dem Boden. Auf dem Weg zur Arbeit – sie hat jetzt ihr eigenes Atelier und beschäftigt fünf Mädchen – fischt sie eine Häkelnadel aus ihrer Handtasche und benutzt sie, um den Umschlag aufzuschlitzen, dann bleibt sie mitten auf dem Bürgersteig stehen, um den Brief zu überfliegen und blinzelnd das Foto zu betrachten, während die Menschen an ihr vorbeiströmen. Rahelikas Mann? Den soll sie *heiraten*? Hätte ihre Schwester ihr ein Bild von Clark Gable als Heiratskandidat geschickt, hätte sie nicht entgeisterter sein können. Auf dem Papier sieht das Wort *marido* fremd aus, als bedürfe es einer Übersetzung, obwohl es in Corinnes Handschrift geschrieben ist. Rebecca ist so aufgeregt, dass ihr die Häkelnadel aus der Hand fällt und wie ein silberner Pfeil auf die Straße fliegt, wo ein Fahrrad drüberfährt, sicher ein schlechtes Omen.

Die Nachricht von Likas Tod bei der Geburt vier Jahre zuvor hatte sie ebenfalls durch einen Brief von Corinne erreicht. Ihr war es damals ganz und gar unwirklich vorgekommen, dass ihre Freundin gestorben sein soll, und die räumliche Entfernung hatte dieses Gefühl noch verstärkt. Ihre Trauer war trotz allen Schmerzes seltsam gedämpft gewesen, was es ihr leichter machte, sie zu ignorieren. Zu diesem Zeitpunkt hatten sie und Lika sich schon jahrelang nicht mehr gesehen. Anfangs schrieben sie sich noch regelmäßig Briefe, doch nachdem Lika ihr erstes Kind, einen Jungen, verloren hatte, blieben Rebeccas Briefe meist unbeantwortet, bis die Korrespondenz langsam und qualvoll im Sande verlief. In den Jahren vor dem Tod ihrer Freundin erfuhr sie Neuigkeiten von Lika für gewöhnlich nur über Corinne, die ihren Platz als Freundin eingenommen zu haben schien. Da Likas Baby, ein kleines Mädchen, die Geburt ebenfalls nicht überlebte, hinterließ die Freundin nur das mittlere Kind: Samuel Levys kleine Tochter Luna.

Sie liest den Brief zu Ende, steckt ihn zusammen mit der Fotografie zurück in den Umschlag und diesen in ihre Manteltasche, aus der sie ihn am liebsten sofort wieder herausholen würde. *Solltest du diesen Vorschlag in Erwägung ziehen.* Sie geht weiter und sieht aus wie … was? Eine Frau. Eine Spanierin. Eine Frau auf dem Weg zur Arbeit oder (denn sie legt Wert darauf, sich wie eine Dame zu kleiden, die es nicht nötig hat zu arbeiten) auf dem Weg zu einer Verabredung im Museum. Ihre Angestellten kommen um neun, und sie hat als Einzige einen Schlüssel, deshalb sollte sie nicht trödeln; doch während sie ein paar Blocks von ihrem Atelier entfernt darauf wartet, die Straße zu überqueren, kann sie der Versuchung nicht widerstehen und fischt den Brief hervor. Der Mann auf dem Foto ist kein Filmstar, sein Kinn ein bisschen schwach, die Kieferpartie weich, doch er ist einigermaßen attraktiv, wirkt nachdenklich und gut gekleidet. Armer Kerl, denkt sie, allein zurückgelassen mit einem mutterlosen Mädchen. Sein Gesichtsausdruck ist unergründlich, doch alles auf dem Bild – Haare, Schultern, Ohren, selbst die Strichrichtung seines Anzugs – scheint sich leicht nach hinten zu neigen, als wäre er durch unsichtbare Fäden an die Vergangenheit gekettet.

Im Atelier hängt sie ihren Mantel an ihrem Platz auf, dem mit der schönsten Maschine, und steckt den Umschlag in ihre Schürzentasche. Im Laufe des Tages wandert er rein und raus, ähnlich dem Rhythmus der Nähmaschinen. Sie beaufsichtigt ihre Arbeiterinnen, nimmt Bestellungen entgegen, schmeichelt einer fetten alten Señora, die ein Abendkleid aus grünem Brokat möchte, damit, was für einen samtweichen, jungen

Hals sie doch habe. (Lügt keiner Kundin plump ins Gesicht, sagt sie ihren Mädchen. Lasst euch einfach etwas Nettes einfallen.) In ihrer Mittagspause liest sie den Brief erneut, und dann noch einmal, nachdem die Mädchen nach Hause gegangen sind.

Als sie abschließt, sieht sie allmählich den großen Zusammenhang. (Doch was wissen Corinne und Israel schon – von so weit weg?) Sie wollen, dass sie nach Amerika kommt, aber ohne den Rest der Familie. *Das Blatt scheint sich zu wenden, und zwar gegen uns.* Es ist wahr, es hat in der Stadt einige Zwischenfälle gegeben – im Dezember ein Bombenanschlag, bei dem Menschen verletzt wurden, Streiks und Straßenunruhen. Der Vermieter ihres Ateliers hat kürzlich Gitter vor den Fenstern und Türen im Erdgeschoss angebracht, aus Angst vor nächtlichen Plünderungen, und die Ladenmädchen erzählen regelmäßig von ihren Familien, die sich über Politik in die Haare bekommen, und streiten manchmal sogar untereinander. Rebecca hat es bisher lediglich vermieden, nach Einbruch der Dunkelheit auf der Straße zu sein, und hätte nicht erwartet, dass irgendetwas davon ihre Familie betrifft, solange sie unter sich bleiben. Als sie jetzt das Gitter herunterlässt und abschließt, steigt jedoch Angst in ihr auf. Sie sieht sich um, doch da ist nichts (eine Katze läuft den Bürgersteig entlang, eine Frau hält ein Kind an der Hand). War es naiv, den Kopf einzuziehen, nicht die Zeitung zu lesen? Hat der Pessimismus ihres Vaters – es nervt sie, dass er alles überschattet – sie dazu gebracht, Scheuklappen aufzusetzen?

Als sie in der Dämmerung nach Hause kommt, kann sie die Worte ihrer Schwester fast auswendig, und es fühlt sich an, als wären seit dem Morgen Tage, ja Wochen vergangen, sodass es ihr gar nicht in den Sinn kommt, ihren Eltern den Inhalt des

Briefs erst mal vorzuenthalten. Sie verkündet die Neuigkeiten gleich in der Küche – ihr werdet nicht glauben, was ich für einen Brief von Corinne bekommen habe! –, noch bevor sie ihre Söhne begrüßt, die durchs Fenster beim Spielen im Garten zu sehen sind.

»Ich bin froh, dass sie dir endlich geschrieben hat«, platzt Sultana heraus, dann schlägt sie die Hand vor den Mund.

»Was, Mama? Du wusstest davon?«, fragt Rebecca ungläubig. »Warum tut sie dann so, als würde sie mich zuerst fragen? Sie sagt, sie schreibt nur an mich. Sie *lügt*!«

»Lügen ist ein starkes Wort«, sagt Sultana. »Vielleicht wollte sie dir Zeit geben, in Ruhe darüber nachzudenken, bevor du mit uns darüber sprichst.«

»Aber sie hat euch hinter meinem Rücken geschrieben! Warum hat sie das getan? Warum habt ihr nichts gesagt? Ich bin doch keine Schachfigur, die man nach Belieben bewegt.«

»Niemand denkt das.« Ihr Vater spricht in sein Weinglas.

»Aber ihr wusstet davon? Ihr wolltet, dass sie mich das fragt? Ist es das, was ihr wollt? Mich wegschicken?« Sie versucht, wütend zu klingen, aber der Schmerz bricht durch. »Mich loswerden?«

Ihr Vater sieht sie mit wässrigen Augen an. »Sag so etwas nicht. Wir wollen, dass wir alle zusammen sind. Aber wir wollen auch, dass unsere Kinder eine Zukunft haben und dass unsere Enkelkinder sicher aufwachsen und sich nicht schämen müssen.«

Rebecca umrundet den Küchentisch, stampft über die Fliesen, obwohl ihr die Füße von der Arbeit wehtun. Draußen in der Dämmerung schieben ihre Söhne einander abwechselnd in der Schubkarre über den Gartenweg, ausgelassen lachend in ihren blauen Cabanjacken, die sie selbst entworfen und eine ihrer Arbeiterinnen genäht hat, und den roten Mützen, die ihre Mutter gestrickt hat.

»Seht sie an.« Sie zeigt zum Fenster. »Seht hin. Das sind glückliche Kinder. Sie werden geliebt. Vielleicht ist ihr Leben nicht perfekt, aber wessen Leben ist das schon?«

»Es könnte schlimmer sein«, räumt ihr Vater ein. »Aber genau das bereitet uns Sorge – wer weiß, wo alles hinsteuert.«

»Was meinst du? Was geht vor? Weißt du etwas, Papa? Wird es Krieg geben?«

Er zuckt die Schultern. »Ich kenne mich hier nicht aus. Ich versuche, auf dem Laufenden zu bleiben, aber es ist nicht mein Land. Doch ich weiß, dass es kein Ort für deine Kinder ist. Sie wissen nicht, wer sie sind, sie müssen sich verstecken. Sie gehen nicht zur Schule. David ist sieben und kann noch immer kein Wort lesen. Willst du, dass deine Jungen zu Analphabeten mit Hilfsjobs heranwachsen wie …«

»Alberto«, schneidet Sultana ihm das Wort ab. »*Doucement.* Sie gibt ihr Bestes für sie, sie arbeitet so hart …«

»Ich finde eine Schule für sie«, sagt Rebecca.

Im Herbst hatte sie versucht, David auf eine öffentliche Schule im Viertel zu schicken, doch der Schulleiter machte Schwierigkeiten, weil er keine Taufurkunde hatte, und als die Schule sich bereit erklärte, eine Ausnahme zu machen, musste Rebecca mitansehen, wie verstört ihr Sohn von den strengen Regeln war und dem nackten, blutüberströmten, toten Jesus am Kreuz, mit nichts als einem Tuch um die Hüften. Wenn die Kinder etwas ausgefressen hatten, wurden sie gezwungen, vor der Statue niederzuknien und um Vergebung zu bitten, ein Schicksal, das David ereilte, als er wenige Wochen nach Schulbeginn Reißaus nahm, um nach Hause zu laufen. Danach beschloss Rebecca, dass ihr Vater ihn zu Hause unterrichten sollte, doch der Junge war zappelig und leicht beleidigt, und Alberto verlor schnell die Geduld; ihre Mutter hatte zu viel zu tun, um die Rolle zu übernehmen.

»Es muss doch eine bessere Schule für sie geben«, sagt sie. »Mich stört es nicht, wenn sie katholisch ist, solange es dort freundlich zugeht. Ihr wisst, wie sehr ich die Sion geliebt habe. Ich kann auch Schulgeld zahlen, wenn es nicht zu viel ist, oder ihnen Stipendien besorgen. Gleich morgen fange ich an zu suchen. Ich frage meine Kundinnen.«

»Es geht nicht nur um die Schule«, sagt ihr Vater. »Das hier ist kein guter Ort für uns, und das Land ist nicht sicher. Für Menschen wie uns gibt es in Amerika weniger Gespenster.«

»Warum hast du uns dann hergebracht?«, fragt Rebecca aufgebracht. »Ich habe New York vorgeschlagen – da wäre ich sofort hingegangen und mit Rahelika und Corinne zusammen gewesen. Ich wollte nie hierher, aber ich lasse mich nicht zwingen, zu gehen oder … oder ohne euch zu gehen. Ich rufe meine Söhne jetzt zum Abendessen, und dann werde ich sie baden. Versuch *nicht*, mir zu helfen, Mama. Ich will Zeit mit meinen Kindern.«

Als sie den Stuhl zurückschiebt, flüstert ihre Mutter ihrem Vater etwas ins Ohr, und er hebt die Hand wie ein Schuljunge, der darauf wartet, dass er drankommt.

»*Ke?*«, fragt Rebecca.

»Die Sache ist die …« Er räuspert sich. »*Ich* habe Israel und Corinne geschrieben. Ich bin es gewesen, der das alles ins Rollen gebracht hat, um die Möglichkeiten auszuloten. Sie können nicht uns alle holen, jedenfalls nicht im Moment, aber ich dachte, vielleicht dich und die Kinder, falls du einen Amerikaner heiratest, und dann wären wir in einer besseren Position. Corinne hatte dann die Idee mit Samuel Levy. Wir wünschen uns für dich, dass du wieder heiratest, Rebecca, dass du nicht mehr so hart arbeiten musst. Dass du einen Freund hast, einen Lebensgefährten. Du weißt, ich hatte auch eine schwierige erste Ehe, doch dann schickte Gott mir deine Mutter, der größte Segen meines Lebens.«

Rebecca geht zum Schrank und nimmt drei Schüsseln, drei Gläser, drei Löffel für sich und ihre Söhne, als wäre ihre Familie plötzlich geschrumpft. Dann stellt sie eine Schüssel zurück – allein bei dem Gedanken an Essen dreht sich ihr der Magen um – und wendet sich zum Fenster, wo die Jungen vorbeiflitzen wie ein blau-roter Blitz. Ein Freund, ein Lebensgefährte. Schwer vorstellbar in ihrer jetzigen Situation, obwohl der Wunsch ihres Vaters sie rührt – dass er es sich für sie wünscht, dass er es wahrnimmt. Sie ist keine Nörglerin, dafür ist sie zu stolz, doch sie trägt eine leise klirrende tägliche Einsamkeit mit sich herum, als hätte sie eine Handvoll kleiner Steine in der Tasche.

»Wie soll das gehen?«, sagt sie und sinkt, weil sie nicht anders kann, ihrer Mutter in die Arme. »Eine so weite Reise mit den Kindern, und was, wenn er kein guter Mensch ist oder tot umfällt, bevor ich da bin? Das stehe ich nicht noch mal durch, ich schwöre, ich würde mich umbr…«

»*Ojo malo,* hör auf damit, möge El Dyo dich beschützen.« Ihre Mutter tätschelt ihr den Rücken. »Es wäre Schritt für Schritt. Du würdest die Jungs bei uns lassen, nur für einige Wochen, und sehen, wie er ist. Wenn er dir aus irgendeinem Grund nicht gefällt – egal weshalb –, kehrst du wieder um. *Adyo,* das war's.«

»Sie hierlassen? Warum sollte ich das tun?«

»Um zu sehen, wie er ist. Um dich zu vergewissern, dass es funktioniert.«

»Aber ich könnte es mir anders überlegen?«

»Ja«, sagt ihre Mutter mit fester Stimme. »Das kannst du. Das würdest du ihm deutlich machen. Aber ich habe ein gutes Gefühl bei ihm. Und du wärst bei deiner Schwester, sie wird dir dabei helfen, dich einzuleben.«

»Und dann würdest du mit den Jungs nachkommen? Sie können unmöglich alleine reisen.«

Bevor ihre Mutter antworten kann, geht die Tür auf, und ihre Söhne stürmen herein, hungrig und plappernd, verdreckt und zankend, und es gibt Hühnersuppe. Brot und Olivenöl wird gereicht, Wein für die Erwachsenen und Apfelsaft für die Jungs, und Marko kommt auf einen Happen vorbei und hat zum Nachtisch Honigkuchen dabei.

Nach dem Essen machen Rebecca und Sultana Wasser warm und baden die Kinder in der dampfenden verzinkten Blechwanne, während sie die Handtücher am Ofen vorwärmen, und als Berto und David sauber und trocken im Bett liegen, gießt Sultana heißes Wasser nach und gibt noch einen Lavendelzweig hinein. Dann zieht Alberto sich in sein Büro zurück, und Rebecca badet, während ihre Mutter daneben kniet und ihr etwas vorsingt – *durme durme ermoza ijika*, schlaf, schlaf, schöne kleine Tochter, *sin ansia i dolor*, ohne Sorge und Weh –, ihr die Haare wäscht und den Rücken einseift, und es fühlt sich an, als wäre es das erste oder das letzte Mal.

Havanna, 1934

Kuba ist ein Traum. Jenseits von Zeit und Raum, es sei denn, man lässt das Zimmer am Ende des Flurs im zweiten Stock des Hotel de Flor in Centro Habana gelten, mit seinen hellblauen Wänden, türkisen Vorhängen und dem Waschbecken in der Ecke, dessen Wasserhahn eine rostige Melodie klimpert. Das Doppelbett mit Moskitonetz ist aus dunklem Holz, die Tagesdecke aus hellgrünem Satin. Rebecca fällt hinein wie in die enge Koje auf der *SS Cristóbal Colón*, wo sie die letzten Wochen in einem wässrigen Winterschlaf zugebracht hat, während ihre Zimmergenossinnen, zwei pferdegesichtige spanische Schwestern, an Deck gingen oder in den Speisesaal oder hinter Vorhängen schliefen, die an einem Draht aufgehängt waren, auf Pritschen mit einem Kinderkissen und einer dünnen Decke: die Ausstattung der zweiten Klasse.

Sonst anspruchsvoll und schnell dabei, Verbesserungen zu

improvisieren, hatte Rebecca sich an der Unterbringung auf dem Schiff nicht gestört. Sonst gesellig, wechselte sie kaum ein Wort mit anderen Passagieren. Sonst hungrig, war ihr der Appetit vergangen, obwohl sie nicht seekrank war; sie war gesättigt, im Ruhezustand, voll. Ihr zweiunddreißigster Geburtstag verstrich auf dem Schiff, was ihr erst am Tag darauf auffiel. Zum ersten Mal seit Jahren gab es keine Arbeit, zu der sie musste, keine Kinder, denen sie den Mund abwischen oder gut zureden musste, die sie trösten oder maßregeln musste, keinen Vater, den sie beschwichtigen, keine Mutter, die sie mit Anekdoten unterhalten musste. Unter ihrem Kissen bewahrte sie ihre französische Bibel auf sowie ein Foto von sich und ihren Söhnen in weißen US-Matrosenanzügen, die sie ihnen genäht hatte – dasselbe Foto hatte sie Corinne für Samuel Levy geschickt: Schau, eine schöne Frau! Schau, ihre bezaubernden Söhne, schon jetzt patriotische Amerikaner! Sie trug eine *bulsika* – ein Amulett – von ihrer Mutter um den Hals (ihr Vater hatte ihr ein kleines Päckchen Rautesamen mitgegeben), sprach zweimal täglich das Schma und bat Gott, über ihre Kinder zu wachen, doch sie holte das Foto nicht oft hervor und verweilte nicht lange bei ihren Gebeten. Sie war müde; das war's. Der Ozean wiegte sie, *durme durme* (sie war ein Baby; das war's. Man konnte gleichzeitig Mutter und Baby sein). Manchmal, wenn sie allein in der Kabine lag, wanderten ihre Hände über ihren Körper, der sich dünner anfühlte und irgendwie lüstern, so losgelöst von den üblichen Verpflichtungen, als wäre es nicht ihr eigener.

Vom Schiff war sie an Land gegangen, von Traum zu Traum, um sich hier wiederzufinden, in Havanna, halb nackt in den Armen des Ehemannes ihrer besten Kindheitsfreundin. Was dazwischenlag – die Begrüßung, die Fahrt vom Hafen ins Hotel, die flüchtigen Blicke auf die Stadt (rosa Wände; schwarze, braune, weiße Haut; blaue Autos) –, war ein Bilderbuch, bunte Scherenschnitte. Im Taxi war Samuel Levy, der einen Tag zuvor mit dem Schiff aus New York gekommen war, so still, dass es fast unhöflich wirkte und Rebecca Konversation für zwei machen musste. Warst du schon mal in Kuba? *Sí*. Wann war das? Schon länger her. Hat es dir gefallen? Ein Nicken in Richtung des Strohhuts auf seinem Schoß.

War Lika jemals in Kuba, war sie versucht zu fragen, da ihre Freundin ihr wichtigster gemeinsamer Bezugspunkt war, doch schien das Thema tabu, und plötzlich empfand sie Scham, als ob Lika ihnen zusehen würde und sagen: Finger weg von meinem Mann! (Auch wenn Corinne überzeugt davon war, dass sie ihre Verbindung angesichts der Umstände begrüßen würde.)

»Ich mag die rosa Gebäude«, versuchte Rebecca es. Wieder ein Nicken. Konnte dieser Mann – der einen halben Kopf größer war als sie und wohlproportioniert, aber stocksteif und mit zurückweichendem Haaransatz (auf dem Foto, das Corinne nach Spanien geschickt hatte und das jetzt in ihrem Koffer war, hatte er deutlich mehr Haare gehabt) – nicht sprechen? Hatte man ihr schon wieder verdorbene Ware angedreht? Gut möglich, dass ich auf dem Absatz kehrtmache und direkt wieder zurückkomme, hatte sie zu ihren Eltern gesagt, bevor sie wie eine Entdeckerin in die Neue Welt aufbrach. In ihrer Handtasche und einem Beutel, der in ihr Kleid eingenäht war, hatte sie vom Verkauf ihres Stofflagers und sämtlicher Nähmaschinen (bis auf eine) genug Bargeld für die Rückfahrt nach Spanien. Samuel Levy hatte angeboten, ihre Fahrkarte von Spanien nach Kuba zu bezahlen, doch Rebecca hatte abgelehnt; sie will ihm nicht verpflichtet sein. Sie hatte gleich in ihrem ersten Brief an ihn ihre Bedingungen dargelegt: Ich sage nicht Ja, ich sage nicht Nein. Sei gewarnt, dass ich 1. nur zusammen mit meinen beiden Söhnen zu haben bin und 2. dich treffen muss, um mich zu entscheiden.

Das Taxi hatte vor dem Hotel de Flor gehalten, und sie waren aus der Hitze in die kühlere, schattige Eingangshalle des Hotels getreten, wo Samuel einen Schlüssel bekam und ein drahtiger braunhäutiger Gepäckträger in sauberer weißer Uniform ihr die Tasche abnahm – ihr Koffer und die Nähmaschine waren noch unterwegs – und sie durch einen Innenhof in den hinteren Teil des Hotels führte, eine steile Treppe hinauf, dann noch eine, und einen schmalen Flur entlang, ganz bis zum Ende, wo der Gepäckträger die Tasche gegen eine Münze tauschte und sich mit einer Verbeugung verabschiedete. Samuel Levy, der gesagt hatte, sie solle ihn Sam nennen (er sprach es amerikanisch aus, flach und nasal, *Sæm*), würde bei seinem Cousin wohnen, bis – *falls*, korrigierte er sich, bevor sie es tun würde – er und Rebecca heirateten. Er schob sie ins Zimmer, stellte ihre Tasche ab und zündete sich eine Zigarette an.

»Ich, ähm, lass dich erst mal in Ruhe ankommen«, hatte er gebrummt. »In einer Stunde bin ich zurück«, und sie hatte *bueno* gesagt, obwohl es ganz und gar nicht gut war, von einem unbekannten Mann in einem unbekannten Zimmer in einer unbekannten Stadt auf irgendeiner Insel am Ende der Welt allein gelassen zu werden.

Doch dann ging er nicht. Sie stellte sich rasch ans Fenster, als ihr die Tränen kamen, eine Demütigung. Sie war keine Heulsuse; sie war eine *mère de famille*, eine Geschäftsfrau, ein Mädchen aus angesehener Familie, das eine Privatschule besucht hatte. Ich gehe nach New York, um zu heiraten, hatte sie den Mädchen im Atelier im Februar verkündet, und obwohl die

Aufträge von Tag zu Tag weniger wurden und keine es sich leisten konnte, das Geschäft zu übernehmen, hatten sie geklatscht und sich für sie gefreut und Sam Levys Foto bewundert. *¡Un Americano! ¡Muy guapo!* Sie sah keinen Grund, ihnen gegenüber zu erwähnen, dass der Mann auf dem Foto in Wahrheit aus der Türkei stammte und Jude war (außer dem aschkenasischen Mädchen, das sie über die Synagoge kannte und das ihren Glauben verheimlichte, wussten ihre Näherinnen nicht, dass sie selbst Jüdin war) oder dass sie erst nach Kuba fuhr, das nicht dasselbe Prestige besaß wie New York.

Jetzt, zwei Möglichkeiten: entweder mit diesem unbeholfenen Mann weitermachen, dessen Akzent – soweit sie es nach seinen spärlichen Äußerungen beurteilen konnte – seine niedere Herkunft verriet, oder als gescheitert nach Barcelona zurückkehren, eine kleine zuckende Figur in einem Film, der rückwärtslief – die Treppe runter, ins Taxi, aufs Schiff, zurück, zurück, zurück zur Carrer de Provença. *Ich bin* (obwohl es das nicht war und nie sein würde) *in meinem Zuhause.*

Sam Levy stellte sich vor sie und sah ihr zum ersten Mal seit ihrer kurzen Bekanntschaft in die Augen. Seine waren so dunkelbraun, dass sie fast schwarz wirkten. Da verschob sich etwas, rastete ein, nur ganz kurz. So viel lag in seinem Blick: Anerkennung, Zurückhaltung, ein tiefsinniger, scharfer Verstand. Trauer – oder las sie zu viel hinein? Und noch etwas. Erregung, der unverwechselbare, betörende Moschus männlicher Begierde.

»Ich erinnere mich an dich.« Sam Levys Stimme klang heiser. »Von zu Hause.« Er lachte verlegen. »Du warst damals schön, und du bist es heute.«

»*Sin ojo*«, sagte Rebecca, nur halb im Scherz. Sie klappte ihren Kragen um, um ihm die *bonjuk*-Perle zu zeigen, und nachdem er seine Zigarette im Aschenbecher auf dem Beistelltisch ausgedrückt hatte, streckte er die Hand aus, um sie zu berühren.

»*Mashallah.* Glaubst du daran?«, fragte er.

Sie zuckte die Schultern, und sein Finger auf der Perle bewegte sich mit. »Nein. Ja und nein. Keine Ahnung.«

Sein Finger blieb, ein weiterer kam hinzu, dann lag seine ganze Hand auf ihrem Kragen.

»Warum ein Risiko eingehen?«, plapperte ihre Stimme weiter, obwohl ihr Puls sich beschleunigte und ihr Herz das Gespräch verlassen hatte. Besänftige mich, bereinige mich. Konnte er das Klappern der Hufe in ihrem Kopf hören? »Glaubst *du* daran?«, fragte sie.

»Nein. Nicht wirklich.«

Seine Stimme klang gedämpft, doch seine Hand sprach jetzt frei, wanderte vom Kragen zum Hals, fand ihr Gesicht, die Rundung ihres Kinns, ihre Wange, noch feucht von Tränen, ihre Stirn, und sie schloss die Augen und drehte den Kopf, um seine offene Handfläche zu schmecken, das Salz und die Seife, den Handballen, die Linien, aus denen eine Wahrsagerin ein langes oder kurzes Leben vorhersagen konnte, eine glückliche oder unglückliche Ehe. *Du wirst auf eine Reise gehen, einen Mann kennenlernen.* Er fühlte sich ganz und gar neu an und gleichzeitig zutiefst vertraut, und warum auch nicht? Lika, fast ihr Zwilling, hatte in ebendiesen Armen gelegen. Es dauerte nicht lange, bis sie sich küssten, sich dann streichelten und dabei Richtung Bett bewegten. Du hast angefangen, würde er später sagen. Nein, du hast angefangen – du hast meine Perle berührt. Du hast meine Hand gegessen. Ich habe sie geküsst. *Geleckt.* Ich war am Verhungern, würde sie lachend erwidern und so tun, als würde sie sich wegducken, damit er sie wieder an sich zog.

Ich war wochenlang auf einem Schiff gefangen. Ist dir nie in den Sinn gekommen, mir eine Mahlzeit anzubieten?

Jetzt liegen seine Hände an ihren Hüften, und er zieht sie zu sich nach unten. Seine Zunge erkundet ihr Ohr, vom Läppchen zu den inneren Windungen; als würde ein Feuer über ihr Fleisch züngeln, so heiß lodert es ihr durch den Körper, und sie sehnt sich nach mehr. Es ist immer noch Tag. Sie sind noch unverheiratet; sie hat noch nicht gebadet, nichts gegessen, ihre Beine wacklig von den Tagen auf See. Das Zimmer ist blau und grün, doch dort, wo sie hingehen, ist es rauchig rosa und dunkel: seine Achselhöhle mit dem gepuderten, leicht verschwitzten, säuerlich riechenden Haarbüschel, der Plüsch der inneren Wange, die uralte (oder neugeborene?) Erregung, wenn sie sich unter dem Moskitonetz aneinanderpressen, Bauch an Bauch, Zahn an Zahn. Während Luis' Oberkörper fast unbehaart gewesen war, hat Sam einen weichen Pelz auf Brust, Rücken und Armen, was Rebecca überraschend reizvoll findet, ein Dickicht, in dem sie sich verlieren kann. Sie lässt ihn nicht in sich eindringen, und er versucht es auch nicht – sie lassen ihre Unterwäsche an –, doch davon abgesehen begegnen sie sich ebenso unbefangen, wie sie vorher unbeholfen waren, und nichts ist unerwartet an seiner breiten Brust, der schmalen Hüfte und den stämmigen Beinen, an der Spanne seiner großen Hände um ihre Rippen, ihren ineinander verschlungenen Beinen, dem Gewicht seines Kopfes, nicht einmal an seinem Duft – Kaffee und Seife, Tabak und ein vielschichtiger Geruch, den sie später mit Sams Laden verbinden wird: trocken, nach Papier und unmöglichen Nachrichten in einer Sprache, die sie nie ganz beherrschen wird, und süß – Kaugummipapier, Zucker und Steinsalz, das Metall einer Eismaschine, so kalt, dass es wehtut.

Der Morgen dämmert schon, als sie ihre Körper entwirren. Rebecca zieht ihre Pantoffeln an, den teegefärbten Seidenmantel, den sie für ihre erste Aussteuer genäht hat, und geht ins Bad auf dem Flur, wo sie sich erleichtert und einen langen Augenblick auf der Toilette sitzen bleibt, während sie auf ihre Knie starrt, die neuerdings hervorstehen wie gesichtslose Puppen oder abgetrennte Gliedmaßen. Die Toilette befindet sich im selben Raum wie die Badewanne, und man betätigt die Spülung mit einem Hebel statt mit einer Kette. Ein schlichtes Holzkreuz hängt neben dem Spiegel, ein vertrauter Anblick (aber wer ist die vom Liebesspiel derangierte Frau? Wer ist das blinzelnde, ausgelaugte Mädchen mit den aufgesprungenen Lippen? Sie hat auf der Reise abgenommen und erkennt sich kaum wieder). Obwohl sie sich, soweit möglich, auf dem Schiff gewaschen hat, war sie bei der Ankunft alles andere als sauber und hätte baden (heiraten) sollen, bevor sie einen Mann berührte.

Jetzt, nachdem sie die Hände gewaschen, ein Gebet gesprochen und Lika und El Dyo um Vergebung gebeten hat, zieht sie sich aus und hockt sich in die Wanne, wo es einen Messingbehälter mit einem Stück Seife gibt, aber keinen Waschlappen oder Schwamm, und das Wasser wird zwar warm, aber nicht heiß. Dennoch steckt sie den Stöpsel in den Abfluss und beginnt sich zu waschen, während sie sich nach dem Sabbat-Reinigungsritual ihrer Kindheit sehnt, bei dem sie im Hamam auf dem Marmorstein, *göbek taşı*, lag, während ihre Mutter oder die Badefrau sie mit einem Schwamm von Kopf bis Fuß abschrubbte, bis sie wund, rosig und wie neu war.

Sie frühstücken draußen unter den Arkaden im Erdgeschoss des kleinen Hotels: *café con leche, tostada,* ein wackelnder Klecks rosa Gelee, klein geschnittene tropische Früchte. Und Speck, den Rebecca eilig mit einer Gabel auf ihre Untertasse schiebt. Sam Levy isst seinen.

»Du isst Schweinefleisch!«, ruft sie aus.

Er wirkt verdutzt, dann bekümmert. »Nicht zu Hause, aber manchmal am Arbeitsplatz – Hotels, der Club, in dem ich Garderobenjunge war. Ich hatte oft keine Wahl, ich bin nicht so streng, ich könnte strenger sein …«

»Aber du bist« – sie senkt die Stimme; in Spanien hat sie gelernt, das Wort nicht laut auszusprechen – »ganz Jude?«

Er lacht. »Natürlich.«

Ihr Speck kräuselt sich fettig glänzend auf der Untertasse, und sie schiebt ihm den Teller hin. »Du kannst meinen haben. Darauf kommt es jetzt auch nicht mehr an. Iss ihn auf.«

Ihre Stimme klingt härter als beabsichtigt, und er guckt sie verwirrt an. »Ich hätte ihn nicht essen sollen«, sagt er. »Ich muss nicht, es ist kein …«

»Glaubst du an Gott?«, unterbricht ihn Rebecca.

Er wirkt überrascht, dann nickt er.

»Aber nicht«, fragt sie weiter, »an *la Ley?*«

»In gewisser Hinsicht schon«, sagt er, und irgendetwas an seinem Tonfall – leicht belehrend und pedantisch – erinnert sie an ihren Vater. »Man könnte sagen, ich fühle mich in religiösen Fragen eher dem Geist als den Buchstaben des Gesetzes verbunden. Ich lese gern über die jüdische Geschichte, es gab viele weise Männer, aber ich habe nicht viel Zeit.«

»Esther war auch nicht dumm, oder Judith.«

»Natürlich, aber ich meine eher die Philosophen, wie Maimonides und Hillel.«

»Konnten sie Kamele tränken? Einen König überzeugen?«

Er sieht sie unverwandt an, fast amüsiert. Als er nicht antwortet, fragt sie weiter. »Gehst du in die Synagoge?«

»Wenn ich kann. An Feiertagen. Normalerweise muss ich samstags arbeiten. In New York haben die Zeitungsläden nur sonntagnachmittags geschlossen, am christlichen Sabbat.«

»Ist Lika hingegangen? Und dein kleines Mädchen?«

»Immer wenn wir konnten. Lika ist gern gegangen. Nur ein paar Straßen weiter gibt es eine Synagoge.«

»In Barcelona *wohnen* wir in der Synagoge«, sagt Rebecca. »Ich habe die Parochet und die Tefillin bestickt. Du solltest wissen, Sam Levy, dass es mir sehr wichtig ist, meine Kinder gemäß unserem Glauben zu erziehen, und ich werde nie ein Schwein, egal ob tot oder lebendig, in mein Haus lassen.«

Er nickt. »Das ist kein Problem.«

»Was?«

»Beides. Ich möchte für meine Tochter dasselbe.«

Danach haben sie sich nicht mehr viel zu sagen. Small Talk scheint nach der gemeinsamen Nacht zu trivial, der Rest ein zu weites Feld. Rebecca hat eine Reihe von Fragen, weiß aber nicht recht, wie sie damit rausrücken soll: Ah, was für ein schöner Morgen und bist du körperlich und geistig gesund und ist dein Geschäft so sicher, wie meine Schwester behauptet, und bist du ein ehrlicher Mann und wie krank ist deine kleine Tochter wirklich und was erwartest du von einer Frau und wirst du mich lieben und mich verlassen und wenn du mich ansiehst, siehst du dann Lika oder Likabeccabeccalika oder mich, und kannst du *tanzen*? Ihre nächtlichen Eskapaden waren vorschnell, das ist das eine, aber Sam Levy verwirrt sie auch, denn obwohl verschiedene Anhaltspunkte – Schnitt und Stoff seines Anzugs von der Stange, Auffälligkeiten in seiner

Sprache – seine niedere Herkunft verraten, wirkt er gebildet und verströmt eine gewisse Autorität, die sie fast ein bisschen einschüchtert. Er ist nur zwei Jahre älter als sie, wirkt jedoch wesentlich älter, oder ist sie, ohne es zu merken, in die Zeit zurückgereist, bevor sie Mutter wurde, Geschäftsfrau, Ehegattin? Sie hat ihr ganzes Frühstück aufgegessen, bis auf den Speck, und ist immer noch hungrig. Wäre sie allein, wäre sie versucht, den Speck auch noch zu essen, denn in Wahrheit isst sie selbst gelegentlich Schweinefleisch, weil es schlecht fürs Geschäft gewesen wäre, wenn Marie Blanco Camayor bei einer Anprobe im Haus einer reichen spanischen Dame einen Vorspeisenteller abgelehnt hätte.

»Wie ist deine kleine Tochter so?«, fragt Rebecca.

Sams Miene hellt sich auf. »Luna? Sie ist das Licht meines Lebens. Ich bete sie an. Wir alle.«

»Meine Schwester hat mir erzählt, dass sie gesundheitliche Problem hat?«

Er nickt.

»Welcher Art – wenn ich fragen darf?«

»Sie hat … es ist hauptsächlich Muskelschwäche, aufgrund der komplizierten Geburt. Wir haben einen Facharzt für sie gefunden, und meine Mutter hilft mir.«

»Meine Mutter hilft mir auch. Sie ist für meine Söhne wie eine zweite Mutter. Bisher bin ich« – Rebecca fasst sich an die Perle – »mit gesunden Kindern gesegnet.«

»Und wie sind deine Söhne so?«

»Oh, es sind gute Jungen. Sie bringen mich zum Lachen. Berto, der Jüngere, ist ein Clown. Sie kommen nicht oft genug raus, aber ich muss arbeiten, und meine Eltern sind nicht mehr jung, vor allem mein Vater. Manchmal geht mein Bruder Josef mit ihnen Schiffe anschauen. Vor allem David liebt Schiffe.«

»Gehen sie zur Schule?«

»Noch nicht. Mit David haben wir es versucht, aber es hat nicht geklappt.« Sie verschweigt, dass ihr ältester Sohn sich schwer konzentrieren kann, ein empfindsames Gemüt hat und Stimmungsschwankungen, die sie zu sehr an Luis erinnern. »Die Schule war natürlich eine katholische, wie alle dort, aber kein Vergleich zu meiner freundlichen katholischen Schule damals. Er hat es keinen Monat dort ausgehalten. Er hatte Angst.«

»In Amerika«, sagt Sam, »gibt es öffentliche Schulen, die für alle zugänglich sind, unabhängig von Einkommen oder Religion.«

»Das hat Corinne erzählt. Ihre Töchter sind auf einer.«

Dann verfallen sie in Schweigen. Rebecca, über der eine Welle der Erschöpfung zusammenschlägt, ist versucht, den Kopf auf den Tisch zu legen. Sam hat sich abgewandt, um eine Gruppe alter Männer zu beobachten, die an der Kreuzung stehen bleiben und sich angeregt unterhalten.

»Wer sind die?«, fragt sie schläfrig und rutscht auf ihrem Stuhl nach unten.

»*Ke?*«

»Diese Männer, die du beobachtest.«

»Oh. Ich weiß nicht, keine Ahnung.«

Er wendet sich ihr wieder zu und zündet sich noch eine Zigarette an (er raucht in verblüffender Geschwindigkeit). Bei Tageslicht hat Sam Levy seelenvolle Augen mit schweren Lidern und eine olivfarbene Haut, die sie an die Türken auf dem Großen Basar erinnern, auf den ihr Vater sie gern mitnahm. Manchmal trat ein Junge aus dem Schatten, um eine Schnur um eine Schachtel zu binden oder Apfeltee anzubieten, und ihr Vater gab ihm vielleicht eine Münze, doch Rebecca durfte nicht mit Jungen reden; gegen muslimische oder christliche Mädchen war nichts einzuwenden (sie ging mit ihnen zur Schule, zählte sie zu ihren Freundinnen), gegen muslimische oder christliche Jungen aber sehr wohl – nicht dass man sich noch in einen verliebte; sei höflich, aber mehr nicht. Dasselbe galt für jüdische Jungen aus Familien, die übertrieben religiös waren oder engstirnig oder nicht religiös genug oder von Palästina besessen oder kein Französisch konnten, die auf Armenschulen oder gar nicht zur Schule gingen. Man hatte nur ein Leben; es stand nie zur Debatte. Sie sieht Sam Levy vor sich, nicht, wie er war, als er damals mit ihr und Lika Tretboot gefahren ist, sondern als kleinen Jungen mit verschrammten Knien und kurzen Haaren, wie er durch die steilen Gassen läuft, die Steinstufen hinaufklettert, auf der Straße spielt (oder war er, als Ältester in der Familie, zu ernst dafür?), nicht in ihrem Viertel, sondern auf der anderen Seite vom Goldenen Horn in Ortaköy, wo ihre Mutter den Armen Essen brachte.

Sie gähnt.

»Du bist müde«, sagt Sam zärtlich. »Willst du nach oben gehen, um dich auszuruhen?«

Da macht etwas Klick in Rebecca, wie eine Spule, die in die Nähmaschine einrastet. Schon jetzt sorgt er für sie. Könnte sie diesen Mann lieben? Sich ein Leben mit ihm aufbauen? Er entspricht nicht dem, was sie sich früher ausgemalt hat, aber früher ist vorbei. Was unsere zukünftigen Ehemänner wohl gerade tun?, fragten sie und Lika sich immer, als sie zehn oder elf waren, und Rebecca stellte sich ein Haus wie ihres vor, einen Jungen wie ihre Brüder, nur hübscher. Ihnen war nie in den Sinn gekommen, dass die Zukunft denselben Mann für sie beide bereithalten könnte. Der Plan war, Tür an Tür zu wohnen. Aber denselben Mann zu heiraten würde bedeuten, dass eine von ihnen – ein Gedanke, so seltsam und düster, dass er undenkbar war – sterben müsste.

»Wenn ich mich jetzt hinlege, bin ich die ganze Nacht wach«, erklärt sie Sam. »Ich hätte lieber noch einen Kaffee. Und ich habe noch ein paar Fragen, wenn es dir nichts ausmacht. Ich kann dir auch Fragen zu mir beantworten. Bist du, verzeih, dass ich frage, aber ich … es ist nur so, dass ich es bei meinem ersten Mann nicht wusste. Würdest du sagen, dass du gesund bist?«

Sam winkt dem Kellner. »Sehr. Ich war seit Jahren nicht mehr erkältet.«

»Geht mir genauso. Würdest du sagen, dass du ehrlich bist?«

Er nickt. »In allem, vom Geschäftlichen bis zum Privaten. Ich dulde keine Lügner. Von allen Tugenden bedeutet mir diese wahrscheinlich am meisten. Und du?«

»Ja.« Rebecca ist jetzt hellwach. »Meistens«, fügt sie hinzu. »Eine kleine Notlüge hier und dort, wenn ich« – sie kichert – »ehrlich sein soll. Um die Wahrheit zu sagen« – sie senkt die Stimme, obwohl niemand zuhört –, »ich habe auch schon mal Schweinefleisch gegessen, in Spanien, als eine wichtige Kundin es mir angeboten hat. Aber bei uns zu Hause gibt es kein Schweinefleisch. No *ooooht dooohgs*.«

Er sieht sie irritiert an.

»La salchika«, sagt sie. *»Ooht doohgs*, oder? Ich habe es in einer Zeitschrift gesehen. Das englische Wort für Wurst aus Schweinefleisch?«

Sie grunzt wie ein Schwein – so wie in dem Bauernhoflied, das sie immer mit ihren Söhnen singt –, und Sam sagt: *»Hot dogs!«*, und lacht tief aus dem Bauch, voller und weniger zurückhaltend, als man es von einem Mann am Tisch erwarten würde, obwohl es zu dem passt, was sie im Bett über ihn erfahren hat. Sie stimmt ein, ihr Lachen so ansteckend, dass das Paar am Nebentisch auch anfängt, obwohl der alte Mann ein paar Tische weiter ihnen einen strengen Blick zuwirft, bevor er sich wieder seiner Zeitung zuwendet.

Schließlich beruhigt Sam sich und wischt sich die Augen. »Oh, es tut gut, so zu lachen.«

Er greift nach ihrer Hand, die mit der Handfläche nach unten auf dem Tisch liegt, und dreht sie um, Handfläche liegt jetzt an Handfläche, dann sind die Finger verschränkt. Sie atmet tief aus, schwindelig von einer gewaltigen Mischung aus Erschöpfung und Lust. Lass uns nach oben gehen, möchte sie ihm vorschlagen, doch eins nach dem anderen. Versteht er denn nicht, dass er ihr einen Antrag machen muss, ansprechen, warum sie hier sind, die unausgesprochene, allgegenwärtige Agenda dieser Reise? Sie versucht mit der Kraft ihrer Gedanken, einen richtigen Heiratsantrag herbeizubeschwören – *Rebecca, willst du mich heiraten?* –, und sie wird Ja sagen, und die anderen Gäste werden klatschen, und sie wird erröten, eine junge, jungfräuliche Braut, eine Touristin, durchgebrannt für Flitterwochen vor tropischer Kulisse, und eine Geschichte für die Ewigkeit haben: *Er hat mir den Heiratsantrag in Kuba gemacht, beim Frühstück im Hotel de Flor.*

Sie seufzt zu laut, ein gereizter, ungehaltener Ton.

Sam lässt ihre Hand los und lehnt sich zurück. »Ich bringe dich nach oben, damit du dich ausruhen kannst. Oder wir könnten uns die Sehenswürdigkeiten ansehen, wenn du nicht zu müde bist.«

Unter den Arkaden ist die Luft frisch, morgendlich kühl. Vögel landen auf den Topfpflanzen, und Rufe gehen hin und her. Eine magere, dreifarbige Straßenkatze, wie die von zu Hause, schlängelt sich über die Terrasse, streicht mit dem Schwanz um Rebeccas nackte Beine und verursacht eine Gänsehaut. Ist es ein gutes oder ein schlechtes Zeichen? Aus der Ferne hört sie ihre Mutter: *Si no hay demandador, no hay respondedor.*

»Wenn du es tun willst«, platzt Rebecca heraus, »ich meine, wenn du mich in Ordnung findest, dann bring es einfach hinter dich.«

»Willst du damit sagen …« Sam Levy scheint in Panik zu geraten.

»Ich bin eine Dame. Ich sage überhaupt nichts.«

Er lächelt nicht. Er schaut in seinen Schoß, dann greift er nach ihrer Hand. Sind das Tränen in seinen Augen? Sind das Tränen in ihren eigenen? »Möchtest du«, sagt er heiser.

»Sag meinen Namen, sag *Rebecca*, sonst bringt es Unglück.«

Sie umklammert seine Hand. Sie hat das Gefühl zu fallen, in eine ungewisse Zukunft, aus einer durchlöcherten Vergangenheit.

Sam Levy spricht zu den Resten seines Toasts. *(Er ging auf die Knie, mit einer Rose in der Hand. Alle klatschten, dann wurde Champagner gebracht!)* »Rebecca, willst du mich heiraten?«

Kuba ist ein Traum. Jetzt, als Mann und Frau, essen und vögeln sie, trinken und tanzen (er weiß nicht, wie, aber er lernt schnell, und Rebecca bringt es ihm bei), rauchen Zigaretten. In Spanien hat Rebecca nur gelegentlich mit den Mädchen aus ihrem Atelier geraucht, doch jetzt stellt sie fest, dass es ihr gefällt, eine Zigarette in den Mund zu stecken und sich zu Sam zu beugen, damit er ihr Feuer gibt, ebenso wie sie es liebt, gemeinsam Rauchringe in die Luft zu blasen und zuzusehen, wie sie aufsteigen, verschmelzen, verschwinden. Sie nehmen die Straßenbahn nach Habana Vieja, um Arm in Arm über die Uferpromenade Malecón zu schlendern, wo ihnen ein Chinese Kokoseis in Muschelschalen verkauft, das mit kleinen Papierschirmchen dekoriert ist.

Rebecca bewahrt zwei Schirmchen für ihre Söhne auf und kauft an einem Stand für Sams Tochter und Corinnes zwei Mädchen Topsy-Turvy-Stoffpuppen mit je zwei Köpfen, einer braun, der andere weiß, wobei jeweils einer der Köpfe von einem langen Rock verdeckt wird. »Lou-Lou Mary-Lou, Lou-Lou Mary-Lou!«, singt die Verkäuferin und lässt den Rock der Musterpuppe mal auf die eine, mal auf die andere Seite fallen. Während Rebecca nach dem Geldbeutel unter ihrem Kleid kramt, zückt Sam seine Börse, doch Rebecca findet den Preis überteuert und versucht zu handeln. Sam protestiert und zahlt den verlangten Preis; hinterher erklärt er Rebecca, dass die Verkäuferin das Geld braucht, weil Menschen wie sie Bürger zweiter Klasse sind und Kuba – mit seinen Herrenhäusern, Plantagen und Grandhotels – auf dem Rücken von Sklaven und Zuckerrohr erbaut wurde. Aber das ist ihr Geschäft, sagt Rebecca. Sie erwartet, dass wir handeln, so läuft das. Sam wirkt streng, fast zornig. Für einen kurzen Moment hat sie fast ein bisschen Angst vor ihm, obwohl sie denkt, auch wenn sie keine Worte dafür findet, dass es der Frau gegenüber unhöflich ist, nicht zu handeln. Mag sein, sagt Sam schließlich, aber wir sind Amerikaner (sprich für dich selbst!), und ich fand den Preis fair.

Später, in einer Seitenstraße am Rand eines Armenviertels, in das sie versehentlich geraten sind, kommen sie an einer Voodoo-Opfergabe vorbei, mit Kohle gemalte *X*e und *Ypsilons* an der Wand eines Hauses, Gläser mit bernsteinfarbener Flüssigkeit, ein Stück getrockneter Kaktus, das an eine Tür genagelt ist. Rebecca bleibt stehen und verspürt den starken Drang, die alte Frau, von der sie durch einen Fensterladen beobachtet werden, zu bitten, ihre Ehe zu segnen, ihnen Glück zu wünschen. Die Frau, ganz in Weiß gekleidet und mit tiefen Falten im würdevollen braunen Gesicht, kommt heraus und beginnt, leise zu sprechen, doch Sam legt Rebecca die Hand auf die Schulter und schiebt sie weiter. Es ist rückständig, sagt er aufgebracht, als sie außer Hörweite sind. Dummer Aberglaube, und am Ende klaut sie dir noch die Handtasche! Ich dachte, sagt Rebecca und hält ihre Handtasche fest, du willst sie unterstützen. Aus Gründen, die sie nicht greifen kann, fühlt sie sich zu der Voodoo-Frau hingezogen, während die Puppenverkäuferin sie nervt und sie an ihre eigene Zeit auf dem Markt erinnert, als sie den doppelten Preis angesetzt hatte, darauf hoffend, dass irgendein Trottel bereit war, ihn zu zahlen.

»Ich kann keine Dummheit unterstützen, die sich als Religion ausgibt«, sagt Sam.

Rebecca befühlt die *bonjuk*-Perle, die sie sich jeden Tag an den Kragen steckt. »Das Leben ist voller Geheimnisse«, sagt sie.

Sie beginnen gerade erst zu erahnen, wie viel Tausende Möglichkeiten es gibt, anderer Meinung zu sein.

Weiter geht's, vorbei an Händlern, Schulkindern, Straßenfotografen, Matrosen, verliebten Pärchen. Auf der Plaza de Armas dösen Landstreicher im Gras neben den Ständen mit gebrauchten Büchern, während Frauen in Seidenkleidern und mit gewaltigen Straußenfedernhüten vorbeischlendern. Rebecca registriert die Modetrends, obwohl es nicht nötig ist; als Ehefrau eines Mannes mit regelmäßigem Einkommen in Amerika wird ihre einzige Aufgabe (denkt sie, hofft sie) der Haushalt sein – und die Kinder. Einige Leute auf dem Platz – amerikanische Touristen oder Geschäftsleute – sprechen Englisch, was sie als solches erkennt, aber bis auf wenige Worte nicht versteht: *thank you, hello, goodbye.* Beim Kapitol erklimmen sie und Sam die weißen Stufen, um für ein Foto zu posieren, das sie am nächsten Tag abholen können. Der Fotograf ist türkischer Sepharde wie sie (bei diesem Mann hat Sam keine Skrupel zu feilschen), aus Silivri. Sam wird gesprächig und stellt Rebecca stolz als seine Frau vor.

Als sie bei Einbruch der Dunkelheit zur Malecón zurückkehren, ist das Meer dunkelgrün, obwohl Rebecca auf Türkis gehofft hat, wie auf der Postkarte, die Corinne ihr einst von hier geschickt hatte. Auf der anderen Seite des Ozeans essen, spielen oder zanken David und Berto in genau diesem Moment. Ihre Mutter ist in der Küche, ihr Vater im Garten oder in der Synagoge, die übervoll mit deutschen Flüchtlingen ist, die von Suppe bis zu Gebeten alles benötigen. Oder ist Josef mit den Jungs in den Park gegangen, und ihre Mutter zieht ihren Korb vom Markt zurück, und ihr Vater hat sich in seinem kleinen Büro eingeschlossen, wo er angeblich arbeitet, aber meistens döst und grübelt. Oder es schlafen schon alle. In Spanien ist eine andere Zeit; sie hat den Überblick verloren. Wie oft am Tag redet ihre Familie über sie oder denkt an sie? Rufen ihre Söhne nach ihr? (Am Kai hat Berto bitterlich geweint, als das Boot ablegte, während David sich weggedreht hat.) Essen sie genug, benehmen sie sich bei den Großeltern, vermissen sie ihre Mutter? Sie hätte sie auf dem Schiff mehr vermissen sollen, möge El Dyo ihr vergeben.

Überwältigt von Einsamkeit (oder sind es Schuldgefühle?), dreht sie sich um und küsst Sam Levy mitten auf der Promenade, und er schließt sie in seine Arme. Seht euch diese Turteltauben an. Woher kommen sie? Schwer zu sagen; sie könnte Puerto-Ricanerin sein oder gar irisch (die helle Haut, die haselnussbraunen Augen). Er könnte Araber sein oder aus Indien oder von wer weiß woher. Sie könnten Spanier, Franzosen,

Amerikaner oder *Polacos* sein – so nennt man in Kuba Juden, auch die Sepharden. Es stellt sich heraus, dass es in Havanna viele Juden gibt, und obwohl Kuba, wie Spanien, ein katholisches Land ist, praktizieren die Juden hier offen, und es scheint niemanden zu stören. Manche Läden – ein Metzger, eine Bäckerei, ein Lederwarengeschäft – haben Schilder in Hebräisch und Mesusas an den Türen. Es gibt sogar eine kleine Synagoge über dem Eisenwarengeschäft in der Calle Inquisidor (hoppla!), mit einem bunten Schild, auf dem ein Davidstern prangt und der Name: Templo Union Hebrea Chevet Achim.

Am nächsten Tag ist Sabbat, und sie gehen zum Gottesdienst, wo Rebecca, die ihre Davidstern-Ohrringe zum ersten Mal in der Öffentlichkeit trägt, seit sie die Türkei verlassen hat, mit einer Handvoll Frauen hinter der Trennwand sitzt. Viele der Gemeindemitglieder sprechen Jiddisch miteinander; sie versteht ein wenig aus ihrer Zeit in der deutschen Schule, aber nicht genug, um sich zu unterhalten. Sams Cousin Miguel ist da und lädt sie zu sich ein – um deine Cousins zu sehen und eure Hochzeit zu feiern –, doch während Rebecca gerne mitgehen möchte, scheint Sam die Vorstellung unangenehm zu sein: Wir wollen euch keine Umstände machen, wir haben schon etwas vor. Als sie wieder im Hotel sind, erzählt er Rebecca, dass sie in New York mit seiner Familie feiern werden, mit Musik und Tanz und allem Drum und Dran. »Nachdem wir dort noch mal geheiratet haben«, erklärt er. »Aus rechtlichen Gründen müssen wir es zwei Mal tun.« Sie sind wieder im Bett, und zum ersten Mal muss Rebecca den Impuls unterdrücken, ihn wegzuschieben; sie ist wund von all dem Sex.

»Gut«, sagt sie. »In New York kann meine Schwester mit uns feiern. Aber warum willst du deine Verwandten hier nicht besuchen? Magst du sie nicht? Ist etwas zwischen euch?«

»Ich mag sie schon, aber« – er zieht mit der Zunge eine Spur zwischen ihren Brüsten – »dich mag ich mehr.«

Mitten in der Nacht wird Rebecca von Bauchkrämpfen geweckt und stolpert zur Toilette, wo sich eine brennende Flut entlädt. Sie hat unbekümmert an Straßenständen gegessen, sich Obstteller, Mojitos und Eis gegönnt, und muss es übertrieben haben, oder sie hat eine Lebensmittelvergiftung – oder sie könnte, gottbewahre, schon schwanger sein, da sie nicht verhütet haben, obwohl es wahrscheinlich noch zu früh für Symptome wäre. Sie sitzt gebückt und zitternd auf der Toilette, als mit einem dicken Klumpen ihre Monatsblutung einsetzt, um dem Ganzen die Krone aufzusetzen, obwohl es auch eine Erleichterung ist und die Krämpfe erklärt.

Als sie wieder im Zimmer ist, schleicht sie auf Zehenspitzen an dem leise schnarchenden Sam vorbei, zu ihrem Vorrat kleiner Stoffbinden (ihre Mutter hat ihr beim Packen geholfen und an alles gedacht), kehrt ins Bad zurück, um ihre Unterhose auszuwaschen und sich in der Wanne zu reinigen. Dann noch mal zur Toilette. Die Krämpfe sind wie Wehen; jedes Mal hält sie die Luft an, ihr ganzer Körper in Aufruhr. *Aye, Mama*, murmelt sie, und jetzt läuft auch noch ihre Nase, obwohl ihr Mund staubtrocken ist. Bestraft Gott sie dafür, dass sie sich, getrieben von Lust, in die Ehe gestürzt hat? Sie ist sonst nie krank und weiß nicht, wie es sich normalerweise anfühlt. Wieder im Bett, friert sie, dann ist ihr heiß. Sie rutscht ans andere Ende der Matratze zum offenen Fenster und schiebt die Decke weg. Sam schläft nichts ahnend weiter, und sein Schnarchen tut ihr in den Ohren weh.

Als er schließlich aufwacht und sieht, dass es ihr schlecht geht, springt er sofort auf und holt einen kalten Waschlappen für ihre Stirn. Er verlässt das Zimmer, um mit zwei Aspirin von der Rezeption zurückzukommen und einer Tasse dünnen Tees, *weil man Flüssigkeit braucht, wenn man Fieber hat, das ist das Wichtigste*. Er klopft ihr Kissen auf und summt ein Schlaflied. Trotz ihres jämmerlichen Zustands ist Rebecca perplex. Liegt es daran, dass seine Tochter keine Mutter hat? Und sind solche Aufmerksamkeiten ein Vor- oder Nachteil bei einem Mann (sie mag große, starke Männer)? Der Rest des Tages ist ein Schemen aus Schlafen und Wachen, weiteren Toilettengängen, erst leichte, dann brüllende Kopfschmerzen, wie ein Schraubstock um ihren Schädel. Irgendwann öffnet sie halb die Augen und sieht Sam einen Teller mit Crackern und eine Flasche Wasser auf den Nachttisch stellen. Ich muss zum Hafen, flüstert er, wegen unserer Fahrkarten nach New York. Und ich hole unser Foto ab und besorge dir mehr Aspirin und etwas Brühe. Kannst du eine Stunde allein bleiben, oder etwas länger? Sie nickt und kuschelt sich in die Kissen. Alles, was sie will, ist schlafen.

Als sie aufwacht, ist das Fieber gesunken und Sam noch unterwegs. Ein Blick auf ihre Armbanduhr verrät, dass mehr als vier Stunden vergangen sind. Es ist bereits spät am Nachmittag. Wo könnte er sein? Ist etwas passiert? Und dann Argwohn (seit Luis ist er allgegenwärtig, und er hat sie altern lassen). Könnte Sam Levy so ein Mann sein, einer, der nicht wiederkommt? Sie schwingt ihre Beine aus dem Bett, schlüpft in ihre Pantoffeln und steht auf, um ein paar vorsichtige Schritte zu gehen, wird mit jedem sicherer.

Und dann ist sie wieder da, als wäre die Krankheit nie da gewesen. Die Kopfschmerzen sind weg, und sie ist am Verhungern. Ist das ihre Entschuldigung? Später wird sie sich das fragen. Allerdings: Ihr neuer Ehemann ist verschwunden; sie ist allein. Ich hatte Hunger und brauchte kubanische Pesos, um unten im Restaurant eine Mahlzeit zu bezahlen, wird sie Sam erklären (obwohl sie beide wissen, dass man im Restaurant auch ihr spanisches Bargeld nehmen würde). Ich habe Aspirin gesucht. Mir war kalt, und ich wollte mir einen Pullover borgen. Ich war … was? Neugierig (wird sie nicht sagen). Misstrauisch. Einsam und allein. Gebrannt und bange.

Sie schleppt seinen Koffer zum Bett, klappt ihn auf und leert ihn, erst zögernd, dann lässt sie sich gehen und schlachtet den Koffer förmlich aus. Bis alle Beweisstücke auf dem Bett ausgebreitet sind. Der Fiebertraum ist vorbei, ihre Handflächen sind trocken, ihre Finger flink. Der Kuba-Traum ist vorbei: Flitterwochen und Sex, Bauch an Bauch, Kokoseis, das durch die Kehle gleitet. Stattdessen wird sie von einer vorwärtsblickenden, rückwärtsgerichteten Unruhe gepackt. Sie könnte eine spähende Elster sein oder ein streng kontrollierender Chef (ihr Vater beim Unterrichten von David und Berto, bevor er den Versuch aufgab; sie selbst angesichts der nachlässigen Arbeit eines Ladenmädchens). Allerdings: Als Kind war sie sich nicht zu schade, vom Karren des Händlers ein Stück Obst zu klauen, weil sie gut darin war, weil sie es konnte. *Ich habe meine Fehler.*

Ist es nicht die Pflicht einer Ehefrau, die Kleidung ihres Mannes ordentlich zusammenzulegen, sie auf fehlende Knöpfe und ausgefranste Säume zu untersuchen? Mit den Händen an den Innenseiten seines Koffers entlangzufahren, der mit goldfarbenem Seidenstoff gefüttert ist, dessen verblasstes Leopardenmuster so vertraut wirkt, dass sie glaubt, der Koffer muss Rahelika gehört haben, was bedeutet, dass er irgendwie auch ihr gehört (denn früher hatten sie alles geteilt).

Sam Levys Kleider sind getragen, aber nicht abgenutzt, meist von der Stange, nicht ihren Ansprüchen genügend, aber sauber und gepflegt. Eines der Hemden, ein unbeeindruckendes Kleidungsstück von geringer Stichdichte und mit ungeteilter Schulterpasse (einfacher zu nähen, aber schlecht für die Passform), hat ein Etikett, mit Sicherheit eine Fälschung, auf dem *Fabriqué en France* steht. Sie findet ein kleines Notizbuch, in dem er jede Ausgabe der Reise notiert hat, bis hin zu den Trinkgeldern für die Portiers im Hotel. Außerdem stehen in dem Notizbuch einige Namen und Adressen: Hayyim Marzouk in Havanna, Ayna Levy (eine Verwandte?) in Cienfuegos. Sie findet die Topsy-Turvy-Puppen und ein Taschentuch, bestickt mit einem flotten Mann mit blauem Hut und der Aufschrift *Habana Cuba*, von dem sie nicht wusste, dass er es gekauft hatte, Zigarettenpapier und eine Tabakdose. Seine Socken sind ineinandergesteckt, eine Reihe strammer schwarzer Bündel, die sie mit Zärtlichkeit erfüllen, als wäre sie auf ein Vogelnest mit Küken gestoßen.

Die kleine Innentasche des Koffers enthält einen Schuhanzieher, ein Paar Schnürsenkel, einen Rasierer und einen Brief. Mit größter Sorgfalt legt sie jeden Gegenstand aufs Bett. Der Brief befindet sich in einem unverschlossenen Umschlag, wie auch der Koffer halb offen war. Sie sieht sich um und verspürt das seltsame Verlangen, sich zu bekreuzigen, eine Geste, die sie schon in ihrer katholischen Schule gereizt hat, weil sie graziös ist und an einen Gott gerichtet, der einem jede Sünde vergibt, und weil sie den jüdischen Mädchen verboten war.

Doch es ist nicht *ihr* Zeichen (es ist nicht *ihr* Brief). Sie nimmt ihn heraus.

Sam Levy kehrt um sechs Uhr zurück und bringt heiße Brühe für Rebecca mit, das Foto von ihnen auf den Stufen des Kapitols und zwei Fahrkarten zweiter Klasse für den 30. März, in drei Tagen, von Havanna nach New York.

»Tut mir leid, dass es so lange gedauert hat.« Er reicht ihr die Fahrkarten. »Die Schlange ging bis um die Ecke. Du siehst besser aus. Fühlst du dich besser? Du bist aufgestanden und angezogen.«

»Es geht mir gut. Ich werde ein anderes Ticket benötigen.«

Rebecca steht steif am Fenster, reisefertig. Sie hat ihre Sachen gepackt. Sie hat Sams Sachen wieder in seinen Koffer gelegt (den Brief jedoch behalten) und ihn halb offen auf den Gepäckständer gelegt, so wie sie ihn vorgefunden hat. Sie trägt ihren Geldbeutel um den Hals. »Bitte bring mich zum Fahrkartenschalter oder gib mir die Adresse, damit ich ein Taxi rufen kann«, sagt sie. »Ich werde es selbst bezahlen.«

»Ein anderes? Was meinst du? Was ist passiert?« Er kommt auf sie zu, doch sie weicht zurück.

»Havanna – Barcelona. Außerdem brauche ich eine *anulación*. Nennt man das so? Eine Aufhebung unserer sogenannten Ehe.« Sie versucht, ungerührt zu klingen, und spricht an ihm vorbei mit dem Fenster. »*Adyo*. Es war schön, dich kennenzulernen, Sam Levy, und ich wünsche dir, und vor allem deinem kleinen Mädchen, das Beste, aber ich kehre nach Spanien zurück.«

Er schnappt nach Luft. »Spanien?«

Dann raus damit; sie muss es erklären. Doch zunächst lässt sie ihn warten; sie war noch nie so hungrig. Sie verschlingt die Brühe direkt aus dem Behälter und verbrennt sich dabei den Mund, sodass die Worte, die folgen, wie von Watte umhüllt sind, obwohl sie trotzdem schnell herauskommen. Dass er sie angelogen hat, ihr erzählt hat, er sei gesund, obwohl er in Wahrheit krank ist, ihr erzählt hat, er sei ehrlich, obwohl er in Wahrheit ein Lügner ist, was keine Überraschung ist, weil alle Männer gleich sind – selbst ihr eigener Vater, den sie liebt und vermisst, hasst –, aber ich bin kein Idiot, ich bin kein Kind, ich bin Mutter zweier Kinder, ich habe ein Geschäft geführt, ich wurde schon einmal reingelegt, doch da war ich jung und naiv, und das passiert mir nicht noch mal.

Sam Levy steht wie erstarrt am Fenster, während sie im Zimmer auf und ab geht. Nie wieder, sagt sie und zieht unter dem Kissen den Brief hervor, adressiert an Sam von einem gewissen Pedro de Medina im kubanischen Justizministerium, wobei sie sich vorkommt wie eine Schauspielerin in einem Theaterstück. Bald wird es vorbei sein – eine kurze Episode in einem langen Leben: Schiff genommen, Mann getroffen, Schiff genommen. *Weil das Paar dringend ins Ausland reisen muss, um Heilung für die Krankheit, an der Mr Levy leidet, zu erfahren,* liest sie laut (er steht immer noch am Fenster, den Mund weit geöffnet, als wollte er Fliegen fangen; plötzlich ist er unattraktiv, ja hässlich, schütteres Haar, Adlernase, seine Augenbrauen fette schwarze Raupen), *beantragt es, von der Bekanntmachung des Edikts nach Paragraf 89 des Zivilgesetzbuches ausgenommen zu werden, damit ihre Ehe anerkannt werden kann.*

»Du bist ein kranker Mann«, sagt sie, nachdem sie fertig gelesen hat. »In mehr als einer Hinsicht. Du hast mir nicht gesagt, dass du eine Krankheit hast. Tut mir leid für dich, aber ich bin nicht den weiten Weg hergekommen, um von einem kranken oder, gottbewahre, sterbenden Mann reingelegt zu werden.«

»Nein, nein, Rebecca, das stimmt nicht! Bitte, lass mich doch erklären. Es ist nicht wahr, es ist …«

»Nicht wahr?«

»Es ist eine Lüge, eine Notlüge, damit ...«

»Ha!«, sagt sie fast triumphierend. »Ich dachte, die Wahrheit sei dir *das Wichtigste*. Die kubanische Regierung sagt, du hast bezeugt – beziehungsweise *wir*, danke, dass du mich da mit reingezogen hast! –, dass du direkt nach unserer Hochzeit ins Ausland reisen musst, damit du geheilt werden kannst. Ist es nicht so? Ich dachte, du wärst ein ehrlicher Mann.«

»Ich *bin* ein ehrlicher Mann. Ich versuche es zumindest. Aber ich habe mich falsch ausgedrückt, ich hätte ... wie soll ich sagen? Ich hätte sagen sollen, dass Ehrlichkeit das Wichtigste nach meiner Tochter ist, Luna. Mein kleines Mädchen bedeutet mir alles.«

»Deshalb besorgst du ihr eine neue Mutter, damit sie nicht allein ist, wenn du tot umfällst? Dafür habe ich meine Söhne verlassen, die mir auch *alles bedeuten*?«

»Nein.« Sein Gesicht ist rot angelaufen. Jetzt geht er im Zimmer auf und ab. »Ich bin gesund, ich schwöre bei Gott, sehr gesund. Es ist nur ... Ich kann sie nicht länger als ein paar Tage allein lassen, Rebecca. Ich muss zurück. Sie ...«

Er unterbricht sich, um eine Zigarette zu suchen, die er dann anzündet. Für einen langen Moment schweigt er. Von der Straße unten dringen Stimmen herauf. »Es fällt mir nicht leicht, darüber zu reden«, sagt er schließlich. »Die Wahrheit ist, dass ich mich schäme. Es widerspricht meiner Natur, die Vorschriften zu umgehen.«

»Welche Vorschriften?«

»Wie soll ich es erklären ... Wenn man hier heiratet, muss man eigentlich einige Monate bleiben. Sie müssen es in der Zeitung veröffentlichen, hier und in Spanien, vielleicht auch in anderen Ländern, der Türkei, je nachdem, woher man kommt;

also dass dieser oder jener Mann diese oder jene Frau geheiratet hat, damit, falls es jemand anderen gibt – eine andere Frau oder eine heimliche Ehe –, der oder die Betroffene sich melden und Einspruch erheben kann! Das alles braucht Zeit, deshalb muss man vor Ort warten, es sei denn, man hat nachweislich einen Grund, der dagegenspricht. Es tut mir leid, aber ich kann unmöglich so lange warten. Ich ernähre meine Mutter und meine Tochter und unterstütze noch andere Familienmitglieder. Ich bin der älteste Sohn, Rebecca. Alles hängt an mir. Jeder Tag, den ich hier bin, werde ich nicht bezahlt. Und mein Kind hat keine Mutter. Ich …« Seine Stimme bricht. »Ich setze mich jeden Abend an ihr Bett, wenn ich vom Laden nach Hause komme, und singe ihr etwas vor, selbst wenn sie schon schläft. Ich bringe ihr Lesen und Rechnen bei. Ich lese ihr vor. Meine Mutter hat keinen Mann, ich bin alles, was sie hat. Meine ganze Familie« – für einen Moment klingt er verbittert – »ist von mir abhängig.«

»Was ist mit deinem Vater?«, fragt Rebecca.

Er schüttelt den Kopf. Die Zeit in dem blau-grünen Zimmer verstreicht nur langsam, wie ein Fisch, der gemächlich seine Kreise zieht.

»Ich … wir wissen nicht, wo er ist, aber falls er noch lebt« – Sam sieht aus dem Fenster, ohne auf die brennende Zigarette in seiner Hand zu achten, und Rebecca sieht, wie etwas Asche auf den Teppich fällt –, »ist er vielleicht hier.«

»Was?« Sie sieht sich um. »In Kuba? Wirklich? In Havanna?«

»Möglich«, sagt er matt. »Es ist das Letzte, was ich gehört habe. Er ist vor vielen Jahren aus der Türkei hergekommen. Er hatte einen Cousin im Import-Export-Geschäft. Anfangs kam er noch manchmal zu uns zurück, doch schließlich blieb er hier. Ich habe sieben jüngere Geschwister. Wir hatten nichts zum Leben, wir mussten zu Verwandten ziehen. Meine Mutter hat mich aus der Türkei hierhergeschickt, um ihn zu finden, doch als ich ankam …« Er dreht sich zu ihr um. Seine Augen sind feucht, doch den Kopf hält er aufrecht . »Ich möchte lieber nicht darüber reden.«

»Du hast nach ihm gesucht, oder?«, sagt Rebecca. »Sogar jetzt noch. Auf der Straße.«

Sam wirkt betroffen.

»Tut mir leid«, sagt sie sanfter. »Ich … es ist nur, ich hatte keine Ahnung.«

Er nickt. »Ich bin nicht wie er, Rebecca. Ich bin aus anderem Holz geschnitzt. Er war kein ehrlicher Mann, er war ein schlechter Mensch, möge Gott mir vergeben.«

»Hast du ihn damals gefunden?« Sie hat ein schlechtes Gewissen, dass sie herumgeschnüffelt und alte Wunden aufgerissen hat. Und stammt sie etwa aus einer perfekten Familie? Hat nicht ihr eigener Vater (ganz zu schweigen von Luis) eine Ehe für ein anderes Land aufgegeben? Zwar hat er keine allzu große Familie zurückgelassen, aber eine kinderlose *loka,* die allein am Fenster saß und auf der Straße nach kleinen Mädchen Ausschau hielt.

»Er hatte wieder geheiratet«, sagt Sam düster, »obwohl er offiziell noch mit meiner Mutter verheiratet war. Er war mit einer Cubana zusammen, einer Nichtjüdin. Er hat seinen Namen geändert. Er – es gab weitere Kinder, meine Halbgeschwister, wenn du so willst. Viele.«

»Du hast ihn getroffen?«

»Lange genug, um ihn um Geld für meine Mutter zu bitten, das er nicht hatte. Seine armen Kinder waren hungrig. Ich habe ihnen etwas zu essen besorgt. Danach bin ich zurück in die Türkei gefahren. Später bin ich mit meinem Bruder erst nach Mexiko und dann nach New York gegangen, und wir haben gearbeitet und gespart, bis wir den Rest der Familie nachholen konnten. Ich bin kein nachtragender Mann, Rebecca, aber ich werde ihm nie verzeihen, was er uns angetan hat. Ich musste die Schule abbrechen, um arbeiten zu gehen, noch bevor ich wusste, dass er nicht zurückkommen würde, dabei habe ich Lernen über alles geliebt. Ich war elf Jahre alt, aber ich hatte bereits eine Familie zu ernähren.«

»Glaubst du, er ist noch hier?«, fragt Rebecca.

Sie ist sich jetzt sicher, dass Sam dieser Tage überall nach ihm gesucht hat. So waren sie zur Pferderennbahn gegangen. Pferde gab es nicht – es war keine Saison –, aber streunende Hunde und eine Handvoll Männer, die Zäune reparierten und Hindernisse strichen; andere spielten auf den leeren Tribünen Domino. Rebecca wollte weiter, doch Sam konnte sich nicht losreißen. Sie waren zum Pier gegangen, vorbei an Männern, die Obst verkauften, Männern, die auf die Bingozahlen auf Reklametafeln wetteten. Und während Rebecca Mode und Blumen, Essen und Boote, Menschen jeder Schicht auf sich wirken ließ, studierte Sam die vorbeigehenden Männer. Er hat seinen Vater gesucht, die ganze Zeit.

Er zuckte die Schultern und drückte die Zigarette im geschliffenen Glasaschenbecher aus. »Mein Onkel, Miguels Vater, sieht ihn vielleicht noch manchmal, aber er erwähnt mir gegenüber nichts. Kann sein, dass sie hier und da geschäftlich miteinander zu tun haben. Vielleicht wohnt er auf dem Land, vielleicht hier. Ich frage nicht.«

Er atmet tief durch, ein und aus, dann tritt er auf sie zu, und sie lässt sich von ihm zum Bett führen; sie setzen sich mit einigen Zentimetern Abstand nebeneinander auf den Rand und blicken auf die geschlossene Tür. Sam greift nach ihrer Hand. »Dein Fieber ist gesunken.«

Sie nickt.

»Das ist gut. Hör zu, Rebecca. Du musst mir glauben – ich bin nicht krank. Ich bin so gesund wie nur möglich. Es ist …« Er seufzt. »Es ist meine Tochter, die gesundheitliche Probleme hat, aber das habe ich dir ja erzählt.«

»Wie krank ist sie?«, fragt Rebecca, schärfer als beabsichtigt.

»Sie … die Wahrheit ist«, sagt Sam kläglich, »sie kann nicht gehen, noch nicht, und sie hat Schwierigkeiten, verständlich zu sprechen, obwohl wir sie verstehen können. Sie ist schlau. Ich habe ihr Lesen beigebracht, und sie lernt Englisch. Sie lernt gern. Sie kam zu früh auf die Welt, und alle dachten – auch wir eine Zeit lang –, dass sie es nicht schaffen würde. Der Arzt sagte, wir sollen sie sterben lassen oder in ein Heim geben. Es ist ein Wunder, dass sie überlebt hat. Ich lebe für sie, meine Mutter lebt für sie.« Er zögert. »Sie freut sich so auf ihre neue Mutter. Lika hätte gewollt, dass du Lunas Mutter wirst. Von allen Menschen auf der Welt hätte sie dich gewollt.«

Dann schweigt er und schaut in seinen Schoß.

»Hast du ein Foto von deiner Tochter?«, fragt Rebecca.

Er schüttelt den Kopf. »Nicht hier.«

»Sieht sie aus wie Lika?«

»Ich finde, ja.«

»Also wie ich?«

Er sieht sie verwirrt an.

»Die Leute haben uns für Zwillinge gehalten, als wir klein waren«, erklärt Rebecca. »Beccalika, Likabecca.«

»Ah. Lika hat zuletzt stark zugenommen – sie hatte etwas mit den Drüsen, es ging ihr nicht gut –, aber vielleicht kann ich es sehen, wenn ich an die Lika von früher denke. Luna hat schöne Augen, dunkelbraun, wie ihre Mutter. In deinen ist mehr Grau und Grün.«

»In dem Brief vom Justizministerium werde ich als Rivka Cohen bezeichnet. Wie kommt das?«, fragt Rebecca. Rivka ist ihr hebräischer Name und Cohen ihr Mädchenname, obwohl in ihrem Pass Rebecca Baruch steht.

»Den Namen hat Corinne mir genannt. Ich dachte, es sei der offizielle. Welchen Namen hättest du denn gern?« Sam rückt näher, umfasst ihr Gesicht, küsst ihre Stirn. »Wie wäre es mit dem auf der Heiratsurkunde, Rebecca Levy?«

Sie spricht ganz nah an seinem Ohr. »Du darfst mich nie anlügen oder Dinge vor mir verheimlichen. *La verdad va enriva como la azete.*« Die Wahrheit steigt wie Öl an die Oberfläche. »Haben wir uns verstanden? Versprichst du es?«

»Ich verspreche es. Vor Gott.«

Er knabbert an ihrem Nacken, und sie sehnt sich erneut nach ihm, obwohl ihr vor Hunger schwindelig ist und ihr Magen laut knurrt. Sie schiebt seine Hände weg, steht auf und klopft ihr Kleid ab.

»Rebecca Levy ist am Verhungern«, erklärt sie. »Sie könnte einen Ochsen verzehren.«

Astoria, 1934

I

Seine Tochter ist ein Tier – was für ein schrecklicher Gedanke, der Rebecca bei ihrer ersten Begegnung mit Luna durch den Kopf geht. Luna ist für Rebeccas und Sams Ankunft aus Kuba herausgeputzt, mit Schleife im Haar, Spitzensöckchen, rosa Kleid, aber ihre Gliedmaßen so verdreht, ihr Blick so wild, als hätte man ein gefangenes, tobendes Raubtier in Kleider gezwängt (Rebecca fühlt sich, kaum hat sie amerikanischen Boden betreten, ähnlich gefangen). Die kehligen Laute, die das Kind von sich gibt, klingen zunächst wie Stöhnen, doch schnell wird deutlich, dass sie an Sam gerichtet sind, der seine Tochter vom Stuhl losschnallt, sie hochhebt und ihre Arme um seinen Hals legt, worauf sie, die Beine gespreizt, mit der abgeknickten Hand auf seinen Rücken einhämmert.

Als Sam anfängt, Luna zu wiegen und zu küssen, kann Rebecca den Lauten, die aus dem Mund des Mädchens kommen, endlich eine Bedeutung zuordnen – *Paaaapapabaaaaapaaaapapaaa* –, und Sam dreht sich, sodass Luna Rebecca sehen kann. »Das ist deine neue Mutter, Lunita!« Und die Laute verwandeln sich in ein blökendes *maaaaaaaaaaa*, die Bedeutung klar, direkt an sie gerichtet. Rebecca unterdrückt die Abscheu, für die sie sich verachtet, und tritt einen Schritt vor, um Luna einen Kuss auf die Wange zu geben, die von Spucke und Tränen glänzt. Das Mädchen stößt einen markerschütternden Schrei aus.

Rebecca weicht zurück. »Oh, tut mir leid! Es tut mir so leid, Sam – habe ich ihr wehgetan?«

»Nein, nein.« Er dreht den Kopf seiner Tochter, sodass sie ihm ins Gesicht sieht. »Alles in Ordnung, Lunita?«

Luna gibt einen krächzenden Laut von sich, und Sam lacht. »Sie freut sich nur, dich zu sehen, und dass ihr Papa wieder zu Hause ist.«

Eine ältere Frau (sie muss Sams Mutter sein; der Raum ist voll mit Frauen, die die Szene beobachten) kommt mit einem Waschlappen, um dem Kind das Gesicht abzuwischen, aber Luna windet sich. »*Maaaaamaaaa!*«, schreit sie wieder, dann verstummt sie.

Rebecca weicht noch weiter zurück, bis sie an einen Küchenschrank stößt, wie festgenagelt von der Intensität in Lunas Augen, die Iris ein flüssiges Braun, die Pupillen geweitet, der Blick gierig und auf undurchschaubare Weise herausfordernd: *Leg dich nicht mit mir an, erlöse mich, komm her, geh weg.* Es sind, wie Sam gesagt hatte, Likas Augen – dieselbe Farbe, als würde man in einen Brunnen schauen, dieselben dichten, dunklen Wimpern, dieselbe Leidenschaft und Intelligenz (Sam hat ihr erzählt, dass das Mädchen schon lesen kann) –, aber

Lika, gefangen in einem Käfig der Gebrechlichkeit, alles falsch, genauso wie das Wort *mama* falsch ist, wenn es aus dem falschen Kindermund kommt. In Kuba hatte sie ihre Söhne erschreckend wenig vermisst – die Jungs bei ihren Eltern gut aufgehoben, sie selbst in einer Art Flitterwochen –, doch kaum hatte sie amerikanischen Boden betreten, verursachte ihre Abwesenheit geradezu körperlichen Schmerz, und Rebeccas leere Hände zuckten.

»Bald wirst du meine beiden kleinen Jungs kennenlernen«, sagt sie zu laut zu Luna. »Sie sind ungefähr in deinem Alter!« Dann entdeckt sie die goldenen Kreolen in den Ohren des Kindes und fügt hinzu: »Oh! Du trägst meine Ohrringe, ich habe sie deiner Mutter geschenkt!« Obwohl nicht so gemeint, klingt es hart – warum die verstorbene Mutter erwähnen? – und besitzergreifend. Alle Augen sind auf sie gerichtet, und Rebecca sieht zu Sam, der wegschaut; da begreift sie, dass auch er diese erste Begegnung gefürchtet hat. »Ich freue mich, dass du sie trägst«, fügt sie an Luna gewandt hinzu. »Ab jetzt wirst du eine neue Mutter und zwei neue Brüder haben …«

»*Annaairmanonoaakaaana*«, brabbelt Luna.

Sam schüttelt den Kopf und flüstert seiner Tochter etwas ins Ohr. Rebecca dreht sich zur Tür und wünscht sich, Corinne möge endlich auftauchen, oder besser noch Lika, dabei würde all das hier nicht passieren, wenn sie noch lebte. Lika, die das beste Lachen hatte und vielleicht die Komik in der Szene gesehen hätte: Rebeccas Hilflosigkeit, die Unwahrscheinlichkeit der Situation und gleichzeitig ihre schräge Symmetrie: *Du hast meinen Ehemann geheiratet, du bist die Mutter meiner Tochter!* Als Kinder hatten die beiden Mädchen bei ihren Fantasiespielen regelmäßig die Sätze der jeweils anderen beendet und im Stegreif die Rollen hin und her getauscht. Was war eigentlich mit Chérie und Bella passiert, ihren Zwillingspuppen? Die Porzellanpuppen, die mit ihren blauen Augen und blonden Ringellocken ganz anders aussahen als ihre Mütter, wurden von Hunden gejagt, durchlitten Flüche, Seuchen, Brände und Knochenbrüche, doch Likabecca brachten immer erst alles wieder in Ordnung, bevor sie sich ein neues Drama ausdachten.

»Wir haben *tishpishti* für euch gemacht«, verkündet eine Frau, die, wie Rebecca bald erfährt, Rachel ist, Sams Schwester.

»Wundervoll!«, sagt Sam. »Und wir haben Geschenke für alle aus Kuba.« Er setzt Luna in ihren Stuhl, schnallt sie fest und sieht aus dem Fenster. »Israel sucht noch einen Parkplatz – Corinne steht unten mit dem Gepäck. Ich lauf schnell runter und helfe ihr.«

»Ich komme mit!«, sagt Rebecca. Frische Luft, ein Stück Himmel und Abstand.

»Nicht nötig, *mi kerida*«, sagt Sam. »Es ist schwer. Ich kann mehrmals gehen. Bleib hier und komm erst mal an.«

Sams Mutter zieht die Augenbrauen hoch, als ihr Sohn das Kosewort verwendet, und Rebecca kann sich nicht verkneifen, sie anzufunkeln. Sie könnte Sam verraten, dass sie ein Arbeitstier ist – in Spanien hat sie Stoffballen transportiert, ihre Kinder getragen, die Bänke in der Synagoge geschleppt –, doch in Wahrheit ist sie erschöpft, auch wenn sie sich nach frischer Luft sehnt und nach ihrer Schwester. Sie vermutet, dass Corinne absichtlich getrödelt hat, um bei dieser ersten Begegnung nicht dabei sein zu müssen. Besser, sie schweigt. Sam besitzt hier mehr Autorität als in Kuba und gehört ihr weniger. Dies ist seine Familie, seine Tochter, sein Leben, in das sie tritt, aber sie sehnt sich schon jetzt nach dem Moment, wenn sie die Schlafzimmertür schließen und sich in die Arme fallen.

Seine Mutter, eine knochige Frau mit verblichener Schürze und strengem Dutt, reicht ihr ein Glas Wasser, als Sam sich auf den Weg nach unten macht.

»Willkommen in Amerika.« Sie gibt Rebecca einen Kuss auf die Wange.

Rebecca lacht dünn, nimmt das Wasser und erwidert den Kuss. *»Munchas grasyas.«*

»Ich bin Fanny, seine Mutter. Und hier sind seine Schwester Rachel und seine Schwester Sarah.«

Rebecca nickt den beiden zu. *»Enkantada.«*

»Elmueeevonooviaeeermmoowzza«, lallt Luna auf ihrem Stuhl.

Sams Schwester Rachel schaut vom Kuchenschneiden auf. »Sie sagt, dass du schön bist: *Die neue Braut ist schön.*«

»Oh nein, ich sehe furchtbar aus, aber danke, Luna! Du bist auch schön. Ich … ich mag dein Kleid.«

Dann sagt das Kind wieder etwas Unverständliches und versucht vorwärtszutaumeln, obwohl sie am Stuhl festgeschnallt ist. Sofort ist ihre Großmutter da, stützt ihren Kopf mit Kissen, wischt ihr das Kinn ab und redet beruhigend auf sie ein – *kayades, Luna!* – und noch etwas, das Englisch sein muss: KOMDAUN.

»Sie ist aufgeregt«, sagt Fanny.

»Verständlich. Ich auch.« Rebecca unterdrückt ein Würgen, als ein übler Geruch den Raum erfüllt. »Mir« – ihr Blick verschwimmt – »ist etwas schwindelig.« Sie stützt sich auf eine Stuhllehne und verschüttet Wasser, als sie das Glas auf den Tisch stellt.

»Du musst dich hinlegen.« Rachel ist sofort mit einem Lappen zur Stelle. »Du bist weiß wie ein Gespenst.«

»Es geht mir gut«, protestiert Rebecca. »Ich bin nur müde von der Reise.«

»Du kannst gleich da reingehen, aber ich muss sie dort erst umziehen.« Fanny deutet mit dem Kinn auf eine offene Tür, durch die Rebecca ein Bett mit weißer Noppendecke sieht.

»Sie wird *ohnmächtig*, Mama«, sagt die andere Schwester, Sarah.

»Es geht mir gut«, wiederholt Rebecca, und es stimmt; die Konturen des Zimmers sind wieder scharf: das rot karierte Wachstuch, die nackten Wände, der Tanz der Frauen – oder ist es ein Kampf? Schon ist sie Teil davon und muss sich behaupten. Luna ist jetzt still und sieht fasziniert zu.

Sam und Israel bringen Rebeccas Koffer, und Corinne kommt mit ihren beiden kleinen Töchtern und einer lackierten Holzkiste, in der sich die Nähmaschine befindet, die Treppe hoch. Am Hafen, wo Rebeccas Schlange schnell vorankam, weil sie mit einem amerikanischen Ehemann gesegnet war, eilte sie ihrer Schwester in die Arme, doch jetzt kann sie sie nicht ansehen, weil sie Angst davor hat, was Corinne in ihren Augen lesen könnte. Warum hatte sie ihr das Ausmaß von Lunas Zustand vorenthalten? »Das Kind«, hatte Corinne in ihrem Brief an Rebecca in Spanien geschrieben, »wurde zu früh geboren und hat gesundheitliche Probleme davongetragen, doch sie hat einen festen Charakter und ein gutes Herz.« Das war zwar keine glatte Lüge, doch auch nicht die ganze Wahrheit, sodass Rebecca dasselbe mulmige Gefühl hat wie bei Luis, als man sie über seine Kriegsverletzungen und schlechte Gesundheit im Dunkeln gelassen hatte.

Corinne hilft Rachel, Teller und Besteck für den Kuchen zu arrangieren. Fanny schnallt Luna ab und trägt sie ins Schlafzimmer, und in den schmächtigen Armen ihrer Großmutter sieht das Mädchen größer aus als in denen ihres Vaters, ihr großer Kopf wackelt, ihre Beine hängen schlaff herab, stockdürr bis auf die knubbeligen Knie. Aus diesem Blickwinkel kann Rebecca die weiße Windel sehen. Haben sie nicht versucht, dem Kind beizubringen, auf Toilette zu gehen? Haben sie ihr überhaupt irgendetwas beigebracht? Rebecca setzt sich, um das Wasser zu trinken, und das Glas in ihrer Hand zittert, als würden ihre Gliedmaßen, wie Lunas, jeden Moment zu zucken beginnen. Fanny kehrt mit Luna zurück, nachdem sie dem Kind ein schlichtes braunes Kleid angezogen hat, und setzt sie auf den Boden, wo sie, mit hochgeschobenem Rock und aufblitzender weißer Windel, wie eine beharrliche Raupe in Richtung ihres Vaters robbt.

Aus seinem Koffer zaubert Sam Zigarren, Parfüm und Taschentücher und für jedes der drei Mädchen eine der Topsy-Turvy-Puppen, die in Havanna noch charmant gewirkt hatten, hier jedoch wegen der fehlenden Beine und der zwei Köpfe nur noch geschmacklos.

Das ist der Anfang. Bevor es sich bessert, wird es noch viel schlimmer werden. Ein bürokratisches Hindernis verzögert Davids und Bertos Abreise aus Spanien, und es scheint immer unwahrscheinlicher, dass den anderen Familienmitgliedern erlaubt wird, sie zu begleiten. Wenn sich nichts tut, werden die Jungen allein reisen und ihre Großeltern zurücklassen müssen. Dabei sind sie noch viel zu jung. Corinne wohnt weit weg am Grand Concourse in der Bronx, einer von Bäumen gesäumten Straße, in einer großzügigen Wohnung mit hohen Fenstern. Als Rebecca sie wegen des Briefs zur Rede stellt, in dem sie Lunas Krankheit heruntergespielt und so getan hatte, als wäre Sam Ladeninhaber, obwohl er in Wahrheit nur angestellt ist, bricht Corinne in Tränen aus und versucht, ihrem Vater und Israel die Schuld zuzuschieben: *Sie haben mir Angst ge-*

macht, Rebecca. Sie sagten, wir müssen dich rausholen. Sams Mutter ist von Anfang an voreingenommen gegenüber Rebecca, weil sie aus besseren Verhältnissen stammt, aber nichts vorzuweisen hat außer ihrer arroganten Art (findet Fanny) und zudem zwei weitere hungrige Münder mitbringt beziehungsweise nachkommen lassen will.

Rebecca pflanzt die Rautesamen von ihrem Vater in einen hübschen blau-weißen Topf, da es hier keinen Garten gibt, und Fanny, die bereits einen Topf mit Raute hat, bemüht sich nicht einmal, ihren Ärger zu verbergen – wir haben schon so zu wenig Platz! Fanny beschwert sich, dass Rebecca Sams Einkommen ausgibt, für Schnittblumen, neue Vorhänge und dergleichen (dabei ist es ihr Erspartes aus Spanien und der Erlös aus den Änderungsarbeiten, die sie schon bald übernommen hat). Und nachdem Rebecca von der großartigen amerikanischen Erfindung namens *rummage sale* erfahren hat, erwirbt sie einen gebrauchten Eichentisch für ihre Nähmaschine auf dem Flohmarkt, den ihr zwei Jungen für ein Trinkgeld nach Hause tragen; außerdem zwei kleine Gemälde – Zitronen in einer blauen Schale, ein paar Birken, die sie an die Pappeln auf dem anatolischen Land erinnern, gepflanzt jeweils bei der Geburt eines neues Kindes –, um die trostlosen beigefarbenen Wände der Wohnung aufzupeppen.

Wie viel hast du dafür gezahlt?, wird Fanny fragen, obwohl die Preisschilder noch an den Rahmen kleben. Und später sagt sie zu Sam, obwohl sie wissen muss, dass Rebecca sie durch die dünnen Wände hören kann: Sie gibt gern Geld aus! Weiß sie denn nicht, dass du für deinen eigenen Laden sparst? Als wäre es ein Verbrechen, fünfzig Cent für etwas Schönes auszugeben. Aber man kann eine Person auch für weniger kritisieren: den wässrigen, faden Geschmack von Fannys Linsensuppe beispielweise, oder ihren schweren *tishpishti*-Kuchen mit einem Nachgeschmack nach billiger Rosenseife. Oder für die leisen Geräusche, die sie in der engen Wohnung über dem Laden macht, genervtes Seufzen, Murren und trübsinniges Pantoffelschlurfen, die Welt zu viel für sie, außer wenn es um Luna geht; da ist sie voll unerschöpflicher Energie und starker Meinungen, eine Wächterbiene, die um einen Bienenstock kreist. Das Mädchen kann sich, wenn auch mühsam, aus eigener Kraft vorwärtsbewegen, wobei sie sich eher auf ihr Gesäß und ihren Rumpf verlassen kann als auf die unterentwickelten, unberechenbaren Gliedmaßen, doch egal, wie oft man den Boden fegt, sie wird vom Herumkrabbeln staubig und fängt an zu röcheln, oder sie stößt gegen ein Tischbein und gibt Grunzlaute von sich, weshalb Fanny sie nie länger als ein paar Minuten aus ihrem Stuhl lässt.

Zur Toilette, die sie mit den Nachbarn teilen, gelangt man über den nächsten Treppenabsatz und eine lange, steile Treppe – eine Herausforderung für Luna, aber keine unüberwindliche, nach Rebeccas Ansicht. Habt ihr je darüber nachgedacht, ihr für den Anfang beizubringen, aufs Töpfchen zu gehen?, fragt sie, doch Fanny erteilt ihr eine Abfuhr. Sonst sparsam, hortet Fanny einen reichen Vorrat an Puder und Lotionen und einen Stapel schneeweißer Windeln und bemuttert das Kind ununterbrochen, bürstet ihr das Haar, wischt ihr das Gesicht ab, füttert sie mit einem Babylöffel. Das alles kommt Rebecca seltsam vertraut vor, obwohl sie zunächst nicht weiß, warum, bis es ihr eines Tages einfällt: Fanny ist wie Djentil Nahon mit ihrer alten Mutter, nur dass die Mutter uralt war und im Sterben lag und Luna mit fast sieben noch heranwächst.

Jeden Nachmittag unterrichtet Sam Luna eine Stunde lang, bringt ihr bei, Worte auszusprechen, die er auf Packpapier schreibt, und mit Pfefferminzbonbons zu rechnen: Wenn du bis dreißig zählst, bekommst du einen! Was bleibt übrig, wenn ich die Hälfte davon wegnehme? Wenn du die Antwort weißt, Lunita, kannst du einen haben. Sein oberlehrerhafter Eifer erinnert Rebecca an ihren Vater, auch wenn Sam sanftmütiger ist und deutlich geduldiger, und während Alberto eher der Religion und der Philosophie zugetan war, bringt Sam Luna die Naturwissenschaften nah: Sterne und Gezeiten, wie aus Wolken Regen entsteht, die Erdschichten. Lunas Sprache ist verworren, und anfangs glaubt Rebecca, dass Sam eine aufwendige Scharade aufführt, bei der er sowohl Frage als auch Antwort liefert, doch bald lernt sie, die Worte des Kindes zu entschlüsseln, und erkennt, dass Lunas Gehirn einerseits einer chaotischen Bahnhofshalle gleicht, mit lauter verpassten Anschlüssen, und andererseits einem grünen, fruchtbaren Tal, ohne klaren Weg dazwischen. Am Ende der Stunde nimmt Sam oft ein illustriertes Exemplar von *Grimms Märchen* zur Hand und liest Luna auf Englisch daraus vor, damit sie es lernt und um sein eigenes zu verbessern, wobei er für Rebecca einige Abschnitte übersetzt, die darauf ihr Nähzeug sinken lässt oder eine Pause von der Hausarbeit macht, um der Geschichte zu lauschen wie ein kleines Mädchen.

Luna hat ein Talent für Mathematik und liebt Märchen, doch sie ist auch verwöhnt und schnell frustriert, sodass sie um sich tritt und schreit und absichtlich in die Windel macht, wenn sie eine falsche Antwort gibt oder sie nicht weiß oder wenn ihr Vater Bonbons zurückhält oder streng wird. Fanny mag den Unterricht nicht. Das reicht, Sam, sie ist müde, es ist Zeit für ihr Bad, unterbricht sie nach einer halben Stunde, wofür sie extra vom Laden hochkommt. Oder, bitte, Sam, keine Schule mehr für heute, sie wird nach dem ganzen Zucker kein Abendbrot mehr essen. Aber Sam, der seiner Mutter in den meisten Dingen nachgibt, widersetzt sich – nur noch ein bisschen, Mutter, geh wieder nach unten, bitte, ich sag dir Bescheid, wenn wir fertig sind –, und es hat fast etwas Heiliges, wie sich sein großer, kahler Kopf über den kleinen, dunklen seiner Tochter beugt, wie seine große Hand ihr kleines, überstrecktes Handgelenk und die steifen Fingerchen über die Blockbuchstaben auf dem Packpapier führt – KATZE HUND ÖFFNEN SCHLIESSEN HIMMEL SONNE. Beim Zusehen spürt Rebecca eine andere, tiefere Liebe für ihn aufkeimen und erste Anzeichen von so etwas wie Zuneigung für Luna, auch wenn sie sich selbst dann kleiner fühlt, denn Vater und Tochter sind eine unantastbare Einheit, eine in sich geschlossene Welt.

»Luna ist ein kluger Kopf. Warum geht sie nicht zur Schule?«, fragt sie Sam eines Abends im Bett. »Es muss doch irgendwo in New York eine für sie geben.« Amerika scheint Schulen für alles und jeden zu haben. Allein in ihrem Viertel gibt es eine Fahrschule und eine Schule für Friseure sowie eine Grundschule, Letztere in einem großen, Ehrfurcht einflößenden Backsteingebäude, wo sie mit Rachel war, um sich nach der Anmeldung für David und Berto zu erkundigen, wenn sie endlich ankommen. In der Kirche um die Ecke gibt es sogar kostenlose Englischkurse. Rebecca hat einen Prospekt auf Spanisch an der Kirchentür gesehen und will sich für den nächsten anmelden.

Sam streicht ihr über dem Nachthemd mit der Hand über die Hüfte. »Keine, die nah genug ist.«

»Wir könnten den Bus nehmen oder das Auto. Ich kann helfen. Ich möchte sowieso Autofahren lernen.«

Er schüttelt den Kopf. »Autofahren ist hier gefährlich. Außerdem habe ich mir letztes Jahr eine Schule für behinderte Kinder angesehen. Es war ein elender Ort, voll mit schwachsinnigen Kindern, wie ein Gefängnis.«

»Bist du sicher, dass sie alle schwachsinnig waren? Verzeih mir, wenn ich das sage, Sam, aber die Leute könnten das auch von Luna …«

»Nein, sie waren nicht wie sie. Man konnte es sehen. Selbst wenn manche von ihnen vielleicht noch bei Verstand waren, bevor sie an diesen Ort kamen. Ich sage dir, es war wie ein Gefängnis, Rebecca, mit Gittern an den Fenstern. Die Kinder mussten dort schlafen.« Er schaudert. »Ich hatte so etwas noch nie gesehen. Ich habe mich so geschämt.«

»Geschämt? Warum? Es ist doch nicht deine Schuld.«

»Als Gesellschaft, als Amerikaner.«

»Oh.« Sie versucht, ihre Überraschung zu verbergen. Als Amerikaner? Er ist ein Fremder, oder? Ein Jude, wie sie. Ein Sepharde und Türke. Zu Hause sprechen sie Spanyol, auch wenn immer ein englisches Wörterbuch auf dem Küchentisch liegt, das Sam benutzt, wenn er die Zeitung liest.

»Wie wäre es dann mit einer normalen Schule?«, fragt sie. »Schlau genug ist sie allemal.«

»Natürlich ist sie das, aber dafür müsste sie die Toilette benutzen können und laufen, wegen der Feuerübungen.«

»Was ist das?«

»Man tut so, als ob es brennt, und bringt den Kindern bei, wie sie sich retten können.«

»Wirklich? Was für eine gute Idee!«

In der Stadt ihrer Kindheit wüteten regelmäßig Feuer. Danach bauten die Überlebenden ihre Holzhäuser auf der Asche der alten wieder auf, umklammerten ihre Amulette und beteten, dass der Wind das Feuer nächstes Mal woandershin tragen möge. Selbst Rebeccas Vater akzeptierte Schicksalsschläge mit verstörender Passivität – sie versteht immer noch nicht, warum er seine Textilfabrik nicht zurückbekommen hat –, aber Rebecca ist niemand, der vor Problemen kapituliert, und die zupackende amerikanische Mentalität gefällt ihr. Sie dreht sich auf die Seite und streicht über die Bartstoppeln im Gesicht ihres Mannes.

»Hör mal, Sam, ich glaube, ich könnte Luna beibringen, die Toilette zu benutzen und ihre Muskeln zu kräftigen. Ich habe sie beobachtet. Sie hat einen starken Willen, und ich habe einige Ideen. Vielleicht könnte ich ihr mit der Zeit sogar das Laufen beibringen. Dann könnte sie auf eine reguläre Schule gehen, wie ein normales Kind.«

Sam setzt sich auf und spricht in einem scharfen Flüsterton. »Versprich mir, dass du ihr keine falschen Hoffnungen machst. Sie ist von Geburt an stark eingeschränkt, und daran wird sich auch nichts ändern. Es … Ich rede nicht gern darüber, vor allem nicht vor Luna, aber bei ihrer Geburt mussten Zangen an ihrem Kopf angesetzt werden. Lika wäre fast gestorben, und Luna war blau angelaufen. Es ist ein Wunder, dass beide überlebt haben.«

Rebecca berührt Sam am Rücken, doch er versteift sich, und sie zieht die Hand wieder zurück. »Ich wünschte, ich hätte helfen können«, sagt sie. »Ich wusste nichts davon. Ich … Lika hat mir kaum geschrieben. Während ihrer ersten Schwangerschaft, also der vor Luna, hat sie mir einmal geschrieben, dass das Baby, wenn es ein Mädchen wird, mit zweitem Namen Rivka heißen soll, nach mir. Erst Corinne hat mir erzählt, was mit dem armen Baby passiert ist, möge es in Frieden ruhen. Heißt Luna mit zweitem Namen Rivka?«

Sam wirkt gequält. »Nein, sie heißt Fanny Luna, aber Lika hat dich nicht vergessen. Sie, wie soll ich es erklären – der Verlust des ersten Babys hat ihr zugesetzt, und dann wurde Luna geboren, und es gab so viele Probleme. Es hat ihr wohl einfach das Herz gebrochen, möge sie in Frieden ruhen. Aber Luna falsche Hoffnungen zu machen wäre grausam.«

»Sie müssen nicht falsch sein.«

»Du bist gerade erst angekommen«, sagt Sam hart. »Du kannst das noch nicht beurteilen. Ich bin ihr Vater.«

»Du hast mich geheiratet. Ich bin jetzt ihre Mutter.« Rebecca spricht zur Decke, die vom Mondlicht gestreift ist, das durch die Ritzen zwischen den Vorhängen fällt. »Wenn du einen Putzlappen als Frau willst, hast du dir die Falsche ausgesucht. Ich werde mich nicht zurücklehnen und zusehen, wie ein Leben vor die Hunde geht. So wurde ich nicht erzogen. Sie kann kontrollieren, wann sie *caca* machen will – sie setzt es ganz bewusst ein, um zu bekommen, was sie will. Sie hat genug Willenskraft für zehn Kinder, aber sie ist verwöhnt, und sie hat keine Ahnung, was alles möglich ist. Ich kann mit ihr arbeiten, Sam, wenn du auf meiner Seite bist und ihr zeigst, dass sie mir vertrauen kann. Ich kann etwas erreichen – ich spüre es. Weißt du, wie viel *Würde* es ihr geben würde, die Toilette zu benutzen wie andere Mädchen?«

»Sie ist nicht wie andere Mädchen. Die Treppe ist steil. Wir teilen uns das Badezimmer.«

»Dann fangen wir mit dem Töpfchen an, wie ich es deiner Mutter vorgeschlagen habe.«

»Hast du? Was hat sie gesagt?«

»Sie hat mich natürlich ignoriert, als wäre ich Luft. Will sie wirklich ihr ganzes Leben Windeln wechseln? Ich jedenfalls nicht.«

»Darum geht es hier also!«, sagt Sam fast triumphierend. »Meine Mutter vergöttert Luna und kümmert sich gut um sie. Dann überlasse Luna doch ihr. Ihr macht es nichts aus.«

»Hast du gehört, was ich gesagt habe? Du hast *mich* geheiratet. *Ich* bin jetzt hier.« Rebeccas Stimme klingt verärgert. »Was sagt der Arzt über ihre Aussichten?«

In der vergangenen Woche hatte sie Luna, Sam und seine Mutter zu einem Termin im Columbia Presbyterian Hospital begleitet, das Wartezimmer voll mit behinderten Kindern, die vielleicht noch schlechter dran waren als Luna, obwohl einige mittels Schienen und Krücken laufen konnten. Neben dem Sprechzimmer war ein Raum, in dem ein kleiner Junge mit blonden Locken wie Berto und krummen Beinen mithilfe von Beinschienen und einer Vorrichtung auf Rädern laufen lernte, während eine Krankenschwester von der Seite zusah, die Hände hinter dem Rücken verschränkt. Rebecca hatte sich auf die Zehenspitzen gestellt und durch das Fenster in der Tür zugesehen, bis die Schwester sie entdeckte und mit strenger Miene verscheuchte, als würde sie ein Berufsgeheimnis hüten, oder vielleicht die Privatsphäre des Kindes.

Später hatte der Arzt, Dr. Carlson – ein überraschend junger Mann, der selbst im Rollstuhl saß –, Luna mit Unterstützung einer Schwester untersucht, während sie tobte, schrie und in die Windel machte. Was mag sie?, fragte der Arzt über das Geschrei hinweg, und Sam übersetzte für Rebecca. *Was sie mag?* Ja, was bringt ihr Spaß? Sam hatte verunsichert gewirkt, überfordert von der ganzen Begegnung, deshalb übernahm Rebecca das Antworten, und Sam übersetzte. Sie mag Bonbons, Märchen, Tand. Ihren Papa. Der Arzt zauberte einen roten, spiralförmigen Lolli hervor und begann, eine Geschichte zu erzählen (in Amerika beginnen sie alle mit *Once upon a time*). Lunas Schreie verebbten, während der Arzt sie weiter untersuchte und ihnen sagte, dass sie ein (teures) Röntgenbild von ihrem Gehirn benötigten. Danach gab seine Assistentin Luna noch einen Lolli für den Weg und Sam die Rechnung. Der Arzt sagte ein paar Sachen auf Englisch, tätschelte Luna mit seiner verkrampften Hand den Kopf und schickte sie dann nach Hause.

»Ihre *Aussichten*?«, sagt Sam. »Sie ist stark eingeschränkt. Daran wird sich nichts ändern. Man braucht keinen Arzt, um das zu sehen.«

»Warum hat sie Beinschienen?«

»Um zu verhindern, dass die Knochen schief wachsen.«

»Und warum trägt sie die nicht?«

»Sie sind schwer und unbequem, vor allem, wenn sie einen Wachstumsschub hat. Wir haben es versucht, und vielleicht versuchen wir es wieder, aber der Arzt sagt, im Moment ist ihr Wohlbefinden wichtiger. Ihre Beine werden nie normal sein, Rebecca, aber sie ist mit einem scharfen Verstand gesegnet. Ich versuche, sie zu fordern. Das ist nicht leicht für mich – ich habe dir ja erzählt, dass ich kaum Schulbildung hatte –, aber ich gebe mein Bestes.«

Rebecca nickt. »Ich weiß. Du bist ihr ein wundervoller Lehrer, aber sie hat auch einen Körper.«

»Ja. Und ich auch.« Er dreht sich mit dem Gesicht zur Wand. »Meiner braucht Schlaf. Genug davon, bitte. Ich schätze deine Sorge, aber du hast zu hohe Erwartungen. Sie wird niemals laufen können. Sie hat nicht die Knochen dafür. Gute Nacht.«

Doch Rebecca kann nicht aufhören. »Meine Großmutter hat mich eine Heilerin genannt, Sam. Sie hat mich einige ihrer *kuras de kaza* gelehrt. Ich glaube, ich könnte Luna helfen, ein bisschen zumindest, aber deine Mutter lässt mich nicht in ihre

Nähe. Ich bin jetzt seit über einem Monat hier. So, wie sie mich behandelt, könnte man meinen, ich hätte nie ein Kind großgezogen.«

»Bitte sprich leiser«, murmelt Sam. »Sie könnte dich hören.«

Die Kammer, in der Fanny und Luna schlafen, befindet sich am anderen Ende der Wohnung, doch obwohl die Küche dazwischen liegt, sind die Wände dünn, da hat er recht. »Luna hat sogar aufgehört, mich Mama zu nennen«, sagt Rebecca leiser.

Sam dreht sich um und nimmt ihre Hand. »Und wie spricht sie dich an?«

»Gar nicht. Nie. Also …« – Rebecca zuckt die Schultern –, »sie grunzt höchstens in meine Richtung. Das ist alles. Ich verstehe, dass diese Dinge Zeit brauchen, aber sie will etwas von mir. Ihr Blick ist immer auf mich gerichtet und folgt mir überallhin. Diesem Kind entgeht nichts.«

»Ich weiß«, sagt Sam stolz. »Sie ist etwas ganz Besonderes.«

Draußen bellt ein Hund, ein einsames Kläffen, und dann noch mal. Keiner von ihnen sagt etwas.

»Als sie geboren wurde«, flüstert Sam schließlich und knetet Rebeccas Hand so fest, dass es wehtut, »sagten sie uns, wir sollen sie dort sterben lassen oder … oder sie an einen Ort für *Wegwerfkinder* bringen – so haben sie es genannt, als würde man Kinder wegwerfen wie … Müll. Wir waren kurz davor. Lika war krank, weil sie zu viel Blut verloren hatte, und Luna war zu früh gekommen. Sie mussten sie mit einer Pipette füttern, wie ein Vögelchen. Alle haben gesagt, wir sollen sie gehen lassen. Lika konnte sie nicht halten, konnte sie nicht einmal ansehen – sie war ganz behaart und nicht größer als eine Puppe –, aber als ich … als ich Abschied nehmen wollte, hat Luna mich einfach«, er schnieft, »sie hat mich einfach angestarrt, Rebecca. Sie hat mich die ganze Zeit angestarrt. Sie konnte nur ein Auge öffnen, aber ich sage dir, sie hat in meine Seele geblickt. Wir hatten schon ein Kind verloren – vielleicht war unser Blut zu ähnlich, weil wir verwandt sind, oder Lika war nicht fürs Gebären gebaut. Man hatte uns gesagt, wir sollen es nicht weiter versuchen, aber Lika wollte es so sehr, und … na ja, es passierte, und dann sagten sie, sie schneiden das Baby raus, in einer Operation, aber Luna kam ihnen zuvor. Sie hat mich angesehen, und das war's.« Er lässt Rebeccas Hand los. Als er wieder spricht, klingt seine Stimme ungewohnt zornig. »Mein Vater hat mich im Stich gelassen. So etwas würde ich meinem Kind niemals antun. Ich bin vielleicht nicht perfekt, aber ich gebe mein Bestes.«

»Natürlich tust du das.« Rebecca, die jetzt ungehemmt weint, streichelt seine trockenen Wangen. »Du bist ein guter Mann, Sam. Was glaubst du, warum ich dich geheiratet habe? Aber Liebe kann blind machen, und Angst genauso. Sieh mich an. Ich bin ein gutes Beispiel. Ich hätte in Spanien eine Schule für meine Kinder suchen sollen, aber David hatte solche Schwierigkeiten mit den Nonnen, und ich … ich hatte einfach Angst. Ich hätte sie mit nach Kuba nehmen sollen, aber ich dachte, was, wenn es nicht klappt mit diesem Fremden, diesem *Samuel Levy*? Was, wenn das Schiff unterwegs sinkt? Ich hatte sie schon bis nach Adrianopel gebracht, nur um bei der Ankunft zu erfahren, dass ihr Vater tot ist. Und jetzt noch mal von der Klippe ins Feuer springen?«

»Es war richtig von dir, sie bei deinen Eltern zu lassen.« Sam küsst ihr nasses Gesicht. »Manchmal ist Vorsicht der richtige Weg.«

»War es aber nicht.« Sie setzt sich auf. »Jetzt sitzen sie in Spanien fest. Was für ein Land lässt ein Kind nicht zu seiner

Mutter? Sie sagen: *Haben Sie Geduld, Mrs Levy.* Ich sitze hier und warte – noch nie habe ich mich so hilflos gefühlt. Aber vielleicht kann ich Luna helfen, ich kann es versuchen. Deine Mutter geht nicht mit ihr nach draußen, weil sie Angst vor der Treppe hat, und davor, dass die Leute gaffen. Na gut, dann suchen wir uns eine Wohnung im Erdgeschoss und bringen Luna bei, wie man sich benimmt. Die Sonne wird Farbe auf ihre Wangen bringen. Dann gaffen die Leute eben ein bisschen, na und? Lass sie! Mich starren sie auch an. Wer ist diese seltsame Ausländerin, die neu im Viertel ist? Hab ich dir erzählt, dass ich neulich Hühnerkeulen kaufen wollte und stattdessen nach Hühner*beulen* verlangt habe? Als sich der Irrtum aufgeklärt hat, habe ich gelacht, also lachten sie auch. Gafft doch, soviel ihr wollt.« Sie macht Stielaugen. »Ich starre zurück.«

Sam schüttelt den Kopf. »Sie gaffen, weil du schön bist. Luna glotzen sie an, weil sie es nicht ist.«

»Sie ist auch schön.«

»Wirklich?«, fragt er hoffnungsvoll. »Findest du?«

Sie nickt. »Sie hat Likas Augen und volles Haar und wunderschöne Haut, aber sie muss lernen, weniger zu sabbern und Bitte und Danke zu sagen und ihren Kopf zu halten. Stolz zu sein. Gib mir täglich eine Stunde, um mit ihr zu arbeiten, Sam. Sag deiner Mutter, sie soll uns lassen. Sie kann solange zu deiner Schwester gehen oder sich in den Park setzen oder sich etwas Gutes tun.«

»Ich kann sie fragen«, sagt er skeptisch.

»Nicht fragen. *Sagen.*«

»Es wird ihr nicht gefallen.«

»Ich dachte, du bist der Mann im Haus.« Sie steckt eine Hand unter die Decke und streicht über seinen behaarten Bauch bis zur Unterhose.

»So funktioniert das also?« Er lacht. »Ich bin der Mann im Haus, wenn ich meiner Frau gehorche?«

»Natürlich. Hast du das nicht gewusst?«

Dann – von wegen müde – küsst er ihr Schlüsselbein und ihren Hals, Kinn, Schläfe, die Windungen ihres Ohres und schiebt ihr Nachthemd hoch, und bald darauf sind sie beide nackt, und er ist in sie eingedrungen. Die Bedürfnisse des Mannes sollten für die Ehefrau eine Bürde sein, doch Rebecca genießt es meistens, wenn sie sich lieben – es ist der einzige Ort in Amerika, an dem sie sich zu Hause fühlt. Heute Abend jedoch ist sie mit den Gedanken woanders, denn was, wenn sie Luna doch nicht helfen kann, und wo werden ihre Söhne schlafen, wenn sie endlich aus Spanien eintreffen, und *wann* werden sie eintreffen, und was ist mit dem Rest der Familie? Und wie werden ihre Jungs mit Luna umgehen, mit dem Erlernen einer neuen Sprache und mit einer neuen Großmutter, die in ihrem Herzen keinen Platz für sie hat, die niemals singt?

Rebecca hat sich selbst nie für nervös gehalten, doch sie hat einen immer wiederkehrenden Traum, dass David und Berto sich mit Lunas Krankheit angesteckt haben (obwohl sie weiß, dass es ein Geburtsfehler ist und nicht ansteckend), und einen anderen, in dem ihre Eltern in einer Sprache sprechen, die sie nicht versteht. Als Sam schläft und schnarcht, greift sie nach ihrem Nachthemd, weil sie den Schutz einer zweiten Haut braucht, und liegt lange wach. Es ist später in Spanien, oder früher, je nachdem, wie man es betrachtet. Die Wachhunde rühren sich, die Sonne steigt über den Glasscherben auf der Gartenmauer auf. Hat der Hahn schon gekräht? Schlafen ihre Kleinen noch, tasten sie in der Nacht nach ihrer Mutter, aber finden nur einander oder vielleicht Avuela? Haben sie vor dem Schlafengehen gebadet und sind rosig und sauber?

Haben sie den letzten Brief mit ihrer Zeichnung bekommen: zwei lächelnde Jungen auf einem Schiff in Matrosenanzügen? *Seid brave Jungs. Wir sehen uns bald. Schickt mir ein Foto. Küsse von eurer Mutter, die euch über alles liebt.* Sind sie – einerseits wünscht sie es sich, andererseits stimmt es sie traurig – gewachsen? Auf dem Nachttisch steht ein gerahmtes Foto von ihr mit David und Berto in eben jenen Matrosenanzügen, auf der Rückseite ihr erster Schreibversuch auf Englisch, den sie wenige Wochen nach ihrer Ankunft unternommen hat. *There in Spain my dollings.* Sam hatte sie auf die Schreibfehler aufmerksam gemacht, als er es sah, und obwohl Rebecca die Korrektur achselzuckend abtat, war sie gekränkt gewesen.

Später wird sie sich im Badezimmer mit einem Waschlappen einseifen, und obwohl sie es zu diesem Zeitpunkt noch nicht weiß, ist es die Nacht, in der Jacob – den man Jack nennen wird, sobald er zur Schule geht – sich eingenistet hat, ihr einziger rothaariger Sohn, ein wunderschönes *(sin ojo)* Baby und das erste ihrer Kinder, wenn man Luna nicht mitzählt (was Rebecca tut und dann wieder nicht), das *Made in America* ist, aber von Anfang an unruhig und anstrengend, weil er von einer Mutter *nerviosa* auf nervösem Boden zur Welt gebracht wurde.

II

Die neue Mutter ist wegen des Babys in ihrem Bauch beim Arzt, und Papa ist bei der Arbeit, und Luna hat Hunger, aber das Brot ist alle. Wie wär's mit einem Ei?, fragt Nona, aber Luna sagt Nein. Wie wär's mit Joghurt, schlägt Nona vor, oder *kashkaval*, aber Luna will Gebäck, das mit den weißen Zuckergussstreifen und einem dicken Klecks Aprikosenmarmelade in der Mitte. Außerdem will sie raus – draußen scheint die Sonne, und sie hört Kinder auf der Straße spielen –, aber sie darf nicht, nur wenn Papa zu Hause ist, um sie nach unten zu tragen, weil Nona Angst hat, mit ihr die Treppe herunterzufallen.

Luna klimpert mit den Wimpern, ihre Augen die einzigen Körperteile, über die sie Kontrolle hat. »Bitte, Nonita? Bittebittebitte, können wir raus?«

Die Straße runter gibt es eine italienische Bäckerei, und Papa ist im Laden. Er wird lächeln, wenn er sie sieht; er wird ihr Lakritz geben. Ihr roter Wagen wartet im Vorratsraum hinter dem Laden. »Jedes Kind braucht frische Luft«, zitiert Luna die neue Mutter, und Nona schnaubt, nimmt dann aber ihren Hut vom Haken und hockt sich neben Lunas Stuhl, um ihr Socken und Lackschuhe anzuziehen. Dann eine Schleife in Lunas Haar, einmal mit dem nassen Waschlappen übers Gesicht, den Herd ausschalten. Nonas Handtasche, Nonas Pantoffeln gegen braune Schnürschuhe austauschen, Lunas Schleife gerade rücken. Nonas Strümpfe geschickt hochziehen, wobei ihre Hände gekonnte Zupfbewegungen auf dem Rock machen. »Was ich alles für dich tu«, sagt Nona schließlich, und genau das sagt die neue Mutter auch immer (Papa nie; sie ist sein Ein und Alles). Dann geht Nona in die Knie und wankt ein paar Schritte rückwärts, um Luna stöhnend hochzuheben.

Sie haben den Treppenabsatz kaum erreicht, als Nona stolpert und mit Luna in den Armen die lange, schmale Treppe hinunterfällt, ein taumelnder Sturz in die Tiefe, bei dem Lunas Zähne aufeinanderschlagen, der staubige, zersplitterte Geruch der Angst. Luna schließt die Augen, alles verschwimmt, und sie sieht Sternchen, klammert sich an Nona, die sich an sie klammert, während sie kopfüber fallen, dann seitlich in einem verdrehten Winkel aufprallen, die nächste Stufe hinunter, die nächste und die übernächste, bis sie in einem Knäuel am Fuß der Treppe liegen bleiben.

Für einen langen Augenblick bekommt Luna keine Luft. Alles ist still, weiß und regungslos. Dann kehrt ihr Atem zurück, und sie hustet heftig, als würde sie Salzwasser aus ihren Lungen pressen.

»*Lunita*«, keucht Nona und versucht sich aufzusetzen, bevor sie mit einem dumpfen Aufprall umkippt. »Hab Erbarmen, El Dyo, geht es dir gut, *lebst* du?«, und Luna sagt: »Ich lebe, Nonita. Und *du?*«, was fast lustig wäre, denn natürlich lebt Nona – sie hat doch gerade gesprochen, oder? –, nur, dass Nona nicht antwortet; sie wimmert jetzt, ein furchtbares Geräusch, und Luna sieht den eigenen angewinkelten Arm und Nonas braunen Schuh unter ihrem Bein und die Wand mit den verschmierten Fingerabdrücken, aber Nona liegt nicht so, wie sie sollte; sie ist hier und dort verdreht, und Luna kann ihr Gesicht nicht finden.

Noooonaaaaaa? No-NAH?

Nichts.

FANNY, versucht es Luna.

Ein tiefes, sonores Stöhnen.

Nona? SAG ETWAS, Nona, bitte! Nona, bist du verletzt? Kannst du *sprechen*? Doch ihre Großmutter ist verstummt und rührt sich nicht mehr. Ist sie tot? Luna versucht zu beten (die neue Mutter hat ihr das Schma beigebracht), doch die Worte wollen nicht kommen. »Papa?«, ruft sie in die Stille. »Papa! *Ayuda!*« Doch ihr Vater, der nebenan im Laden ist, könnte ebenso gut meilenweit entfernt sein, und selbst wenn sie sich bewegen könnte, hätte sie Angst, Nona wehzutun, falls sie nicht schon tot ist, und falls sie tot ist, wäre das Schlimmste passiert, und Luna liegt hier mit einer Leiche.

Nona stöhnt erneut. Also lebt sie! Eine Fliege summt vorbei. Ist da jemand? Irgendjemand? Hilfe? Was soll sie tun? Während Luna dort liegt, kommt ihr in den Sinn, dass sie und Nona hier am Fuß der Treppe zusammen sterben könnten, was vielleicht gar nicht so schlimm wäre; sie könnte wie Schneewittchen aufgebahrt werden, beweint von einer Eule, einem Raben und einer Taube, und ihr Prinz würde kommen und sie als Prinzessin aufwachen, oder, noch besser, als Vogel, der fliegen kann wie die Tauben, die auf dem Fensterbrett landen, wo die neue Mutter einen Blumenkasten angelegt hat, weil »mein Papa mir beigebracht hat, wie man gärtnert, als ich ein kleines Mädchen war wie du, und mir Samen auf die Reise nach Amerika mitgegeben hat«, und damit Luna »etwas zum Anschauen hat und etwas, worum sie sich kümmern muss«. Jeden Morgen hievt die neue Mutter sie hoch (»*Guay de mi*, Rebecca – lass sie nicht fallen!«), und sie gießen die Setzlinge und streuen Krümel für die Vögel, die sich *wie Ratten* sammeln, aber Federn wie Regenbögen haben, und ihre knubbeligen rosa Füße einziehen, um gen Himmel zu fliegen (sie erheben sich, und Lunas Herz erhebt sich mit ihnen).

Sie versucht, ihre Gliedmaßen von Nonas zu trennen, doch ihr linker Arm zuckt und schlägt Nona in die Brust, sodass sie aufschreit. *Tutmirleidnonatutmirsoleid.* Luna weint jetzt, ihre Gliedmaßen zucken und zappeln immer noch willkürlich. Die altbekannte Wut auf ihren Körper steigt in ihr auf, der immer gegen sie ist und gleichzeitig ihr engster Vertrauter und voller Sehnsüchte – nach Komplimenten, Sonnenlicht, Zucker, Berührungen. Sie versucht noch mal zu beten – *shemayisrael-adonaieloheinu* –, und diesmal kommen ihre Gliedmaßen zur Ruhe.

Baruchshemk'vod. Sie zieht die Beine unter Nonas hervor.

Vahavtaiadonaielohecha. Sie hebt ihren Arm.

Endlich frei, rutscht Luna zur Tür und schlägt mit der Krone ihres Kopfes dagegen, das Gebet in Dauerschleife in ihrem Kopf. Es werden noch Jahre vergehen, bevor sie lernt, was das Schma eigentlich bedeutet – »Wenn du in deinem Haus sitzt oder unterwegs bist, wenn du dich niederlegst und wenn du aufstehst« –, aber bis dahin wird ihr das tägliche Rezitieren längst zur Gewohnheit geworden sein. Jetzt spricht sie die Worte, während sie mit dem Schädel gegen die Tür schlägt und schreit, bis sich die Tür endlich öffnet und eine Frau mit Hut hereinschaut – »Heilige Mutter Gottes, Kind! Was ist passiert?« – und ihre Einkäufe auf dem Gehweg stehen lässt, um in den Laden zu eilen, wo Papa ist.

Für kurze Zeit ist Luna eine Heldin – du hast den Tag gerettet, du hast deine Nona gerettet, du hast Hilfe geholt! –, und ihr Ellbogen heilt, aber Nonas Hüfte ist gebrochen, und sie wird nie wieder ohne Stock gehen können. Nona gibt der neuen Mutter die Schuld an dem Sturz, weil sie *dem Kind Ideen in den Kopf gesetzt hat,* doch Luna weiß, es war ihre Schuld, weil sie gierig war, weil sie Gebäck wollte und Nona damit in den

Ohren gelegen hat, und die neue Mutter, die hinten Augen hat, weiß es auch, sagt aber nichts, und das Schweigen ist fast schlimmer als Vorwürfe.

Als Nona aus dem Krankenhaus kommt, zieht sie zu Tiya Sarah, die ein paar Blocks weiter in einer Erdgeschosswohnung lebt. Die neue Mutter näht Nona eine korallenfarbene Bettjacke und kocht ihr einen Topf Hühnersuppe mit Zitrone und Ei, dann wendet sie sich Luna zu, mit Triumph im Blick.

Die neue Mutter quält sie. Seit ein paar Monaten führt sie mit ihr täglich eine Reihe von Übungen durch, anfangs nur eine Stunde, aber ohne Nona werden daraus zuerst zwei, dann drei, unterteilt in eine zermürbende Sitzung am Morgen und eine weitere am Nachmittag. Luna muss sich auf den Teppich legen, ihre Gliedmaßen heben, senken, heben, zuerst einzeln (sie schafft es, obwohl es schwer ist), dann beide Arme zusammen (schwieriger), dann einen Arm und das gegenüberliegende Bein (*ichKANNNICHT!* Sie tritt, schreit, wölbt den Rücken, schlägt um sich, pinkelt in einem warmen Schwall), bis sie es zehn Mal geschafft hat. Die neue Mutter lässt sie Suppendosen hochheben, in glatten, ungekochten Reis greifen und ein Glas Wasser ohne Strohhalm oder Deckel trinken, und *reg dich nicht auf, wenn etwas danebengeht* (tut sie, tut es).

Die neue Mutter knotet Luna ein Geschirrtuch um den Hals und gibt ihr eine Tasse Schokoladenmilch – ihr Lieblingsgetränk –, und als sie es verschüttet, zwingt sie Luna, die Sauerei selbst aufzuwischen, mit einem Lappen aus ihrem zu klein gewordenen Lieblingsnachthemd, weißer Flanell mit blauen Blüten. Nach der Lektion bietet sie Luna noch eine Schokoladenmilch an, diesmal mit Deckel und Strohhalm aus dem Laden; Luna saugt einen Schluck ein und spuckt ihn wieder aus, sodass alles (hoppla!) auf das weiß-gelbe Karokleid der neuen Mutter spritzt. Mit ihren blitzschnellen Händen knöpft die neue Mutter das Kleid auf und zieht es aus, um einen Satinunterrock und einen rosa BH mit Spitzenbesatz zu enthüllen, weit entfernt von der praktischen, strengen Unterwäsche, die Nona trägt. Ihr Bauch wölbt sich; darin ist ein Baby. Sie wendet sich kurz ab, die Hand auf dem Bauch, und holt Luft, und als sie sich wieder zu Luna dreht, hat sie ein breites, aufgesetztes Lächeln im Gesicht, als wäre das alles ein Witz, doch es ist kein Witz; Luna *wollte* das Kleid ruinieren, sogar noch mehr, als sie die Person darin sein wollte, eine schöne Frau mit schönen Kleidern, einem kalten Herzen und Papas Liebe, die böse Stiefmutter aus einem Märchen.

»Wir können den Fleck auswaschen«, sagt die neue Mutter aufgeräumt, als würde sie einen Ausflug in den Park vorschlagen. »Seife und Essig, ein Wundermittel. Setz dich schon mal ans Waschbecken, während ich mich umziehe, dann zeige ich dir, wie es geht.«

Jahre später, als Luna in der Verwaltung des New York City Department of Hospitals arbeitet, wird sie zum Geburtstag von einer Kollegin zwei Gänse aus Holz bekommen, die sich gegenseitig picken, wenn man an einer Schnur zieht, und im endlosen Stakkato der kleinen geschnitzten Vögel erkennt sie sich und die neue Mutter in jener ersten Zeit in Astoria wieder, als sie beide ihr Revier markierten und, jede auf ihre Art, um ihr Leben kämpften. Hinlegen hochheben, eins zwei drei, ich kann nicht, du kannst, ich will nicht, du wirst, du tust mir *weh*, ich werde es Papa sagen! Mach nur, geh petzen, Luna – glaubst du, mir bringt das hier Spaß, so wie du dich aufführst? Dein Papa weiß, dass ich es für *dich* mache.

Manchmal tut sie, als würde sie weinen, theatralisch und

laut, und dann weint sie wirklich und verschluckt sich an ihrer eigenen Spucke, bis die neue Mutter ihr auf den Rücken klopft und sie bittet aufzuhören und ihr Gesicht küsst – Wangen, Stirn, Kinn, ist schon gut, Lunita, schh, schhh –, und ganz selten bringt sie die neue Mutter zum Weinen und spürt für einen kurzen Moment ihre Traurigkeit: dass sie ohne ihre beiden Jungen ist, weit weg von ihrer Mutter, weit weg von zu Hause, und dann liegen sie einander erschöpft in den Armen.

Die Atempausen währen nie lang.

»Feine Mädchen essen mit einem Löffel, Luna – du bist kein Tier im Stall.«

»Nona sagt, es ist gut, wie ich es mache, dass ich so essen darf.«

»Tja, ich sage Nein, und ich bin deine Mutter.«

»Meine Mutter ist *tot*!«

Dann ein wortloser Schrei. Luna legt alles hinein.

»Ein bisschen lauter«, sagt die neue Mutter trocken, als Luna kurz Luft holt. »Bitte. Mach nur, lass es raus, damit die Nachbarn den Krankenwagen rufen.«

Nur sonntags, wenn der Laden um elf Uhr schließt, hat Luna mal Pause, denn die Sonntage sind für Ausflüge da: um Nona zu besuchen oder in den Park zu gehen oder in die Bronx zu fahren, zur Schwester der neuen Mutter, oder ins Concord Hotel in den Catskills, wo Papas Bruder Leo Kellner ist und ihnen *COUUU-pons* gibt (bei der neuen Mutter klingt das Wort wie Taubengurren), für die sie Familienrabatt bekommen. Im großen Speisesaal mit roten Samtstühlen und einem Flügel stellt sich die neue Mutter vor alle hin und singt, und die anderen Gäste klatschen, und Papa strahlt, doch niemand spricht mit Luna; die Mütter senken den Blick und drücken ihre Kinder an sich. In Gedanken lässt Luna die neue Mutter schrumpfen, stopft sie kopfüber in den offenen Rachen des Flügels und schlägt dann den Deckel zu.

»Se mi korason ventana tenia de poder adientro mirar –«, singt die neue Mutter hingebungsvoll. Wenn mein Herz ein Fenster hätte und ich hineinsehen könnte, *»kampos i vinyas se despertavan de veder tanta dolor –«*, würden Felder und Weinberge erwachen von so viel Schmerz.

Die Musik ist wunderschön, wenn auch herzzerreißend traurig, aber Luna kann sich ihr nicht öffnen, zu eifersüchtig ist sie auf diese Frau, die ihr Instrument so mühelos beherrscht.

An einem Sonntagnachmittag fahren sie an den Strand, und Papa trägt Luna ins Meer, wo sie in seinen haarigen Armen weich und geschmeidig wird und vor Vergnügen kreischt. Doch dann ist die neue Mutter da und versperrt ihr die Sicht auf den Himmel: »Versuch, deinen Kopf nach hinten zu legen, Luna, du kannst dich auf dem Rücken treiben lassen! Das Salzwasser trägt dich – es ist erstaunlich, als wäre ich überhaupt nicht schwanger!«

Papa dreht sie auf den Rücken, bis ihr Kopf das Wasser berührt, aber sie heult erschrocken auf, deshalb hebt er sie wieder hoch und wischt ihr die Augen. »Lass gut sein, Rebecca, bitte – wir sind zum Spaß hier.«

Daraufhin schwimmt die neue Mutter weg, Arm um Arm, aufs Meer hinaus. Sie hatte als Kind in ihrem Sommerhaus Unterricht und kann »schwimmen wie ein Fisch« (wie sie gern erzählt), während Papa, der es nie gelernt hat, unbeholfen paddelt, auch wenn er versucht, es zu überspielen.

»Schwimm am Ufer entlang!«, ruft Papa, aber die neue Mutter hört ihn nicht oder will ihn nicht hören, deshalb ruft er noch mal und kehrt mit Luna auf dem Arm an den Strand zurück, von wo er sie besser sehen kann. »Kehr um, Rebecca, das ist nicht lustig!« Und endlich schwimmt sie parallel zum Ufer: großer Punkt, kleiner Punkt, ein Fußschlag, hochspritzendes Wasser, und erst als sie fast außer Sichtweite ist (sogar Luna spürt einen Funken Angst), beginnt sie zurückzuschwimmen.

»Was sollte das werden?«, fragt Papa, als sie sich endlich zu ihnen in den Sand setzt, doch sie antwortet nicht, sondern legt sich tropfend auf ihr Handtuch, etwas außer Atem, und reibt sich den Bauch, wo sich das Baby unter dem Badeanzug abzeichnet.

»Sie wollte nach Spanien schwimmen«, schlägt Luna auf dem Handtuch daneben vor.

»Spanien?«

»Zu ihren Söhnen.«

»Natürlich, das stimmt. Sie versteht mich.« Die neue Mutter dreht sich auf die Seite und gibt Luna einen Kuss auf die Stirn. »Du verstehst mich, *m'ijika*.«

Ohne nachzudenken, schlingt Luna einen Arm um den nassen Hals der neuen Mutter. Und für einen schiefen Moment gibt es nur sie beide, während Papa zusieht – ein Mädchen mit ihrer Mama am Strand.

Immer wieder fordert die neue Mutter sie, und Luna widersetzt sich; die Fenster bleiben während der Übungen jetzt geschlossen, weil *die Leute sonst denken, dass ich dich foltere, so wie du dich gebärdest!* Lunas Gliedmaßen behandelt die neue Mutter mit Wärme (zu heiß) und Eis (zu kalt). Sie versucht, Lunas Finger zu massieren, aber sie kleben zusammen wie die Fliegen auf dem bernsteinfarbenen Fliegenpapier, das in einer Spirale über der Küchenspüle hängt, nur dass die Fliegen tot und

Lunas Finger lebendig sind (waren), gemütlich aneinandergekuschelt oder aber zur Faust geballt, die nach Blut giert: Schlag ihr auf die Lippe, verpass ihr einen Kinnhaken (sie landet neben dem Ohr der neuen Mutter und wird – was das Schlimmste ist – ignoriert).

Die neue Mutter zwingt Luna, die Arme zu dehnen, mithilfe von Bändern, die sie um ihre Handgelenke schlingt und am anderen Ende festhält. Stell dir vor, du sitzt in einem Boot und ruderst! Rudere zur Insel. Siehst du die große Palme? Siehst du die Papageien? Rudere, Luna, rudere! Sie bindet ihr Bohnensäcke an die Beine. Der hier ist federleicht, heb das Bein. Ein bisschen höher, du schaffst das! Dein Körper ist ein wildes Pferd, aber du bist der Reiter! Zeig ihm, wer der Boss ist! Willst du kein großes Mädchen sein? Roosevelt ist gelähmt, aber lässt er sich davon aufhalten? Du kannst jemand sein! Du hast das Zeug dazu. Sieh dir Dr. Carlson an. Ihm ist es wie dir ergangen, vielleicht noch schlimmer, und jetzt ist er ein berühmter Arzt. Willst du etwa nicht zur Schule gehen und Freunde finden? Du schaffst das! Du musst nur erst denken und dann handeln!

Ichdenkichdenkichdenk. In einem versteckten Winkel ihrer selbst wünscht sich Luna nichts sehnlicher, als zur Schule zu gehen, Freunde zu finden, jemand zu sein, doch die Wahrheit ist, dass Denken alles zerstört. Wenn sie links denkt, bewegt sich ihre Hand nach rechts, vor allem, wenn jemand zusieht. Wenn sie es andersherum versucht und links für rechts denkt, kann es passieren, dass sie sich mit der Hand – der einen oder der anderen, Überraschung! – ins Gesicht schlägt, wie Charlie Chaplin, der von seinem eigenen Rechen am Kopf getroffen wird. Wenn sie Schule, Freunde, neues Baby, neue Brüder denkt – an der Wand hängt ein gerahmtes Foto von den beiden Söhnen der neuen Mutter, von ihr kein einziges –, erfüllt sie ein giftiges Gebräu aus Gefühlen, das ihren Kopf zur Seite schleudert, ihre Gliedmaßen verrenkt und Sabber aus ihrem Mund laufen lässt.

Anfangs hat Luna die neue Mutter für ein paar Tage Mama genannt. Dann hörte sie damit auf. Sie weiß es zu dieser Zeit noch nicht, nur unbewusst, aber sie hat sich immer nach einer Mutter gesehnt, sogar schon bevor sie die eigene ganz verlor (eine große, verschwommene Gestalt, die im Bett liegt und sich abwendet). Dann sagte Papa eines Tages, er habe eine gefunden; er müsse fort, um sie zu holen, aber nicht lange. Diese neue Mutter sei die beste Freundin der alten Mutter gewesen und wünschte sich eine Tochter und sei übers Meer zu ihnen gekommen.

Er erzählte Luna nicht, dass die neue Mutter auch seine Frau sein würde und dass sie ihren Papa mit einer Fremden teilen müsste. Er sagte ihr nicht, dass diese Mutter schon zwei eigene Kinder hatte und sie Luna anfangs mit Entsetzen ansehen würde, später dann mit der festen Entschlossenheit, sie gesund zu machen, sodass sie (ganz allein) auf den eigenen Füßen stehen konnte. Denkt die neue Mutter, Luna kann es nicht hören, wenn sie sich im Schlafzimmer bei Papa beschwert, wie verwöhnt sie sei, oder wenn die beiden nachts ächzen und stöhnen, widerliche, faszinierende Geräusche? Papa nennt die neue Mutter *prensesa* – auch sein Kosename für Luna – und küsst sie in der Küche auf die Lippen, tätschelt ihre Hüften und bittet Luna, auf sie zu hören, *sie versucht nur, dir zu helfen* und *es ist nicht leicht, ein neues Leben anzufangen, wenn die eigenen Kinder so weit weg sind.*

Zuerst liegt Luna für ihre Übungen auf dem Teppich, aber dann lässt die neue Mutter sich von Papa einen speziellen Tisch bauen, anhand einer Skizze, die sie im Krankenhaus angefertigt hat, wo Luna jetzt nach ihrem monatlichen Arzttermin immer Physiotherapie macht. Die Schwester, eine Deutsche, die mit Dr. Carlson verheiratet ist, lässt die neue Mutter dabei zusehen und assistieren, damit sie es zu Hause nachmachen können. Der Tisch, der einen guten Teil des Wohnzimmers einnimmt, hat Löcher an den Seiten, durch die die neue Mutter Seile, Mullbinden und alte Strümpfe fädelt. Daneben steht eine Kiste mit Bohnensäcken, Seifenblasenstäben, Gummibällen – Gegenstände, die für einen Außenstehenden wie Spielzeuge aussehen, in Wahrheit aber Folterwerkzeuge sind.

Als Luna sich das erste Mal in einem Handspiegel betrachtet, sitzt sie nach einer Bohnensack-Übung in ihrem Stuhl. Die neue Mutter, die Luna wegen der englischen Wörter in einer Broschüre vom Krankenhaus um Hilfe gebeten hat (Ex-tend? *No se.* Swa-llow? *El pasharo.* Bist du sicher, Luna – ein *Vogel*?), sagt, dass sie ein neues lustiges Spiel hat, um Lunas Aussprache zu verbessern, und holt den Spiegel hervor. Luna kennt ihr eigenes Spiegelbild bisher nur als wässrige Reflexion in der Fensterscheibe, und ihre erste Begegnung mit dem verzerrten Gesicht, das ihr entgegenblickt, ist so verstörend, dass sie ausspuckt und der neuen Mutter der Spiegel aus der Hand fällt.

»*Guay de mi!*«, ruft die neue Mutter. »Tu das nie wieder, es bringt Unglück! Liebe dich selbst, Luna. Liebe dein eigenes Selbst, ein Geschenk Gottes.« Luna spuckt die neue Mutter an und schlägt mit einem Arm um sich, versetzt ihr einen Hieb in die Seite, sodass sie zurückweicht, die Hände auf ihrem Bauch. »Hör auf, Luna – du wirst das Baby verletzen!« Breitbeinig bückt sie sich, um den Spiegel aufzuheben. »Ich mache ihn sauber, und wir versuchen es noch mal.« Doch dann hält sie inne, atmet schwer und lehnt sich an die Wand. »Oder sollen wir einfach aufgeben? Ist es das, was du willst? Es ist dein Leben, Luna. Du hast nur eins. Willst du es wirklich wie eine Topfpflanze am Fenster verbringen?«

Luna sagt weder Ja noch Nein.

»Ich bin müde«, sagt die neue Mutter schlicht. Dann, als würde sie mit sich selbst sprechen: »Und mir ist übel. Ich kriege nichts runter. Vielleicht bedeutet es, dass ich endlich ein Mädchen bekomme.« Sie geht mit dem Spiegel zum Waschbecken und fängt an, ihn abzureiben. »Diese Übung soll dir dabei helfen, deutlicher zu sprechen und nicht zu sabbern. Willst du das nicht? Damit du mit anderen Mädchen spielen kannst, einkaufen gehen, eine Freundin finden? Aus demselben Grund versuche ich, Englisch zu lernen. Die Leute sehen mich an, als wäre ich schwachsinnig, aber ich habe tausend Gedanken in mir, wie kleine Samen. Was mache ich also? Ich versuche es so lange, bis mir fast der Kopf platzt, damit ich meine kleinen Gedanken an die Sonne lassen kann, wo sie wachsen werden.«

Wenige Minuten später kehrt die neue Mutter mit dem Spiegel und zwei Löffeln zurück, auf jedem ein Klecks Orangen-*confitura*. Sie stellt den Spiegel auf Papas Englisch-Wörterbuch auf der Fensterbank, auf einer Höhe mit Lunas Gesicht. »Du streckst die Zunge aus und beobachtest dich dabei im Spiegel. Streck sie raus wie eine Schlange, die Schlange will die Marmelade. So ungefähr …«

Züngelnd ragt ihr Gesicht über dem Stuhl auf. Ihre Zunge berührt den Löffel, leckt die *confitura* ab, kehrt in ihren Mund zurück. Die neue Mutter schluckt; man sieht, wie eine Welle an ihrem Hals hinunterläuft.

»Diese *confitura* ist köstlich!«, sagt sie, als wären sie auf einer Teegesellschaft. »Schwester Carlson hat es mir gezeigt, während du beim Doktor warst. Ist es nicht süß, dass sie verheiratet sind? Sie müssen sich im Krankenhaus kennengelernt haben. Wie romantisch.«

Mit ausgestrecktem Arm, sodass ihr Bauch außer Reichweite ist, hält sie den zweiten Löffel mit der Marmelade vor den Spiegel. Luna beugt sich vor, doch als sie das hässliche Gesicht sieht, spuckt sie es erneut an, dann pinkelt sie in ihre Unterhose, die warme Flüssigkeit eine alte Freundin. Sich die Windeln abzugewöhnen war das einzig Leichte. Innerhalb weniger Tage hat sie gelernt, sich auf einen niedrigen Stuhl mit einem Loch zu setzen und wenig später die Toilette im Badezimmer auf dem Flur zu benutzen; sie liebt ihre Unterhosen über alles, vier mit Schleifen und drei mit aufgedrehten rosa Rosen aus Satin, ein Geschenk von Corinne und Israel, die Kinderkleidung verkaufen.

Die neue Mutter ringt die Hände, als sie die Pfütze auf dem Boden sieht. »Das war's, wir sind fertig. Wir versuchen es morgen wieder. Vielen Dank.«

Luna fängt an zu weinen, erst gespielt, dann von einer Flut unbeschreiblichen Kummers davongetragen. In letzter Zeit gibt ihr die neue Mutter, wenn sie brav war, nach den Sitzungen eine Belohnung, kleine, glänzende Elsternschätze, manche schwer zu greifen oder zu benutzen – wie eine Kinderflöte oder ein Wachsmalstift –, aber andere so verlockend, dass ihre Finger einen Weg finden, sie zu bewegen. Eine Diamantbrosche, ein Glashase, ein türkisches *hamsa*-Amulett, alles aufbewahrt in einer kubanischen Zigarrenschachtel, die nach Papa riecht, nach Zimt, Zigaretten und Toast.

Was sie nicht sagen kann: Der Spiegel hat sie gebrochen, zweigeteilt, innen und außen, alt und neu. Obwohl sie längst wusste, dass andere Kinder draußen spielen, während sie am

Fenster sitzt, sah sie sich im Kopf immer als eines der Mädchen von der Straße oder in Bilderbüchern: runde Wangen, klare Augen, gerade Beine, Schleife im Haar. Was sie nicht sagen kann: Sollte sie das Baby in der neuen Mutter verletzt haben, wird sie sich das nie verzeihen, aber sie wird auch froh sein, weil ein kaputtes Baby perfekt zu ihr passen wird, und auch traurig, denn wer kann etwas Kaputtes schon lieben?

Was sie nicht sagen kann: Warum eigentlich »endlich ein Mädchen«? Was ist mit mir? Was sie nicht sagen kann: Ich will meine Belohnung.

Sie wiegt sich jetzt hin und her und bemerkt nicht, wie die neue Mutter sich hinter sie stellt. Langsam wird sie sich des sanften Drucks auf ihren Schultern und auf ihrem Haar bewusst, und dann stellt sich die neue Mutter vor ihren Stuhl und hebt ihr Kinn, stützt mit einer Hand ihren Kopf und wäscht mit der anderen in langsamen Kreisbewegungen ihr Gesicht mit einem warmen Waschlappen. Die neue Mutter schnallt sie ab und hebt sie hoch, unbeholfen wegen ihres dicken Bauchs, sagt aber immer noch nichts, trägt sie ins Schlafzimmer, zieht ihr die nasse Unterhose aus, reinigt und pudert sie, zieht ihr eine frische an und legt sich neben Luna aufs Bett. Sie summt ein wenig, dann fängt sie an zu singen: *Camini por altas torres, navegui por las fortunas* – ich ging zwischen hohen Türmen, ich segelte durch Stürme.

Über alle Maßen ermüdet, schließt Luna die Augen. Als sie in den Schlaf driftet, massiert die neue Mutter eine ihrer Fäuste, ihr Handgelenk, ihren Arm bis zur Schulter, fest und zugleich sanft, auf Druck folgt Streicheln, dann trommeln die Fingerspitzen wie Regen. Als sie Lunas Hals erreicht, verändert sie ihre Position und beginnt auf der anderen Seite, wobei sie die ganze Zeit singt. Während Luna erschaudert und gähnt, öffnen sich ihre Hände, jenseits von Gedanken oder Absicht, so entspannt, dass man einen Bleistift durch die Zwischenräume ihrer Finger schieben könnte, eine Garnrolle zwischen Zeigefinger und Daumen.

Das Zimmer, in dem Luna mit Nona geschlafen hat, bevor die neue Mutter kam, hat neue blaue Vorhänge und schlingert, neigt sich, die Ecken im Nachmittagslicht abgerundet. Nachdem die neue Mutter mit dem zweiten Arm fertig ist, sagt sie förmlich: Ich hätte dich nicht so hart rannehmen sollen, Luna, das war ein Fehler, und es tut mir leid. Luna denkt bei sich, *was, wenn ich das Baby verletzt habe,* und dann sagt sie es laut, und die neue Mutter sagt, keine Sorge, du hast das Baby nicht getroffen, aber trotzdem darfst du mich niemals schlagen. Wenn du willst, dass ich dir helfe, musst du versprechen, mich nicht zu schlagen.

Das tut Luna, sie verspricht es und vergisst in diesem Moment, dass sie die Hilfe der neuen Mutter gar nicht will. Hast du dich wirklich noch nie zuvor im Spiegel gesehen?, fragt die neue Mutter, und Luna sagt, nein, noch nie, und die neue Mutter sagt, nun, ich hoffe, dir ist aufgefallen, was für schöne Augen du hast, genau wie deine leibliche Mutter. Während sie Lunas Stirn streichelt, sagt sie, meine Mutter hat immer gesagt, dass jeder ein inneres und ein äußeres Selbst hat, aber es ist das innere Selbst, das in den Augen Gottes zählt. Sie gähnt, und Luna gähnt auch. Wir zermürben uns gegenseitig, sagt die neue Mutter. Wie wäre es mit einem kleinen Mittagsschlaf?

Luna hat Fragen: Wie war meine Mutter so? (Die neue Mutter ist die Einzige, die über sie spricht, obwohl jedes Jahr ein Geburtstagsgeschenk – Kette, Armband oder Ohrringe – von den Eltern ihrer toten Mutter kommt, die sie nie getroffen hat, jedenfalls kann sie sich nicht erinnern, und die einen Schmuckladen in Mexico City betreiben.) Und warum, wenn es doch auf das innere Selbst ankommt, schaust du so oft in den Spiegel (der, oval mit violettem Rahmen, an der Wand neben dem Tisch hängt, zu hoch für Luna), warum hebst du das Kinn, runzelst die Stirn oder lächelst, zupfst mit silberner Pinzette ein Haar von der Oberlippe, begutachtest dein zweifellos schönes Gesicht – sogar Nona sagte einmal, *die ist hübscher, als ihr guttut* –, und warum will die Schlange überhaupt den Löffel? Doch die neue Mutter ist eingeschlafen, eine Hand auf Lunas Schulter, und bald wird auch Lunas Atem ruhiger.

Eines Tages im Juli bindet die neue Mutter das Ende eines langen Seils ans Treppengeländer und das andere um Lunas Taille und stellt sich oben auf dem Treppenabsatz hinter sie, das Seil in der Hand.

»Ich kann dich mit dem Baby in meinem Bauch nicht mehr tragen«, sagt sie. »Und es ist so ein schöner Tag. Setz dich auf deinen *kulo,* Stufe für Stufe. Lehn dich zurück, zu mir. Ich habe das Seil, ich lasse dich nicht los. Papa kann dich im Laden unterrichten – ich vertrete ihn in der Zwischenzeit –, und dann können wir in den Park gehen und Nona besuchen. Du kannst ihr Buttertoffees mitbringen. Wir machen einen kleinen Ausflug. Bist du bereit? Ich zähle bis drei. *Uno dos tres,* los!«

Luna starrt die steile, abgewetzte Holztreppe hinunter. Es sind zwanzig Stufen, sie hat sie gezählt. Sie sagt *Ichabbabgstichabbafallefallefallen,* und ihre Sprache poltert bereits in einem Knäuel die Treppe hinunter, doch die neue Mutter sagt: »Nein, *Nona* ist gefallen. Dir ist nichts passiert, erinnerst du dich? Du hast sie gerettet« – sie sagt es auf Englisch und wechselt dann wieder ins Judenspanische. »Papa wartet unten. Ich habe ihm gesagt, dass du kommst. Los jetzt. Ich kann nicht so lange stehen, und ich sehne mich nach frischer Luft. *Uno dos tres.*«

Luna rutscht auf dem Treppenabsatz in die falsche Richtung, vorbei an den schwarzen Pumps und geschwollenen Knöcheln der neuen Mutter, bis zur Badezimmertür. Muss aufs Töpfchen, sagt sie, und die neue Mutter sagt, du warst doch gerade, und Luna sagt, *caca*. Die neue Mutter seufzt: Na schön, geh, aber dann ab mit dir die Treppe runter. Das Seil wird gelöst, sie wird auf die Toilette gesetzt, und die neue Mutter wendet sich taktvoll ab, weil Luna ihre Muskeln nicht entspannen kann, wenn jemand zusieht, doch es kommt nichts. Sie ist leer – ertappt.

Zurück auf dem Treppenabsatz, stellt sich die neue Mutter wieder hinter sie und befestigt das Seil. »Papa hat ein Eis für dich, wenn du es schaffst. Du musst es dir vorstellen. So habe ich das früher beim Turnen gemacht. Ich habe mir in meinem Kopf vorgestellt, am Seil hochzuklettern, und plötzlich kletterte ich tatsächlich. Denk: Ich komme die Treppe runter, ich schaffe es die Treppe runter, *uno dos* –«

Luna schlackert mit den Händen, trampelt mit den Füßen und kreischt. Unter der Aufsicht von Papa oder der neuen Mutter hat sie bereits gelernt, auf ihrem *kulo* die vier Stufen von der Wohnung zum nächsten Treppenabsatz runterzurutschen, doch diese Treppe ist steiler, länger, und es ist der Ort, an dem ihr Leben an ihr vorbeigezogen ist und Nona sich die Hüfte gebrochen hat und danach weggezogen ist. Sie will ein lila Traubeneis, und sie will Papa und Nona sehen und in den Park, aber bei *uno dos tres* verkrampfen sich ihre Gliedmaßen, und sie klappert mit den Zähnen.

»Singen«, sagt sie, ohne dass sie es vorhatte.

»*Ke?*«, fragt die neue Mutter.

»Singen, nicht zählen. Und sag nicht, ich soll es *versuchen.*«

»Nichts leichter als das. Du weißt, dass ich gern singe!«

Das Lied ist in einer Sprache, die Luna nicht kennt – *qui peut faire de la voile sans vent, qui peut ramer sans rames?* –, die Melodie eine Welle, eine Strömung, die sie an einen Ort trägt, der auf keiner Landkarte eingezeichnet ist. Was ist dort? Nicht viel, nur Musik jenseits der Sinnhaftigkeit, ein noch ungeborenes Kind (unverletzt, unschuldig), die Knochen noch weich, das sich langsam im Mutterleib dreht. Sie taumelt vorwärts, zuckt zurück. Die neue Mutter hört auf zu singen, um das Seil neu zu justieren, Lunas Stimme jetzt ein Bellen.

Sing.

Später werden sie begreifen, dass diesem Vorgehen eine Logik innewohnt, dass Lunas Körper durch diesen Kniff an den idealen Punkt zwischen Versuchen und Nicht-Versuchen gebracht wird. Luna hat es mir beigebracht, wird die neue Mutter Dr. Carlson in einem von Lunas stolzesten Momenten erzählen. Sie hat mir gezeigt, wie man es macht, und Dr. Carlson wird sagen, wenn die Mutter zuhören kann – und offensichtlich können Sie das, Mrs Levy, Sie haben gemeinsam ausgezeichnete Fortschritte gemacht –, tun die Kinder das in der Regel auch.

Et qui peut quitter son ami sans verser de larmes, singt die neue Mutter, und Luna lässt sich nach vorn kippen. Das Seil spannt sich um ihre Taille, sie kneift die Augen zusammen, aus ihrem Mund sprüht eine Fontäne nasser, ängstlicher Laute. Die Gedanken kehren zurück – *halt mich hilf mir nein!* –, doch es ist zu spät, um anzuhalten. Ihr Kleid rutscht hoch, ein Splitter bohrt sich in ihren Oberschenkel, ihre Taille vom Seil eingeschnürt, dann Applaus, das Seil wird gelöst, und die neue Mutter hievt sie unter den Achseln hoch. Du hast es geschafft, Luna! Bravo, ich wusste, dass du es kannst! Du hast es geschafft, komm, wir erzählen es Papa!

Als Luna die Augen öffnet, blendet sie die sonnige Straße, die Leute gaffen. Sie heult vor Glück, als ihr Papa vor dem Laden die Arme ausbreitet und sie hochhebt, wobei ihre Beine so schnell zappeln, dass sie ihm fast in die Brust tritt, und er sagt, Heiliger Strohsack, du hast es geschafft, Luna! Du bist allein die Treppe runtergekommen, deine Mutter hat ein Wunder vollbracht! Und die Leute klatschen, und Mama lacht und klatscht auch, ihre Hände ein verschwommener Fleck, und von oben aus Papas Armen versucht Luna, sich vor ihrem Publikum zu verbeugen.

Astoria, 1937

I

David ist in ein Comicheft vertieft – Popeye, der mit der Faust nach einer Vogelscheuche ausholt –, und Pops ist auf dem Weg zum Bus, mit dem Luna gleich aus ihrer Schule für verkrüppelte Kinder kommt, als Miss Hill an einem Nachmittag Anfang November auftaucht und die Glocke bei ihrem Eintreten wie wild klingelt. Als er aufblickt, spürt er den Zusammenprall zweier Welten: seine Lehrerin aus der fünften Klasse, in demselben blauen Kleid, das sie heute in der Schule getragen hat, hier im Laden. Instinktiv versteckt er den Comic hinter dem Tresen. Zu seinen Aufgaben gehört es, zu fegen, die Oberflächen zu wischen, Gläser aufzufüllen, die Dielen zu ölen, die Münzen aus dem Zeitungskasten vor dem Laden zu holen, doch ein Kunde ist das Signal, alles stehen und liegen zu lassen und bereit zu sein. Guten Tag, kann ich Ihnen helfen, und die andere Person zeigt auf etwas, und David greift: nach den Bonbons mit der Zange und nach dem Rest mit bloßen Händen, wirft die Artikel in eine Papiertüte, notiert den Preis und den Artikel im Kassenbuch.

Erst seit wenigen Monaten lässt Pops ihn manchmal für kurze Zeit allein im Laden, und er darf noch nicht an die Kasse gehen – Pops hat den Schlüssel –, aber es gibt ein Glas mit Wechselgeld auf dem Regal unter dem Tresen, und er beherrscht einfache Rechenaufgaben, denn Zahlen fallen ihm leichter als Wörter. Pops lässt ihn das Wechselgeld laut auf Englisch abzählen, *damit du keine Fehler machst und sie wissen, dass du ehrlich bist*. Wenn man ihm mehr als einen Fünfer gibt, soll er sagen, tut mir leid, das kann ich nicht wechseln, aber mein Vater kommt gleich zurück, und wenn der Kunde zu zwielichtig wirkt (was nicht der Fall sein sollte, sagt seine Mutter ein paarmal zu oft. Die Nachbarschaft ist sicher, mit dem Blumenladen nebenan und dem Schlosser auf der anderen Seite. Jeder respektiert deinen Vater), soll er rückwärts (Regel Nr. 1: Den Kunden nie aus den Augen lassen) in den Lagerraum gehen, die Tür zum Laden verriegeln und durch die Hintertür verschwinden, um einen Erwachsenen zu suchen (Pops, seine Mutter, Tante Rachel, Tante Sarah, Nona, in dieser Reihenfolge, und, als letzte Zuflucht, seinen Cousin Robert, Tante Rachels streberhaften, unfreundlichen Teenager-Sohn), und die Polizei rufen. Das ist noch nie passiert, aber fast möchte er, dass es passiert, denn die Chancen stehen gut, dass er Anerkennung dafür erntet, wie er die Situation meistert, und vom Arbeiten im Laden befreit wird.

»David!«, sagt Miss Hill. »Hallo! Ich dachte mir, dass ich dich hier vielleicht finde.«

Es dauert eine gefühlte Ewigkeit, bis er begreift, dass der Besuch seiner Lehrerin im Laden kein Zufall ist. Miss Hill starrt ihn an, die hellblauen Augen von ihrer Brille vergrößert. Was hat er getan? Was soll er tun? Wenn er in den drei Jahren in Amerika etwas gelernt hat, dann, dass es endlose Regeln gibt, die meisten davon unausgesprochen, und wenn er sie befolgt, verinnerlicht er sie vielleicht irgendwann, und wenn er sie verinnerlicht, könnte er der vibrierenden Doppelzüngigkeit entrinnen, die ihn jede wache Stunde verfolgt, sodass er immer zwei Jungs ist, Da-VIIIED und DEYV-id, Ersterer zu Hause in seiner Haut, in Spanien, Letzterer begriffsstutzig, stotternd und gebeugt von Nostalgie wie ein alter Mann, hängen geblieben in der fünften Klasse, obwohl er in die sechste gehen sollte.

Kann ich Ihnen helfen, versucht er zu sagen, doch stattdessen kommt nur ein fischähnliches Blubbern.

»Was für ein süßer, sauberer kleiner Laden!«, bemerkt seine Lehrerin. »Ich war gerade in der Gegend, DEYV-id. Ich wohne drüben in Flushing, aber ich bin länger in der Schule geblieben, um Requisiten für das Theaterstück zu organisieren. Die Proben beginnen in zwei Tagen. Was für ein Durcheinander. Ich bin überfordert!«

David nickt, obwohl er sie nicht ganz versteht. »Kann ... darf ich Ihnen helfen?«, versucht er es erneut.

Seine Lehrerin stutzt. »Oh, danke, dass du fragst. Ich wollte nicht – ich mache mir nicht viel aus Süßigkeiten, na ja, um ehrlich zu sein, achte ich auf meine Linie ...« Sie kichert mädchenhaft und schaut an ihrem kurvigen Körper herab. »Aber meine kleinen Neffen würden bestimmt nicht Nein sagen. Vielleicht sollte ich ...«

Sie beugt sich über die Auslage, sodass David den blonden Scheitel sehen kann, der ihr blondes Haar teilt, und eine Reihe perfekt angeordneter Haarnadeln, und er nimmt sie auf eine ganz neue, nicht unangenehme Art als Mensch wahr, als Frau (sie muss sich ausziehen, sie muss baden). In den drei Monaten, die sie jetzt seine Lehrerin ist, ist sie ihm kaum aufgefallen, da sie weder sehr jung noch sehr alt ist, weder besonders hässlich noch besonders hübsch (obwohl sie es – ihr nach oben gedrehtes Handgelenk, ihre rosa Kopfhaut, die geöffneten Lippen – plötzlich doch ist), besonders nett oder gemein, nur eine weitere Erwachsene, die Dinge von ihm verlangt und regelmäßig enttäuscht ist, wie alle anderen.

Miss Hill richtet sich auf. »Was kann du empfehlen?«

David zuckt die Schultern. Es ist eine dumme Frage – kommt drauf an, was man mag –, aber er muss sie beantworten, und er spürt dieselbe schwülstige Mischung aus Gefühlen wie im Klassenzimmer, wenn ein Lehrer ihn drannimmt und er die Antwort, obwohl er sie weiß, nicht abrufen kann, weil sein Kopf anfängt zu schwimmen. Größer, langsamer und fremder als die anderen Jungen und gleichzeitig älter und erfahrener (er ist weit gereist, er hat einen Job, sein Vater ist tot, er hat eine *Geschichte*, die er jedoch gierig hütet, wie die Süßigkeiten, die er aus dem Laden klaut, indem er die Papierchen zu Spuckebällchen kaut und hinunterschluckt). Obwohl ihr Viertel von Einwanderern geprägt ist, sind die meisten schon länger hier, und seine Mitschüler wirken auf ihn wie echte Amerikaner, mit Ausnahme eines fast stummen Jungen aus Mexiko und eines hochbegabten mondgesichtigen Mädchens aus Russland. Einmal versuchte David auf Drängen seiner Mutter, sich mit dem Jungen aus Mexiko zu unterhalten, doch was er für Spanisch hielt, war in Wahrheit eine Mischung aus Kastilisch, Judenspanisch und Katalanisch, und der Junge besaß die Frechheit, ihn auszulachen.

»Snickers sind ziemlich gut«, schlägt er jetzt vor.

»Danke.« Seine Lehrerin nickt ernst. »Wusstest du, dass *snicker* lachen bedeutet? Auf eine nicht so nette Weise? Wir sollten es morgen zu unserer Wortwand hinzufügen! Ich nehme zwei Snickers, bitte. Nein, sagen wir drei, warum nicht auch eins für mich – es war ein anstrengender Tag. Oder vier, du sollst auch eins haben, David, oder bekommst du genug Süßigkeiten, wenn du hier aushilfst?«

Er schüttelt den Kopf, und Miss Hill sieht ihn neugierig an, vielleicht sogar ein bisschen traurig, was ihm gefällt. »Also gut, David. Dann vier.«

Während er eine Papiertüte aufschnappen und die Schokoriegel hineinfallen lässt, dreht sie sich zum Schaufenster, wo seine Mutter kürzlich echte Herbstblätter aufgehängt hat, die sie und Al zwischen Wachspapier gebügelt haben. Während David nach der Schule für Pops im Laden arbeiten muss, ist Berto – der jetzt Al genannt wird – Mutters Helferlein, der Garn einfädelt, die Babys bespaßt, sie mit seinen Possen und Cartoonzeichnungen zum Lachen bringt. Sie haben keinen Platz für eine richtige Schaufensterauslage; der Laden ist ein kleiner, mit Waren vollgestopfter Raum. Pops spart auf einen eigenen Laden, weshalb er David nicht bezahlt und David den Job als *Lehre* betrachten soll. Pops quält ihn mit Addition und Subtraktion und erklärt, warum sich was wie verhält, und er liest laut die Schlagzeilen vor und besteht darauf, Englisch zu sprechen und in dem Wörterbuch hinter dem Tresen Wörter nachzuschlagen. Gelegentlich schenkt er David einen Schokoriegel oder eine Limonade zur Belohnung, aber nie einfach nur so.

»Ich liebe die Blätter im Fenster!«, sagt Miss Hill. »Wie clever, sie an einer Angelleine aufzuhängen.«

David klappt den oberen Teil der Tüte zu und macht einen

Eintrag im Kassenbuch. »Fünf, zehn, fünfzehn … zwanzig Cent, bitte.«

Miss Hill gibt ihm zwei Zehn-Cent-Stücke, die er ins Wechselgeldglas fallen lässt.

»Du bist ein braver Junge, dass du hier nach der Schule arbeitest. Das ist eine große Verantwortung, oder? Bist du ganz allein, oder ist dein Vater normalerweise dabei?«

»Ja.«

»Ja *was*, David?«

Seine Miene verfinstert sich. Erwachsene mögen ihn nicht; er geht ihnen unter die Haut. Er mag sie auch nicht besonders, außer Avuela, die er über alles liebt und jeden Tag vermisst.

»Normalerweise ist mein Vater dabei«, gibt er zurück.

»Wo ist er jetzt?«, fragt Miss Hill.

»Ähm … er muss meine Schwester vom Bus abholen.«

»Hm. Dann bist du ganz allein hier?«

Etwas in ihrer Stimme lässt seine Alarmglocken klingeln. »Nur für eine Minute, und meine Mutter« – die Lüge rutscht ihm heraus; nach der Geburt von Baby Suzanne im letzten Jahr sind sie auf die andere Straßenseite in eine größere Wohnung gezogen, aber es ist nah genug – »ist oben.«

Er nimmt einen Lappen und beginnt, den Marmortresen zu wischen, während er den Blick seiner Lehrerin auf sich spürt. Trotz seiner hohen Ansprüche hat Pops die schlechte Angewohnheit, brennende Zigaretten abzulegen, während er mit Bargeld hantiert, die hartnäckige Brandflecken auf dem Marmor hinterlassen, denen David geradezu zwanghaft zu Leibe rückt.

»Dann ist er also nicht lange weg? Das ist gut. Ich würde gern ein Wörtchen mit ihm reden.« Seine Lehrerin beißt von ihrem Schokoriegel ab, kaut und schluckt. »Mmmmmh. So einen hatte ich ewig nicht mehr. Ich werde ihn einfach genießen und dabei die Zeitschriften durchblättern. Lass dich nicht stören, David. Ich weiß, du hast zu tun. Ich kann warten.«

Während er Miss Hill so gegenübersteht, getrennt nur durch den Verkaufstresen, verarbeitet David die Nachricht, dass sie wegen Pops hier ist. Plötzlich sieht das blaue Kleid mit den zweireihigen Goldknöpfen aus wie eine Polizeiuniform, ihre Bemühungen, mit ihm zu plaudern und ihm Süßigkeiten zu kaufen, nichts weiter als ein Trick. Unter dem surrenden Coca-Cola-Neonschild hört er sie das Snickers kauen. Er könnte rückwärts in den Lagerraum gehen, die Tür verriegeln und durch den Hinterausgang verschwinden, doch er weiß, wenn hier jemand verdächtig ist, dann er.

Seine Vergehen sind beträchtlich. Auf dem Schiff von Spanien war er drauf und dran gewesen, Al über die Reling zu hieven, weil der seinen besten Spielzeugsoldaten ins Meer geworfen hatte; erst als ein Bootsmann eingriff, ließ er seinen schluchzenden, uneinsichtigen Bruder los. Er hat Süßigkeiten aus dem Laden geklaut, schlimmer noch, er hat Münzen aus dem Zeitungskasten gemopst, um sich bei Mr Romano, dem Konkurrenten die Straße runter, Bonbons zu kaufen *(Hat dein Alter nicht genug für dich, Junge?)*. Letztes Frühjahr hat Mr Romano ihn verpetzt, und Pops hat ihm hinten im Lagerraum den *kulo* versohlt und ihn dann ohne ein Wort nach Hause geschickt. Später, zu Hause, schlug seine Mutter ihm mit einem Holzlöffel auf die offene Handfläche, aber nicht hart genug, um wirklich wehzutun. Dann kamen ihr die Tränen: Ich habe alles aufgegeben, damit du einen Vater und eine Ausbildung bekommst, Sam hat uns aufgenommen, eine Witwe mit zwei Kindern, ich habe ihm gesagt, ihr seid brave Jungs. Habe ich mich getäuscht? Willst du, dass er uns zurückschickt?

Ja, hatte er gesagt, und sie hatte kurz gestutzt, dann geschimpft: Das ist es also, was du vorhast, alles ruinieren, damit wir zurück in ein Kriegsgebiet geschickt werden – jetzt verstehe ich. Nein, hatte er gesagt, denn so war es nicht, auch wenn er Schiffe, Flugzeuge und Soldaten tatsächlich liebt und nicht unbedingt etwas dagegen hätte, in ein Kriegsgebiet geschickt zu werden, vor allem, wenn es bedeutete, dass er Avuela wiedersieht und nicht in die Schule gehen muss. Danach hatte er zwei Wochen Stubenarrest. In den ersten Tagen hatte seine Mutter ihm die kalte Schulter gezeigt, während sie mit Jack und Suzanne kuschelte und sang, mit Al lachte und Luna lobte, als hätte sie einen neuen Weltrekord aufgestellt, nur weil sie mit dem Gemüsemesser eine blöde Gurke in Scheiben geschnitten hatte. David wandte sie den Rücken zu und sah durch ihn hindurch, wenn sie beim Abendessen den Teller vor ihn stellte oder ihm seine Brotdose in die Hand drückte. Er hätte eine weitere Tracht Prügel mit dem Holzlöffel vorgezogen.

Seine Taten sind schon schlimm, aber noch schlimmer sind seine Verbrechen in Gedanken. Er hat zu Gott gebetet, dass der Krieg Spanien verlässt und hierherkommt, damit sie gezwungen sind wegzuziehen. Er hat einen Pakt mit dem Teufel geschlossen, um Pops gegen Avuela zu tauschen, und sich seine Lehrerin – nicht Miss Hill, sondern eine andere aus der dritten Klasse – nass und nackt vorgestellt, sein Gesicht zwischen ihren Titten, und hat seine Schwester Luna, die nicht wirklich seine Schwester ist, durch die halb offene Badezimmertür bei ihrem mühsamen Martyrium des Ankleidens beobachtet. Er hat mit einem älteren Nachbarsjungen aus dem Viertel in einer Gasse Fingerhakeln gespielt und dabei gesungen: *1 2 3, wer wichst in den Brei! 4 5 6 7, das ist der Herr da drüben!*, und es sogar einige Male versucht, obwohl er eingequetscht zwischen

Al und Jack liegt, seit Suzanne in Jacks Gitterbett schläft (wir *platzen aus allen Nähten*, klagt seine Mutter; die Wohnung gegenüber vom Laden hat drei kleine Schlafzimmer, aber es ist trotzdem eng).

Dann klingelt die Türglocke, und Pops kommt mit Luna herein, ihre Hand in seiner, ihre Beine in Schienen, ihr Haar, wie das seiner Lehrerin, mit einer ordentlichen Reihe Haarnadeln gebändigt. Sie lächelt ihn breit an – *HaaaloDEYEYvid!* Wenn sie allein sind, kann sie gnadenlos sein, indem sie darauf herumreitet, wie viel besser sie lesen kann oder dass er immer noch Englisch mit Akzent spricht, oder sie gibt mit den Bonbonketten an, die Pops ihr schenkt, wenn sie ohne Hilfe aus dem Schulbus steigt (na und, gibt David zurück. Das ist *Mädchenkram*), aber für die Erwachsenen zieht sie eine Show ab.

Miss Hill dreht sich lächelnd um, erblickt dann seine Schwester, und etwas Lustiges passiert mit ihrem Gesicht.

»*Pops.*« Davids Stimme klingt viel zu hoch.

»David.« Pops lässt Lunas Hand los und geht auf die andere Seite des Tresens, wo er nach einer Zigarette kramt. Er schaut von Miss Hill zu David und dann wieder zurück. »Guten Tag«, sagt er auf Englisch. »Kann ich Ihnen helfen, Ma'am?«

Miss Hill beugt die Knie zu einer Art Knicks. »Ich bin Davids Klassenlehrerin, Miss Hill. Josephine Hill. Es ist mir eine Freude, Sie kennenzulernen, Mr Baruch.«

Pops legt seine brennende Zigarette auf dem Marmortresen ab und lächelt. »Die Freude ist ganz meinerseits, Madame!«

Er hat eine Schwäche für Lehrer, für Schule im Allgemeinen, so wie andere Leute Filmstars verehren. Von seinem Platz hinter dem Süßwarentresen sieht David zu, wie die Zigarette ihren zerstörerischen Dienst versieht.

»*Eeessiiiiistmiiiiisterleeeveeee*«, korrigiert Luna in ihrer mühsamen, kehligen Art zu sprechen. Sowieso schon klein und noch kleiner, weil sie nicht aufrecht stehen kann, knickt sie in der Taille ein und streckt eine verkrampfte Hand aus. *»Iiiibiiinlunalevy seeeeeehreeeerfreuuuuuut!«*

Miss Hill berührt Lunas Knöchel mit dem ausgestreckten Zeigefinger, dann weicht sie einen Schritt zurück, wischt sich die Hand am Rock ab und sagt zu laut: »Oh, du bezauberndes Kind!«

Erwachsene haben Angst vor Luna oder bemitleiden sie oder beides. Sie halten sie für zurückgeblieben, wegen ihrer Art zu sprechen, und sie denken, dass sie Kinderlähmung hat, wegen ihrer Spasmen, doch beides stimmt nicht (wenn überhaupt, ist sie zu klug). Zu Hause empfindet David seiner Stiefschwester gegenüber vor allem Eifersucht und regt sich über sie auf, weil seine Mutter ihr übertrieben viel Aufmerksamkeit widmet und sie in Pops' Augen nichts falsch machen kann, doch in der Öffentlichkeit kann er nicht anders, als sie vor der ganzen Welt zu verteidigen. Einmal, vor ein paar Monaten, hat er beobachtet, wie ein Junge sie als Geistesgestörte hänselte und ihre gurgelnde, feuchte Aussprache nachäffte, und obwohl er wusste, dass es seinen Preis haben würde, sich auf Lunas Seite zu stellen, und er kein Kapital zu verschwenden hatte, schwang er die Fäuste und kassierte ein blaues Auge, wofür er von seiner Mutter einen Nachmittag lang verwöhnt und von Pops mit einem Eisbecher belohnt wurde.

»Levysaaagiiirdeeviiidlevyniiiichmistabaruch!«, instruiert Luna ihn jetzt.

David zeigt auf Pops. »Sie sagt, sein Name ist Mr Levy, nicht Mr Baruch.«

»Ich fürchte …«, Miss Hill runzelt die Stirn, »… ich verstehe nicht. Ich suche einen Mr Baruch. Deinen Vater?«

»Seiiinvaaaaataaaistoooot!«, piepst Luna fast fröhlich.

Die Stofftiere, die über ihnen an Schnüren von der Decke hängen, schaukeln im heißen Luftstrom des Heizkörpers und verdrehen ihre Kulleraugen, doch die Menschen, einschließlich Luna, stehen stockstill. Dann schluchzt sie und richtet den Blick an den Tieren vorbei gen Himmel. *»Unmeinemuddaaauch!«*

»Wie bitte?« Miss Hill, auf deren Stirn sich Schweißperlen bilden, sieht zu Pops, doch als er gerade etwas sagen will, klingelt die Türglocke, und Mr Sheridan, ein Stammkunde, kommt herein und bestellt eine Vanillelimonade.

»Äh, sie hat gesagt … also, es ist so, dass ihre Mutter gestorben ist«, übersetzt David und lässt den Teil über den Tod seines leiblichen Vaters weg.

Hinter dem Getränkespender meldet sich Pops zaghaft zu Wort. »Lassen Sie mich erklären. Meine Frau und ich haben unsere … Wir waren verwitwet, *Witwe* und *Witwer*. Ich hatte Luna« – er zeigt auf sie –, »und meine Frau Rebecca hatte schon zwei Söhne, als sie zu mir kam, David und seinen Bruder Albert.«

»Oh, das tut mir sehr leid, Mr Levy, ich hatte keine Ahnung.« Miss Hill errötet bis zu den Haarwurzeln. »Mein Beileid, ich hätte nicht davon ausgehen dürfen, ich bin ein Dummkopf, ich …« Sie berührt ihren Hals, der sich ungesund rot gefärbt hat. »Ich weiß nicht, was ich sagen soll.«

»Da gibt es nichts zu sagen«, erwidert Pops knapp, und selbst David merkt, dass die Formulierung ungeschickt ist, und empfindet kurz Mitleid mit Pops, der die Sätze des Radiosprechers nachspricht, um seinen Akzent abzulegen, und sich von Mama Nasen- und Ohrenhaare stutzen lässt, damit er nicht *aussieht wie ein behaarter Einwanderer* (dass er eine Glatze bekommt, scheint keine Rolle zu spielen).

Pops reicht Mr Sheridan – »Wie geht's Ihrer besseren Hälfte, Mr Sheridan? Bitte richten Sie ihr meine Grüße aus« – die Vanillelimonade und eine Schachtel Camels, notiert den Betrag und wendet sich wieder an Miss Hill.

»Sie müssen sich nicht entschuldigen. Meine Frau und ich sind mit zwei weiteren Kindern gesegnet«, sagt er. »Ich bin ein glücklicher Mann. Vielleicht liegt es daran, dass sein Name« – er zeigt auf David – »*gesegnet* bedeutet. *Baruch*. Ein guter Name für einen guten Jungen, jedenfalls bemüht er sich.« Er beobachtet Miss Hill, um ihre Reaktion abzuschätzen, und David versteift sich. »Die Schule ist nicht so einfach für ihn – er hat spät damit angefangen, er wurde in Spanien geboren –, aber er versteht, dass Bildung das Wichtigste ist.«

»Dein Name bedeutet *gesegnet*, David?« Miss Hill lächelt jetzt. »Das hast du mir nie erzählt. Wir haben im Unterricht über die Bedeutung von Familiennamen gesprochen, dass Smith von Schmied kommt und Lincoln und Washington Städte in England sind. Aber *gesegnet*! Das ist ja wie D'Angelo auf Italienisch, *vom Engel*. In welcher Sprache, David?«

David sieht zu Pops. In Spanien hatte er die strenge Anweisung, niemandem zu verraten, dass er Jude ist, und obwohl es hier akzeptierter ist und es mehr Juden gibt, geht es trotzdem niemanden etwas an, und manche Leute könnten dich deshalb drankriegen, also sei stolz darauf, wer du bist, aber geh nicht unnötig damit hausieren.

Pops zögert, dann sieht er Miss Hill in die Augen und sagt »*Ebreeisch*«.

»Hebräisch! Eine alte Sprache. Einige meiner besten Schüler waren jüdisch …«

»*Ichmuuuuusmaaal*«, fällt Luna ihr ins Wort, wobei sie auf und ab hüpft und mit einem Ellbogen ruckartig auf ihren Schritt deutet. Muss sie wirklich, oder bietet sie David einen Ausweg an, da Pops sie nicht allein die Straße überqueren oder die Treppe zur Wohnung hochgehen lässt und es im Laden keine Toilette gibt? Mr Sheridan hat sich auf seinen Stammplatz gesetzt, um die Zeitung zu lesen. Miss Hill und Pops stehen einander zugewandt.

»Luna muss mal …«, flüstert David. Er kann sich nicht überwinden, Toilette oder auch nur Klo oder Mädchentoilette zu sagen. Nichts davon fühlt sich richtig an in seinem Mund, auch wenn er den Unterschied inzwischen kennt und nicht mehr versehentlich in die falsche Toilette stolpert, wie in seiner ersten Schulwoche in Amerika, als er so dringend musste, dass er schon auf dem Weg durch die Tür seinen Hosenstall öffnete, um im nächsten Moment zwei Mädchen am Waschbecken zu sehen, auf deren Gesichtern im Spiegel sich zunächst Empörung, dann Entsetzen und schließlich fassungslose Heiterkeit abzeichnete, während sich um seine neuen Schneestiefel eine Pfütze bildete. Er weiß nicht, warum er und Albert immer noch Baruch heißen, während ihre Mutter eine Levy ist, aber er hängt an seinem Nachnamen, der sich irgendwie anfühlt wie eine Schutzmaßnahme, so wie die Hintertür des Ladens oder die blauen Glasperlen, die seine Mutter – mehr zum Spaß – als Glücksbringer in ihr Mantelfutter näht. Pops will sie offiziell adoptieren, was auch immer das heißt, aber das braucht Zeit, Formulare und Geld, und noch ist daraus nichts geworden.

»Tengo ke pishar, Papa«, sagt Luna.

Pops nickt. »Bring sie bitte nach Hause, David. Seid vorsichtig beim Überqueren der Straße. Mutter müsste da sein. Es sei denn«, er wendet sich an Miss Hill, »Sie brauchen ihn hier noch.«

Sie setzt zu einer Antwort an, aber David hat schon Lunas

Arm genommen und ist mit ihr draußen, so schnell es ihr schiefer Gang erlaubt. Er hält sie fest, bis sie den Gehweg erreichen, wo sie sich losreißt und direkt auf die Straße zusteuert, sodass ein weißer, klobiger Wäschewagen mit quietschenden Reifen bremsen muss. David betritt den Zebrastreifen und hebt die Hand wie ein Verkehrspolizist, und wie durch Zauberkraft halten alle Autos auf der Kreuzung zwischen 28. Avenue und Steinway, während Luna sie hinkend überquert. Und dann, dicht hinter ihr, saugt David die scharfe Novemberluft in seine Lungen und folgt ihr.

So kommt es, dass er weder getadelt noch bestraft oder an den Pranger gestellt wird, sondern sie ihn stattdessen als Soldat für das Schultheaterstück rekrutiert. Es war nicht seine Idee; er wollte keine Rolle übernehmen. Miss Hill hatte schon länger versucht, ihn dazu zu überreden, und obwohl er eine Ausrede parat hatte – ich muss nach der Schule arbeiten –, hatte er in Wahrheit kein Interesse, oder noch weniger als kein Interesse. Bei der Vorstellung, auf der Bühne Sätze aufzusagen, wurde ihm speiübel. Seine Mutter liebt solche Dinge, in der Küche mit Kastagnetten klackern und die Hüfte schwingen, vor Publikum Geschichten erzählen. Al liebt es gleichermaßen, eine Show abzuziehen, ebenso wie Luna, wenn sie Königin oder Prinzessin sein darf. Manchmal führen Al und Luna gemeinsam etwas auf, benutzen ein Laken als Vorhang, überreden Jack, den Hund zu spielen, oder Suzanne, das entführte Baby, aber sie haben es aufgegeben, David zu fragen. Er redet sich ein, er sei zu alt für solche Spiele, doch in Wahrheit irritiert es ihn, in der Öffentlichkeit zu sprechen, vor allem auf Englisch, und die Blicke der anderen brennen sich förmlich in seine Haut.

Vielleicht ist das der Grund, warum Miss Hill ihn zu ihrem besonderen Projekt macht und warum seine Mutter aus einem alten olivgrünen Wollmantel eine Soldatenuniform schneidert und warum Pops den Laden am Tag der Aufführung früher schließt und alle kommen, um ihn zu sehen, sogar Nona, winzig und verschrumpelt in ihrem Rollstuhl applaudierend, obwohl sie langsam den Verstand verliert und sich nicht immer an seinen Namen erinnert. Er vergisst seinen Text nicht (er hat zwei Sätze: »Horch, sie kommen über den Gipfel!« Und »Seid tapfer, Soldaten!«), und es könnte alles in Ordnung sein, es könnte sogar gut sein, denn hinter der Bühne spielt er mit den anderen Jungs Murmeln, sie albern herum, er unterhält sich mit einem hübschen Mädchen namens Joannie und entrinnt für kurze Zeit dem Laden – nur dass am Ende der Vorstellung, als er vortritt, um sich zu verbeugen (die Hände hinter dem Rücken, wie ein echter Soldat), seine Mutter in ihrem roten Kleid und mit rotem Lippenstift aufsteht – sie ist die Einzige, die sich in dem überfüllten Saal erhoben hat – und *Bravo, DaVIIIED* ruft, *bravissimo, DaVIIIED!*, wobei sie ein paar (mädchenmäßige) Rosen in die Luft reckt wie eine Fackel, worauf sich das ganze Publikum von ihm wegdreht, um sie anzustarren.

David flieht, verheddert sich noch im Samtvorhang, bevor er schließlich schwitzend und keuchend im Dunkeln hinter der Bühne steht. Und dann ist Miss Hill da, ihre Hand auf seiner Schulter.

»Sie ist nur stolz auf dich, David«, sagt sie, so dicht an seinem Ohr, dass er das warme Kitzeln ihres Atems spüren kann. »Und das sollte sie auch sein. Du hast es so gut gemacht. Lass ihr das – ihren Mutterstolz.« Sie dreht ihn um und schiebt ihn zur Lücke im Vorhang. »Sei ein tapferer Soldat. Geh zurück und verbeuge dich.«

Sie hatte eine Schwäche für ihn, Miss Hill. Damals nahm er es kaum wahr; so sehr war er in sich und seinem eigenen Elend gefangen. Vielleicht hatte sie zunächst nur Mitleid, doch im Lauf der Zeit erkannte sie, wie seine Wut sich in Entschlossenheit umwandeln ließ, seine Wachsamkeit in Aufmerksamkeit. Ihre eigene Familie, vertraute sie ihm eines Tages an, war vor gar nicht allzu langer Zeit hergekommen, der eine Zweig aus Australien, der andere aus Irland. Vielleicht wusste sie, wie sich das anfühlte. Als Lehrerin war sie nicht einmal besonders beliebt oder begabt, aber sie sah das Gute in David – dass er gut war oder sein könnte.

Was ihn erstaunt, ist, dass Pops Ja sagt, er darf im Theaterstück mitspielen, und Mama sagt Ja, aber was ist mit dem Laden, Sam, brauchst du ihn da nicht? Pops (David hört alles, während er im Bett liegt, das Ohr an die Wand gedrückt) sagt Nein, eigentlich nicht, nicht so dringend – es ist mehr für ihn als für mich, damit er was lernt. Mama sagt, danke, Sam, dass du an ihn denkst, ihn an erste Stelle setzt, aber wie willst du zu den Großhändlern gehen oder Luna vom Bus abholen, ich selbst kann es nicht, nicht oft jedenfalls, nicht mit den Kleinen, und für Luna ist es der Höhepunkt des Tages. Und Pops sagt, kein Problem, ich kann den Laden für ein paar Minuten schließen, und wenn ich da bin, kann Al helfen – er ist alt genug. Al, der ebenfalls zuhört, stöhnt in sein Kissen und tritt David ans Schienbein.

Eine Woche nach der letzten Aufführung ist David zurück im Laden und hat von nun an das Privileg, die Kasse zu bedienen, und obwohl er immer noch nicht bezahlt wird, darf er sich jeden Tag eine Limonade oder einen Schokoriegel nehmen, solange er es aufschreibt. Irgendetwas hat sich geändert. Er steht ein bisschen aufrechter. Er hasst die Schule noch immer, entdeckt jedoch kleine Fertigkeiten in sich. Er kann mit Maschinen umgehen. Er ist nicht schlecht im Baseball, außerdem legt er allmählich seinen Akzent ab. Er findet ein, zwei Freunde, Außenseiter wie er, aber nicht die hoffnungslosesten Fälle. Er hört auf, Süßigkeiten im Laden zu klauen. Seine Mutter führt jetzt ein richtiges Atelier. Damen kommen zu Anproben zu ihnen nach Hause und bleiben zum Kaffee, und manchmal liest sie ihnen aus dem Kaffeesatz die Zukunft (meist eine glückliche, gewürzt mit ein paar Missgeschicken für die Glaubwürdigkeit), weil sie angeblich Zigeunerblut hat, und sie lacht mehr als früher. Samstags geht sie mit den Kindern in die Synagoge, obwohl die Gottesdienste düster sind, die Männer klagend und betend, die Musik wie Grabgesänge. Dann geht doch zu den Sepharden, sagt Pops, wenn sie sich beschwert, aber deren Gottesdienste finden weit weg statt, und Pops arbeitet samstags, deshalb haben sie niemanden, der sie fährt.

In Wahrheit ist das, was sie sucht – wie David instinktiv versteht, weil er genauso fühlt –, nirgendwo in Amerika zu finden. Für sie ist es die Synagoge in der Türkei, wo sie ihre Kindheit verbracht hat; für ihn die hölzerne Kirchenbank in der Carrer de Provença, wo Onkel Josef ihm half, seinen Namen unter den Sitz zu ritzen; für beide der Toraschrein, geformt wie ein Schiff, aber fest verwurzelt, während David, ebenso wie seine Mutter, fortgerissen wurde. Jeden Sonntag zählt sie die Einnahmen der Woche auf dem Küchentisch und verteilt das Geld auf verschiedene Stapel: einer, um ihre Familie aus Spanien zu holen, ein anderer als Zugabe zum Haushaltsgeld und ein dritter, falls etwas übrig ist, für ihr Traumhaus, ein Begriff, den sie aus ihren Frauenzeitschriften hat.

Es ist Neujahr 1938 und dann Valentinstag, der Laden voller

Herzen, voller Pralinen auf weißen Zierdeckchen, die sich im Schaufenster langsam drehen, und es ist St. Patrick's Day, im Schaufenster lauter vierblättrige Glückskleeblätter, während in Barcelona italienische Bomber mit spanischen Erkennungszeichen innerhalb von drei Tagen und Nächten 44 Tonnen Bomben abwerfen. David hat endlich einen Grund, Pops' Aufforderung nachzukommen, die Zeitung zu lesen, die voll von Nachrichten aus Spanien ist: Bomben und Explosionen wie in seinen Comics – KRAWUMM, PENG, BOINGGG! –, aber echt, obwohl gleichzeitig unecht, die Idylle seiner Kindheit körnig wie ein Foto und voller Trümmer. Die *New York Times* berichtet, dass der Fliegeralarm in Barcelona ausgehebelt wurde, weil Francos Luftangriffe, angeführt vom faschistischen Italien und Nazideutschland, so dicht aufeinanderfolgen, dass man nicht weiß, ob die Sirenen deren Anfang oder Ende ankündigen. Manche Splitterbomben sind mit *chocolatti* beschriftet, sodass Kinder sie aufheben und ihnen die Hände abgerissen werden. Seine Mutter erhält ein knappes Telegramm von Josef, das sie David und Al zeigt, *weil ihr jetzt alt genug seid.*

> *Eixample bombardiert STOP Synagoge geplündert STOP*
> *alle überlebt Eltern bei Elsa STOP*

Im März, am Geburtstag seiner Mutter, kommt Corinne aus der Bronx mit Blumen, und Papa besorgt eine Torte, doch Mama sagt, sie hat keinen Appetit. Einige Wochen später erhalten sie einen Brief von Josef, in dem steht, dass Marko von Francos Schergen der Schädel eingeschlagen wurde und er mit Hirnschäden im Krankenhaus liegt; Davids Mutter stößt einen grauenvollen, animalischen Laut aus und geht über die Straße zum Laden, wo es ein Telefon gibt, um Corinne anzurufen. Ob

Marko zusammengeschlagen wurde, weil er Jude oder Ausländer ist, Freimaurer oder Bolschewik (Schwindler, Schmuggler, Held, Gutmensch, Rebell, *Rojo,* Friedenskämpfer), oder einfach zur falschen Zeit am falschen Ort war, werden sie nie erfahren. Einige Juden in Spanien werden beschuldigt, Kapitalisten zu sein, andere, Kommunisten (das Gleiche wie Rote, erklärt Pops), aber *unsere Familie ist keins von beidem,* sagt Mama ständig – wir halten uns bedeckt, wollen nur über die Runden kommen, überleben.

Eines Tages erzählt sie David, dass in der Türkei, als sie ein kleines Mädchen war, eine Frau sie vor Spanien gewarnt hat, und dass sie recht behalten hat. Deine Mutter kannte sie auch, sagt sie, und für einen kurzen Augenblick denkt David, sie sei verrückt geworden oder es käme gleich ein dunkles Geheimnis ans Licht, doch dann schüttelt sie den Kopf und sagt, Halt, was rede ich da, nicht deine Mutter – *Lunas* Mutter, Lika, Rahelika, ich bin ganz durcheinander, hör nicht auf mich; was dort drüben passiert, treibt mich in den Wahnsinn! Ich – sie nimmt ihn fest in den Arm – weiß nicht mehr, was was ist.

Sie schickt Briefe und Geld nach Spanien, aber sie bekommt wenige Briefe zurück, und die, die ankommen, sind zensiert, ganze Sätze geschwärzt oder herausgeschnitten. Sie sucht Behörden in der ganzen Stadt auf, und eines Nachmittags bringt sie David an einen Ort, wo die Leute in langen Schlangen anstehen, und sagt, er soll weinen und sagen, *meine Großeltern sitzen dort drüben fest, alt und krank, ihr Zuhause und ihre Religion wurden angegriffen,* doch er kann nicht auf Befehl weinen, deshalb beschimpft sie ihn auf dem Nachhauseweg in diversen Sprachen, bis sie endlich anhält, um ihm mitten auf der Straße einen Kuss zu geben und sich zu entschuldigen. Beim nächsten Mal nimmt sie Al mit, der eine Flut fetter, falscher Tränen produziert, doch es nützt nichts. Avuela und Avuelo sind zu türkisch und nicht spanisch genug, zu jüdisch oder nicht jüdisch genug oder zu arm (früher waren wir *reich*, die alte Geschichte. Es interessiert niemanden!) oder zu alt. Corinnes Mann mischt sich ein, dass man irgendwen schmieren müsse, und dann streiten Mama und Pops – Pops ist gegen Bestechung und Betrug jeder Art, aber, sagt Mama, das ganze System ist unfair, sie werden dort sterben, die Menschen hungern, jüdische Jungen gehen rüber, um zu helfen, doch niemand begreift, dass tatsächlich Juden dort leben, meine Familie, andere Familien – niemand hilft ihnen! In Zeiten wie diesen kann man moralisch nicht auf seinem hohen Ross sitzen!

Es ist Pessach, das sie bei Tiya Corinne in der Grand Concourse feiern, doch beim Essen fangen seine Mutter und Corinne an zu streiten und reden auf Französisch weiter, damit die Kinder nichts mitkriegen. Es stehen zusätzliche Weingläser auf dem Tisch, neben dem üblichen für den Propheten Elija je eines für Avuela und Avuelo, als würden sie gleich zur Tür reinkommen. Natürlich kommt niemand, und eine Stunde später ist Elijas Glas leer (wer hat es getrunken? Wer hat es gesehen?), doch die anderen beiden sind noch voll.

Und dann, im Juni, kommt ein weiteres Telegramm von Josef mit der Nachricht, dass Avuelo, unterernährt und geschwächt von der Lebensmittelknappheit und der Plünderung der Synagoge, gestorben ist, זכר צדיק וקדוש לברכה, möge er in Frieden ruhen.

II

So wird das Leichentuch bei der *kortar mortaja,* der Versammlung der Gemeinschaft, geschnitten – aus einem Ballen weißer Baumwolle, derselbe Stoff für alle, losgelöst von der gesellschaftlichen Position; der Tod kommt für alle und kennt keinen Rang. So wird das Kleidungsstück geheftet und genäht, und wenn man ein rechtschaffenes Leben geführt hat und Gott es gut meint, bekommt man vielleicht das Privileg, Nadel und Faden am eigenen Leichentuch anzusetzen, während man bei Tee und Gebäck zusammensitzt. Als kleines Mädchen durfte Rebecca ihrer Mutter beim Nähen der Babysachen für Elsa und Josef helfen und auch für die der Geschwister, die schließlich blau herauskamen und deren Windeln über Nacht zu Leichentüchern umfunktioniert wurden. Egal, ob der Anlass Geburt oder Tod ist, stets teilen die Frauen sich die Arbeit, und die Nadel wandert von Hand zu Hand, *de la fasha asta la mortaja,* von der Wiege ins Grab.

Auf der falschen Seite des Ozeans zu trauern und den

Schmerz nur mit Corinne teilen zu können, ist eine Qual. Rebecca ist eine Mutter, aber sie braucht ihre Mutter. Sie ist eine erwachsene Frau, die im Englischunterricht radebrecht, obwohl es ihr früher leichtfiel, Sprachen zu erlernen (wie viel kostet? Es kostet? *Guay de mi* – kostet es!), während sie Nasen putzt, Schuhe zubindet, Fäden einfädelt, Luna zu ihren Übungen anhält, für ihre Eltern – jetzt nur noch ihre Mutter – beim spanischen Konsulat vorspricht und Hühnerbrüste mit dem gewaltigen Hackmesser zerteilt. Hängt dieser knochenbrechende Zorn mit der Trauer zusammen? Wenn sie das Schma spricht, obwohl Gott weiß, wie weit Gott von ihr entfernt ist, ist sie auch weit weg von sich, und die Psalmen, die sie aus ihrer französischen Bibel rezitiert – *toute la nuit j'inonde mon lit de pleurs* –, sind auf entfernte Weise immer noch schön, setzen aber keine Tränen frei. Sie ist leer geweint.

Zum ersten Mal in ihrem Leben, abgesehen von den Schwangerschaften und ihrer Reise nach Kuba, kann sie nicht essen. Es kommt ihr hoch; ihre Eingeweide werden flüssig. Sie lässt Luna oder die Jungs ein Auge auf Jack und Suzanne haben – immer ein Risiko –, um zur Toilette zu laufen, wo sie die Krämpfe aussitzt, bis jemand anfängt zu weinen oder sie einen Gegenstand auf den Boden fallen hört und, die Gedärme noch immer in Aufruhr, zurückeilt. Nach Suzanne hat sie ein paar Kilo an Gewicht zugelegt, doch jetzt verliert sie sie wieder und noch mehr; der Ehering von Sam (Massenware aus der Zeit der Weltwirtschaftskrise, aber sie liebt ihn mit seinem Gittermuster, innen Silber, außen Gold) schwimmt an ihrem Finger, bis sie ihn eines Tages in ein Säckchen steckt, um ihn in ihrem Koffer zu verwahren.

Ihre Kinder, die sie sonst jederzeit erfreuen – mit ihren kompakten Körpern, kleinen Errungenschaften, komischen Eigenheiten –, sieht sie wie durch eine Glasscheibe. Mit ihren feinen Antennen spüren sie ihre Distanziertheit, und während die Kleinen klammern, wird Luna immer pampiger, und David und Al ziehen sich zurück von dieser abwesenden Frau, die die Suppe anbrennen lässt, weil sie Briefe an ihre Mutter schreibt, in deren kurzen Antwortbriefen – wochenlang kommen gar keine, dann drei oder vier auf einmal – immer dasselbe steht, die Handschrift zittrig, ganze Sätze (was könnte es zu zensieren geben?) geschwärzt oder herausgeschnitten. *Ich zähle die Tage, bis wir uns wiedersehen.* [redacted] *Ich zähle die Tage.*

Im Bett, in Sams Armen, kann sie nicht aufhören zu reden, und nachdem er eingeschlafen ist, liegt sie oft noch stundenlang wach.

»Ich hätte meine Familie nicht in Spanien zurücklassen dürfen«, sagt sie eines Abends.

»Du bist deiner Kinder zuliebe hergekommen«, sagt Sam. »Deine Eltern wollten es so, und du hast das Richtige getan.«

»Aber ich muss zurück, um meiner Mutter und meinen Brüdern zu helfen und … und um das Grab meines Vaters zu besuchen, einen Stein dort lassen.«

»Es ist nicht sicher in Spanien, wie nirgendwo in Europa, vor allem für uns. Falls sich das ändert, sage ich dir Bescheid. Glaub mir, Liebling, ich behalte es im Auge. Ich lese jeden Tag mindestens zwei Zeitungen.«

»Ich lese sie auch!«, sagt sie hitzig, obwohl die Nachrichten sie in Wahrheit zu sehr aufregen und sie das Lokalblatt bevorzugt mit seinen Ratgeberkolumnen, Rezepten und einfachen Gedichten – unterhaltsam und hilfreich für ihr Englisch –, den Anzeigen für Restaurants und Hüte. »Für Amerikaner müsste es in Spanien eigentlich sicher sein«, argumentiert sie. »Sieh dir die ganzen jüdisch-amerikanischen Jungs an, die dorthin gehen, um zu helfen. Doris Rosenberg hat zwei Söhne dort.«

»Sie riskieren ihr Leben, und du bist kein Junge«, sagt Sam mit einem ersten Anflug von Ungeduld (es ist nach Mitternacht; er muss bei Sonnenaufgang aufstehen).

»Was soll das heißen?«

»Du bist eine Mutter mit fünf Kindern, und eine Ehefrau.« Er berührt ihr Haar. »Wir lieben dich, und wir brauchen dich.«

Rebecca weicht zurück und setzt sich im Dunkeln auf. »Ich habe meine Familie im Stich gelassen. Verstehst du das? Ich könnte auch euch im Stich lassen.«

»Du hast meine Tochter gerettet.« Sam zieht sie wieder nach unten, und sie lässt sich in seine Arme sinken. »Du hast ihr ein Leben gegeben. Was da drüben passiert, ist größer als wir, größer als jeder – es ist Geschichte.«

Plötzlich kann sie es sehen: Marko, sein Schädel rasiert und genäht, halb nackt auf einem Krankenhausbett zusammengerollt. Ihre Mutter allein im Schaukelstuhl im Garten hinter der Synagoge, aber nein, das ist falsch: Sie ist zu Elsa gezogen, in eine Wohnung im dritten Stock, die Rebecca nie gesehen hat und sich nicht vorstellen kann, obwohl sie die Adresse auswendig kennt – Carrer de la Diputació 127 –, weil sie sie auf so viele Briefumschläge geschrieben hat. Sie kann das Grab ihres Vaters sehen, ein Stück Erde auf dem bescheidenen jüdischen Friedhof, der die letzte Hoffnung, die letzte Tat seines Lebens war. Und darüber in einem Baum ein Papagei mit hakenförmigem Schnabel, der mit unergründlichem Blick hinunterschaut.

Er hat leidenschaftlich gern gelesen, erzählt sie ihrer Familie in den Wochen nach dem Tod ihres Vaters. Er war ein guter Mann, was stimmt, aber nur zum Teil, weil ihr Vater nicht unkompliziert war. Sie denkt, er wäre mit Sam trotz dessen mangelnder Bildung einverstanden gewesen, doch sie sind sich nie begegnet, und jetzt ist es vorbei. Er wird die in Amerika geborenen Enkel nie kennenlernen, auch wenn sie ihm ein paar Bilder von ihnen geschickt hat. David und Albert kannten ihren Avuelo als ernsten, alten Mann und wirken eher verlegen als traurig, als sie von seinem Tod erfahren.

Nur Corinne teilt Rebeccas Trauer. Gemeinsam drehen sie die Spiegel zur Wand und halten in Corinnes Wohnung eine kleine *siete*, allerdings nicht lange, denn ihre Schwester ist am Packen, da sie und Israel gerade den Kaufvertrag für ein Haus in einem grünen Viertel in Great Neck auf Long Island unterzeichnet haben, eine Stadt, in die Rebecca auch gern ziehen würde, wenn sie es sich leisten könnten. Wie auch immer, es gibt Arbeit zu erledigen, Kinder zu betreuen, Päckchen nach Spanien zu schicken: ein Schal, den Rebecca für Marko gehäkelt hat, und von Corinne seidene Herrenunterwäsche mit Monogramm, obwohl es nur Gesten sind, denn Josef hat geschrieben, dass Marko nur unverständliches Zeug redet und sich nicht einmal daran erinnert, dass seine Eltern ihm aus Aberglauben diesen Namen gaben.

Si los anios calleron, los dedos quedaron. Wenn die Ringe abfallen, bleiben zumindest die Finger. *Mas tura un tiesto roto ke uno sano.* Ein kaputter Topf hält länger als ein heiler.

Steh auf, *mi alma* (sagt Rebeccas Mutter, die oft aus der Ferne zu ihr spricht). Trag Lippenstift auf und bürste dein Haar. Geh mit den Kindern in den Park.

Ich kann nicht, Mama.

Tu es für mich, und für sein Andenken. Na los. Braves Mädchen. Steh *auf*.

Rebecca steht auf. Was bleibt ihr anderes übrig? Fünf Münder, zehn Hände, fünfzig klebrige Finger, die nach ihr greifen. Aus Juli wird August, unerträglich heiß. Sie faltet Fächer aus Packpapier und verteilt Eiswürfel aus Apfelsaft an ihre Kinder und die Nachbarn, dazu Wassermelone, die vom Land geliefert wird. Sie trägt Lippenstift auf und geht mit den Kindern in den Park. Nicht ins Schwimmbad – sie könnten Kinderlähmung bekommen –, aber manchmal fahren sie sonntagnachmittags, wenn Sam freihat, in die Catskills und mieten für den Tag ein Ruderboot; und alle gehen im See baden, sogar Luna, mit einem Schwimmreifen um die Taille und dem Vater an ihrer Seite. Rebecca geht nicht zusammen mit den anderen. Sie lässt sich auf dem Rücken treiben, ihre Ohren füllen sich trotz geblümter Badekappe mit Wasser, das Sonnenlicht verspachtelt ihre Augenlider, die glücklichen Stimmen ihrer Kinder wie ein entferntes Lied.

Irgendwo dort kehrt trotz der Hitze ihr Appetit zurück, und dann hat sie Heißhunger, leert ihren Teller und steht mitten in der Nacht auf, um noch mehr zu essen. Vor allem auf Süßes hat sie Appetit und stibitzt Gummidrops aus dem Glas im Laden, sobald Sam ihr den Rücken zudreht, und einmal erwischt Luna sie auf frischer Tat, und sie haben ein Geheimnis: *Verrat es niemandem!* Die Kinder gehen wieder in die Schule, bis auf die Kleinsten, und es kommen mehr Nähaufträge rein, und Rebecca fängt an, den Sex wieder zu genießen, erst nur ein bisschen, dann immer mehr, zurück im eigenen Körper und dem ihres Mannes, der in der Dunkelheit ihres Zimmers ein schönes, lehmiges Tier ist, dessen verletzliche Seite sie rührt – seine kleinen Laute, die Art, wie er sich an sie klammert –, obwohl sie sich tagsüber zanken, besonders bei allem, was Luna, David oder Al betrifft, weil dann klar ist, auf wessen Seite sie stehen.

An einem verschneiten Morgen, ungefähr acht Monate nach dem Tod ihres Vaters, öffnet sie ihren Koffer, um ihren Ehering hervorzuholen, und stellt fest, dass er jetzt zu klein ist. Sie ist also erneut schwanger – ihr letztes, spätes Kind; sie wird sich im Krankenhaus die Eileiter abtrennen lassen (danke, Herr Doktor, ich bin *fertig* damit). Anfangs weint sie über die Neuigkeit – sechs Kinder sind zu viel, sie kommt sich vor wie eine Zuchtsau, sie haben nicht genug Platz –, aber bald fügt sie sich ihrem Schicksal, was auch daran liegt, dass Sam sich so freut; außerdem ist ihr zum ersten Mal in ihrem Leben während der Schwangerschaft nicht ständig schlecht.

Im Juli 1939 kaufen sie für 4500 Dollar mit dreißigjähriger Hypothek ein 110 Quadratmeter großes Haus in Cambria Heights, eine neue Siedlung im Südosten von Queens, die auch Grundstücke an Juden verkauft. Am ersten September, dem Tag, an dem die Deutschen in Polen einmarschieren und der Zweite Weltkrieg beginnt, ziehen sie ein. Obwohl bescheiden, Rebeccas Elternhaus war viermal so groß, ist genug Platz für sie alle, auch für Sultana, wenn sie, so Gott will, aus Spanien kommt. Sam eröffnet am nahe gelegenen Linden Boulevard seinen eigenen Zeitungsladen mit Schreib- und Süßwaren und der Aussicht, ihn irgendwann um einen Imbiss zu erweitern. Luna besteht den Feuertest und wird für die örtliche Schule zugelassen. Sam sagt den jüngeren Kindern, sie sollen ihn von nun an Daddy nennen statt Papa, und so ist er für Luna Papa, für David und Al Pops und für Jack und Suzanne Daddy, drei verschiedene Väter unter einem Dach.

Cambria Heights liegt fast auf dem Land. Abseits des Straßennetzes erstrecken sich Felder. Kinder spielen auf der Straße Baseball, der Postbote kennt jeden beim Namen, und die Bäume in ihrer Straße, neue, zarte, mit Verbänden umwickelte Setzlinge, haben wie die Kinder Platz zum Wachsen. Rebecca ist im siebten Monat schwanger, als sie einziehen, aber von einer geradezu manischen Energie erfüllt. Noch bevor sie Gardinen aufhängt, watschelt sie zum Haushaltswarenladen, um eine Heugabel und einen Spaten zu kaufen, damit sie die Raute einpflanzen kann, die sie in Astoria aus den Samen ihres Vaters gezogen hat, sowie Tulpenzwiebeln für den Frühling.

In diesem Haus mit der unaussprechlichen Adresse – 114-32 226th Street – kommt Franklyn Benjamin Levy zur Welt, rosig und robust, das amerikanischste ihrer Kinder und das erste, das nicht nach einem Verwandten benannt ist, sondern nach zwei von Sams Helden (Rebecca lässt ihn diesmal wählen): Benjamin Franklin und Franklin D. Roosevelt.

Cambria Heights, 1942

I

Luna hasst ihre Schule. Sie hatte partout dorthin gewollt, so wie sie ihrer Mutter partout hatte glauben wollen, dass sie wie die anderen Mädchen sein konnte, wenn sie sich nur genug anstrengte – wenn du in den Spiegel schaust und deine Spucke runterschluckst, wenn du deinen Kiefer entspannst und deine Dehnübungen machst, wenn du dich ordentlich anziehst, deinen gottgegebenen Verstand benutzt, die Leute sehen lässt, wie klug und lustig (hübsch sagt sie nicht) du bist. Wenn du *ihnen zeigst, was in dir steckt,* worüber Luna in ihrem alten Viertel selten nachgedacht hat, wo sie anfangs die ganze Zeit drinnen war und dann zwar öfter draußen, aber immer mit einem Beschützer an ihrer Seite, sodass sie für die Leute eine Art Maskottchen wurde, *Sam Levys kleines Mädchen*. Die Polizisten grüßten sie, der Bäcker bot ihr Kekse an, und je netter die Leute waren, desto entspannter wurde sie, sodass sie darauf achten konnte, sich zu bedanken, den Keks zu nehmen, ohne ihn fallen zu lassen, und ihn auf wackeligem Weg zu ihrem Mund zu führen.

In Cambria Heights holt sie schnell auf und bekommt gute Noten, doch sie schleppt sich durch die siebte, achte und fast die ganze neunte Klasse, ohne auch nur eine einzige Freundin zu finden. Die Einsamkeit des Schultags ist eine Qual, aber schlimmer noch ist, wie einsam und von Eifersucht zerfressen sie zu Hause ist. Ihre Geschwister, alle in unterschiedlichen Phasen, ziehen in die Welt hinaus. Auch ihr Vater hat jetzt weniger Zeit für sie, weil er im neuen Laden länger arbeiten muss und, wenn er nach Hause kommt, am Haus herumwerkelt. Und Mutter (wie Luna die neue Mutter inzwischen nennt, weil es alltäglicher klingt, wenngleich ein bisschen kalt, aber auch höflich, sodass ihr niemand einen Vorwurf machen kann) nörgelt die ganze Zeit an ihr herum: Tu dies, tu das, tu mehr, mach es besser! Streng dich mehr an! Ich weiß, es ist nicht leicht, aber wir müssen es alle tun. Sieh deinen Vater und mich an – wir haben Tag und Nacht gearbeitet, um dieses Haus zu kaufen, und jetzt sind wir hier, aber machen wir Pause? Man darf keine Pause machen, nicht in Amerika, nicht, wenn du vorankommen willst.

Wie so oft übertreibt Mutter; sie arbeiten hart, aber sie machen auch mal Pause. Die Sonntagnachmittage sind für Familienausflüge zum Strand, in den Park oder zu Verwandten reserviert. Jeden Tag macht Mutter Pause, um auf der Treppe vor dem Haus mit anderen Müttern zu plaudern, und gelegentlich schaut sie zum Tee oder auf eine Partie Mah-Jongg bei den Nachbarn vorbei, mit Frank im Schlepptau. Sie macht Pause, um auf der anderen Straßenseite mit dem alten Mr Espinoza aus Kuba auf Spanisch zu singen – sie singen im Duett; er nennt sie seine *pajarita*, sein Vögelchen. Jeden Freitagabend macht sie Pause, um die Sabbatkerzen anzuzünden, bedeckt die Augen, und nach dem Gebet, wenn die anderen sich zerstreuen, bleibt Mutter noch sitzen, die Augen geschlossen, wiegt sich, murmelt vor sich hin, und sie wissen, dass sie nicht stören dürfen (sie betet oder redet mit ihrer Mutter), und haben ein Auge auf ihre jüngeren Geschwister. Aus heiterem Himmel tritt sie auf die Bremse, fährt schlingernd an den Straßenrand und hält an – sie hat erst kürzlich Autofahren gelernt –, sobald sie ein Flohmarktschild sieht oder einen Garten, den sie bewundert, oder im Winter einen Schneemann oder im Frühling Entenküken. Und wo sie geht und steht, plaudert sie. Sie dreht das Fenster herunter oder steigt aus dem Wagen, lächelt, nickt, lässt ihren Charme spielen, macht Komplimente, stellt Fragen, präsentiert Frank wie eine dralle Opfergabe. Schließt Freundschaften.

Woran liegt es, dass sie – eine Ausländerin mit gebrochenem Englisch und seltsamem Verhalten – so leicht Freundschaften schließt und Luna nicht? Die Antwort, davon ist Luna überzeugt, ist einfach: Mutter ist schön; die Leute wollen hinsehen, nicht wegsehen. Obwohl sie nichts dafürkann, dass sie schön ist (sie wurde *so geboren*), tut sie auch viel dafür, zupft vereinzelte Gesichtshaare, bis die Haut gerötet ist, weicht ihre Füße ein und bearbeitet sie mit dem Bimsstein, näht neue Kleider oder ändert alte für Rosch Haschanah oder den 4. Juli, selbst wenn sie dafür bis zum Morgengrauen aufbleiben muss. Sie hält kurz inne, bevor sie das Haus verlässt, um ihr Gesicht für die Außenwelt aufzusetzen, keine Schminke außer Lippenstift – sie sagt, das sei schlecht für die Haut –, aber stolz, fast hochmütig, ein Lächeln auf den Lippen, egal ob echt oder aufgesetzt. Sie sucht ihr Spiegelbild in Laden- und Autofenstern, in Spiegeln, sogar im Wasser, wie Narziss in Lunas Buch der griechischen Mythen – alles Oberflächen, die Luna bewusst ignoriert.

Es steckt Sorgfalt dahinter, Methode. Mutter zieht ganz nebenbei eine Visitenkarte hervor – *Rebecca Levy ~ Änderungen, Vorhänge, Kleider ~ Ich mache Ihre Träume wahr!* – oder erwähnt beiläufig Papas Laden (sagen Sie, dass Sie meine Freundin sind, dann gibt mein Mann Ihrem Sohn einen Lolli!). Sie achtet darauf, was die anderen Mütter tragen, auf der Straße, im Garten, beim Gottesdienst in der kleinen Laden-Synagoge, die sie mitbegründet hat, weil die nächste erst in St. Albans ist, und informiert sich in den Frauenzeitschriften im Laden, ohne die Seiten zu knicken, damit sie noch verkauft werden können. Eines Tages verkündet sie, dass es für Frauen in Mode ist, im Garten Hosen zu tragen, und schon hat sie eine alte Hose von David für sich umgeändert, und eine von Al für Essie Zimmerman nebenan, und für sie beide blau-weiß gestreifte Kopftücher genäht. Mrs Zimmerman sieht in ihren neuen Sachen wie eine Wurst in Pelle aus, doch Mutter könnte als Matrosenmädchen in einem Musical durchgehen, und bald trägt die Hälfte der Nachbarinnen in ihren Gemüsegärten Hosen und Kopftücher, die sie ihnen zum Selbstkostenpreis verkauft hat, mit *einem kleinen Aufschlag für meine Arbeitszeit*. Vielleicht ist diese ganze Selbstinszenierung ja Arbeit, aber es bereitet ihr auch Vergnügen.

Du kannst wie die anderen Mädchen sein. Luna braucht doppelt so lange zur Bushaltestelle, deshalb gehen die anderen Mädchen nicht mit ihr zusammen, und wenn sie es, was selten vorkommt, doch einmal tun – gewiss unter Druck, denn es sind immer die Töchter der Freundinnen ihrer Mutter –, kann man spüren, wie sehr sie darauf brennen, loszuspringen und zu rennen, und obwohl Lisa Bergman keine Schönheit ist, mit Schweinchennase und ohne nennenswerte Taille (Luna ist, wie Mutter, eine gnadenlose Beobachterin), hat Margie Frangipani schwungvolles dunkles Haar und lange Beine und ist obendrein noch nett. Unterwegs werden Lisa und Margie unbewusst immer schneller, während sie über diesen oder jenen Jungen kichern, und Luna versucht mitzuhalten, und manchmal reden sie mit ihr, stellen ihr gekünstelte Fragen, aber Lunas Stimme blockiert, wenn sie versucht zu antworten, und die Mädchen können ihr nicht in die Augen sehen. Dann erfindet sie Ausreden – ein Stein im Schuh, ein vergessenes Buch – und entlässt sie in die Freiheit, jetzt nur noch begleitet von ihrer Wut, die sich nicht gegen die Mädchen richtet (sie wäre genauso, wenn sie könnte), sondern gegen Mutter, die ihr falsche Hoffnungen gemacht hat.

In ihrer alten Schule, die Dr. Carlson für sie gefunden hatte, war sie (es stand in Stein gemeißelt über der Tür: *Schule für verkrüppelte Kinder*) unter Artgenossen. Manche Kinder konnten nicht gehen, andere waren schwachsinnig, und der Unterricht war so leicht, dass sie sich oft langweilte, aber die Tage waren weich, nur freundliche Worte und Sanftmut, und die Schule war klein, eine Art Experiment, mit therapeutischen Übungen zu klassischer Musik, Klassenzimmern in Pastellfarben, sogar einen viel fotografierten Ausflug in den Zoo gab es (der wegen der ganzen Rollstühle und Krücken und einer Gruppe grölender Schulkinder abgebrochen werden musste). Leute kamen, um sie anzusehen, als wären sie selbst Zootiere, und machten sich Notizen, doch niemand störte sich daran, wenn man zehn Minuten brauchte, inklusive Geräuschkulisse, um einen Stift aufzuheben, der Raum erfüllt von körperlicher Anstrengung und unkontrollierten Geräuschen. Luna hatte dort Freunde, zum Beispiel Roxie, ein schlaues, spastisches Mädchen mit bissigem Humor, das ihr ähnlich war. Aber nachdem sie beide die Schule gewechselt hatten, beantwortete sie den ersten Brief von Roxie noch, ignorierte jedoch den nächsten, weil sie ihre Vergangenheit ablegen wollte, und bald kamen keine Briefe mehr.

Ihre jetzige Schule, die Andrew Jackson High, befindet sich in einem großen Neubau aus Back- und Kalkstein und nimmt Kinder aus Cambria Heights und benachbarten Städten auf. Wenn es klingelt, strömen die Schüler lärmend durch die Flure, doch Luna darf den Unterricht ein paar Minuten vorher verlassen, um dem großen Andrang zu entgehen. Um über die glatten Steinstufen ins Gebäude zu gelangen, muss sie das Geländer und ihren Stock zu Hilfe nehmen – bei Regen oder Schnee ein qualvolles Unterfangen. Aber das ist die einzige Hürde, da alle Unterrichtsstunden im Erdgeschoss stattfinden, bis auf ihre Übungen, die sie im Keller absolviert, den man über einen Frachtaufzug erreicht und den nur das Personal und behinderte Kinder benutzen dürfen (davon gibt es nur wenige). Wenn die meisten aus ihrer Klassenstufe Sport, Musik oder Kunst haben, wird Luna von einer Betreuerin abgeholt und in den Keller gebracht, wo eine Frau mit traurigen Augen ihr Knete für Fingerübungen gibt und Murmeln, die sie sich in den Mund stecken soll, und *gut gemacht* murmelt, egal, was Luna tut oder nicht tut.

Mutter weiß mehr, fragt, was bringen sie dir dort bei, und dann macht sie es zehnmal schwerer, während sie gleichzeitig dafür sorgt, dass Luna, wie das andere verdorbene Stiefkind, Cinderella, mehr als ihren gerechten Anteil an der Hausarbeit erledigt. Im Ergebnis kann Luna jetzt Gemüse schneiden, Kissenbezüge zusammenlegen, Filoteig mit geschmolzener Butter bestreichen (sie hat noch nicht gelernt, den papierdünnen Teig in Dreiecke zu falten, obwohl Mutter es sie versuchen lässt). Nach einem Jahr vergeblicher Mühen kann sie (mit zusammengebundenen Handgelenken) einen einfachen Schal stricken und Stickereien anfertigen, die von hinten genauso gut, oder fast genauso gut, aussehen wie von vorn, so wie die Mädchen in der Türkei es für ihre Aussteuer tun, nur dass Lunas Stickereien riesig sind und aus besonders dickem Garn.

Sie stickt eine riesige Rose – Mutter zeichnet sie mit Kreide vor – und einen gelben, blau umrandeten Davidstern. Schön, sagt Mutter, als der Stern endlich fertig ist. Du kannst ihn deinem Mann als Mitgift geben. So etwas tut hier niemand, sagt Luna verächtlich, aber heimlich fühlt sie sich geschmeichelt; heimlich stellt sie sich Brian Ahearn vor, einen hochgewachsenen Basketballspieler mit warmen Augen, der sie einmal bei einer Algebra-Aufgabe um Hilfe gebeten hat und sie auf dem Flur ohne jeden Spott in der Stimme grüßt. Brian Ahearn ist kein Jude, was, denkt Luna höhnisch, für ihre Familie ein kleines Problem darstellen könnte, doch in jener Nacht, nachdem sie in dem kleinen Zimmer im Erdgeschoss ins Bett geklettert ist, das sie mit Suzanne teilt, sucht ihre Faust den Puls zwischen ihren Beinen, und dann küssen sie und Brian Ahearn sich, und er trägt sie über die Schwelle. Dort, wo sie hingehen, ist es dunkel, doch Brian Ahearn kann direkt in ihr Innerstes sehen, wo sich eine neue Rose öffnet.

In Astoria hat Luna oft mit Al herumgealbert und Theaterstücke aufgeführt, und David half ihr, die Straße zu überqueren, und verteidigte sie gegen Hänseleien. David hat mit ihr an der Andrew Jackson High angefangen, aber nachdem er zwei Monate schlechte Noten nach Hause gebracht hatte, wechselte er auf die Berufsfachschule. Er und Al helfen nachmittags im Laden und spielen Baseball oder fahren in ihrer Freizeit mit dem Fahrrad durch die Nachbarschaft, deshalb sieht Luna sie kaum noch. Sie sind geschickt mit den Händen – Al zeichnet Comics, und David bastelt Modellschiffe und repariert Radios –, waren jedoch nie gut in der Schule. Warum, jammert Papa manchmal, haben nur die Mädchen Verstand abbekommen? Mutter sagt, das ist nicht fair, weil David und Al in Spanien nicht in die Schule konnten und erst spät Englisch gelernt haben, aber Luna findet, dass Papa recht hat, denn Jack, der in Amerika geboren wurde, tut sich noch mit sieben schwer beim Lesen, wogegen Suzanne schon mit fünf ganze Sätze liest, und Luna ist regelmäßig Klassenbeste.

Als sie in die Highschool kam, hat ihr Vater ihr eine gebrauchte hellgrüne Schreibmaschine geschenkt und ihr einen kleinen Ecktisch in das Zimmer gebaut, das sie mit Suzanne teilt. Sie kann tippen, indem sie mit der linken Hand die rechte ruhig hält, und obwohl es ein mühsamer Prozess ist, liebt sie es, ihre Gedanken zu Papier zu bringen, liebt die Schreibmaschine selbst – ihren klingelnden Schlitten, für jeden Buchstabe ein eigener, treffsicherer Metallarm. Besonders liebt sie es, in Blockbuchstaben *VON LUNA LEVY* darunterzusetzen. Papa mag sich lernbegierige Söhne wünschen, doch zu ihr sagt er, sie soll sich in der Schule anstrengen, damit sie später einen Job mit Pension bei der Stadt bekommt, für Luna der grimmige Beweis, dass er glaubt, sie wird niemals heiraten. Tief in ihrem Herzen, einem verschlossenen, luftleeren Raum, will sie drei Dinge sein: 1. Mutter eines hübschen, normalen kleinen Mädchens, 2. Ehefrau eines attraktiven, lustigen (normalen) Mannes, der in sie vernarrt ist, und 3. eine berühmte Romanschriftstellerin (hierfür ist normal nicht so wichtig, weil man den Körper für das Autorenfoto auf dem Buch abtrennen kann). Dass die Tochter in ihrem Kopf aussieht wie Suzanne und der Mann eine Mischung zwischen Papa und Brian Ahearn ist, versteht sie als Mangel an Fantasie und Ausdruck ihres zu kleinen Lebens. Sie hat angefangen, Liebesgeschichten zu schreiben, angelehnt an die Groschenromane, die Mutter ihr auf Flohmärkten spendiert, wenn Luna die Transaktion selbst abschließt, aber sie kommt nie über die ersten ein, zwei Absätze hinaus.

Zeig ihnen einfach, was hinter der Fassade steckt. Kommen Sie herein! Eintritt zehn Cent! Möchten Sie eine Führung? Hier, zu Ihrer Linken, das Gehirn, das mich torkeln und lallen lässt, als wäre ich betrunken; hier entlang – nicht stolpern! –, Sehnen so straff wie ein gedehntes Gummiband, nur dass ein Gummiband fliegt (verletzt), wenn man es loslässt, während ich nur vibrieren und schwingen kann. Hier ein Esslöffel Bitterkeit, eine ölige kleine Jauchegrube. Eine Ader Eifersucht. Eine Arterie Arroganz. Aus der Blase sickert Scham. Und das da? Meine Minderwertigkeitskomplexe!

Normalerweise ist Papa schon im Laden, wenn Luna vor der Schule in die Küche kommt, doch gelegentlich begegnet sie ihm noch in Unterhemd und Hose, sein nach dem Rasieren malträtiertes Gesicht mit Toilettenpapier gespickt, sein gebügeltes Hemd an der Gardinenstange hängend. »Erzähl deinem alten Herrn etwas Interessantes, das du in der Schule gelernt hast«, sagt er dann, während er sich Kaffee einschenkt, also füttert sie ihn mit Wissenshäppchen, um ihn zu beeindrucken – über Strahlenbrechung oder Schallgeschwindigkeit oder die sogenannten Carpetbaggers nach dem Bürgerkrieg. Manchmal sagt sie: »Nein, erzähl *du* mir etwas, Papa«, und dann erzählt er ihr, wie es im Laden läuft und wer diese Woche dort war: ein Bezirksrichter, die Mutter mit den Drillingen, Father Kelly, der Pfarrer, der gern über Gott und die Welt diskutiert.

Papa weigert sich, den Gesundheitsinspektoren, die den Laden besuchen, Bestechungsgelder zu zahlen, obwohl es unter den örtlichen Geschäftsinhabern so üblich ist. Stattdessen hält er den Laden makellos sauber, über jeden Zweifel erhaben, obwohl sie ihm trotzdem manchmal ein Bußgeld aufbrummen, weil ihnen gerade danach ist oder weil er Einwanderer ist oder Jude. Er arbeitet unermüdlich, schrubbt Böden, befüllt Regale, führt Bücher, öffnet und schließt den Laden in Endlosschleife, obwohl er eigentlich Gelehrter oder Richter hätte sein sollen, denn so klug, so *gerecht* ist er.

»Wie geht es meinem braven Mädchen?«, begrüßt er Luna eines Morgens in der Küche, und Luna, die noch ganz verschlafen ist und versucht, einen Albtraum abzuschütteln, in dem sie wegen eines unbestimmten Verbrechens verhaftet worden war, platzt hervor: »Eigentlich bin ich gar nicht brav, Papa, nicht tief in mir drin.«

»Natürlich bist du das, Luna. Du bist das beste Mädchen der Welt, du und deine Schwester.« Papa hält inne, dann fügt er mit leiserer Stimme hinzu: »Und deine andere Schwester, Gott hab sie selig.«

Sie sitzen schweigend da. Luna kann das Ticken der Kuckucksuhr hören und von oben das Getrampel von Franks Füßen. Papa steht auf, um sich an der Spüle zu waschen, erst das

Gesicht und dann die Hände, die er einseift, einschäumt, abspült, gründlich wie immer. Wie hieß meine andere Schwester, will Luna fragen, und war sie schon tot, als sie geboren wurde, oder ist sie erst kurz danach gestorben, und hast du sie gesehen, gehalten, und wer ist zuerst gestorben, meine Mutter oder das Baby, und habe *ich* sie gesehen, war sie behindert wie ich, ein Wegwerfkind?

Doch solche Fragen stellt man Papa nicht. Anders als Mutter, die voller Geschichten steckt, über ihre märchenhafte Kindheit und die vielen Sorgen, die darauf folgten, spricht er nur selten über seine Vergangenheit. Als er sich vom Spülbecken abwendet, ist sein Gesicht verschlossen. Er nimmt sein Hemd von der Gardinenstange, zieht es übers Unterhemd und knöpft es zu, ohne hinzusehen. Dann gibt er Luna einen Kuss auf die Stirn, nimmt seinen Hut vom Haken und die Zigaretten vom Küchentresen und ist verschwunden, auch wenn sie durchs Küchenfenster noch einen letzten Blick auf ihn erhascht. Er eilt vorgebeugt durch die bläulich-violette Luft, eine Spur aus Rauch hinterlassend, während die Morgendämmerung in den Tag übergeht.

Sie sitzen um den Abendbrottisch, als Tiya Rachel zum ersten Mal die Schule in der Bronx erwähnt. Sie sind gerade mit dem Essen fertig, der Tisch ein Schlachtfeld aus Essensresten, Besteck und zerknüllten Servietten, und Luna ist satt und müde. Papas Verwandte – normalerweise nur Nona und Rachel, aber manchmal auch Sarah und ihre Familie – kommen ungefähr einmal im Monat zum Abendessen nach Cambria Heights, immer sonntags, wenn der Laden geschlossen hat, obwohl Luna lieber mit Papa in die Bronx fahren würde, wo niemand von ihr erwartet, dass sie beim Aufräumen hilft, und sie sich den Bauch mit kandierten Orangen und Baklava vollschlagen kann.

»Jemand bezahlt für diese Schule«, fährt Tiya Rachel fort. »Ein reiches Paar, dessen behindertes Kind gestorben ist; sie haben eine Schule für behinderte Kinder gegründet, aber nur für außergewöhnlich intelligente – man muss einen Aufnahmetest machen, und wenn man angenommen wird, bezahlt man keinen Cent. Es ist eine Privatschule, aber *kostenlos*! Die Dame, die mir davon erzählt hat, hat ihren Sohn dorthin geschickt. Er war danach auf dem City College, und jetzt ist er Buchhalter und sehr erfolgreich. Er hat sogar ein Mädchen geheiratet, das er auf der Schule kennengelernt hat. Vielleicht solltest du sie dir mal ansehen, Luna, nur mal so?«

Rachel fragt direkt *sie*? Luna fühlt sich plötzlich sehr erwachsen, ihre Zukunft in ihrer Hand, doch bevor sie antworten kann, sagt Papa knapp: »Danke, aber nein, danke, Rachel, wir haben von dieser Schule gehört, von Dr. Carlson, aber Luna kommt in der normalen Highschool wunderbar zurecht. Habe ich dir erzählt, dass sie Klassenbeste ist?« (Luna verdreht die Augen. Ungefähr tausend Mal.)

Tiya Rachel sieht zu Luna, die auf ihren Teller starrt. Bei ihrem letzten Besuch in der Bronx hatte sie ihrer Tante in einem seltenen Moment der Offenheit anvertraut, wie sehr sie die Highschool hasst, nicht wegen des Unterrichts, sondern weil sie dort keine Freunde hat. Tiya Rachel hatte neben ihr auf dem Sofa gesessen und zugehört. Und danach hatte Luna in den nach Stärke duftenden Baumwollstoff an der knochigen Schulter ihrer Tante geweint, aber nur ein paar Sekunden – sie ist keine Heulsuse, und sie hat ihren Stolz. Rachel ist von Papas Geschwistern mit Abstand die Netteste. Sogar Mutter, kein Fan seiner Familie, bewundert sie und zählt sie zu ihren

Freundinnen. Eins ihrer Beine ist von Geburt an kürzer als das andere, und sie trägt einen klobigen Schuh mit dicker Gummisohle, und ihr Ehemann, ein versoffener Tunichtgut, hat sie vor ein paar Jahren für eine jüngere Frau verlassen, also ist sie *geschieden*, und manchmal sieht man den Schmerz in ihren Augen, aber sie ist auch pragmatisch und klug, und einer ihrer Söhne geht aufs College, und ein anderer studiert Medizin, und sie unterstützt die Familie mit einem Job im Garment District und kümmert sich außerdem um Nona. Luna schätzt Rachel, weil sie nicht von oben herab mit ihr spricht, doch jetzt spürt sie einen Anflug von Misstrauen. Hat sie ihre Tante dadurch, dass sie sich ihr anvertraut hat, auf die Idee gebracht, sie wieder in eine Schule für Krüppel zu stecken?

»Sie holen Professoren vom Teachers College als Gastdozenten«, sagt Rachel. »Eine solche Schule ist wahrscheinlich einzigartig in der Welt. Sie hätte Gelegenheit, andere Kinder kennenzulernen, die so sind wie sie, kluge Kinder, aber mit körperlichen Herausforderungen. Könnte Freunde finden. Und habe ich erwähnt, dass sie nichts kostet?«

Papa räuspert sich. »Du erwähntest es«, sagt er trocken. »Danke, Rachel, aber ich bin jetzt Hausbesitzer, Ladeninhaber. Wir brauchen keine Almosen. Außerdem ist die Bronx viel zu weit weg. Ich könnte sie unmöglich jeden Tag dorthin fahren.«

»Oh nein, sie würde bei uns wohnen und jedes Wochenende nach Hause kommen. Und es sind keine Almosen, es ist ein *Stipendium*, das jedes Kind bekommt, das dorthin geht. So einfach ist das. Sie würde bei uns wohnen.«

Nona, die eben noch aussah, als würde sie schlafen, horcht auf und echot: »Bei uns!«

Papa schüttelt den Kopf. »Ich werde meine Tochter nicht von zu Hause wegschicken, um auf Kosten irgendwelcher reicher Leute zur Schule zu gehen. Luna ist erst vierzehn. Ihre öffentliche Schule ist ausgezeichnet, mit hervorragenden Lehrern. Diese Schule ist der Grund, warum wir hier sind, oder, Rebecca? Es war das Erste, was wir uns in jedem Viertel angesehen haben. Das Erste und Letzte.«

Mutter, die damit beschäftigt ist, mit dem Rand ihres Buttermessers Krümel zusammenzuschieben, blickt auf. »Genau. Sie wird schon noch Freunde finden, es braucht eben seine Zeit. Wir sind, wie in der Bibel« – sie lacht, obwohl nichts lustig ist, und ihr Lachen klingt gezwungen –, »Fremde in einem fremden Land. *Pasensya.*«

Dann meldet David sich zu Wort. »Diese Schule hat mich fertiggemacht.«

Luna dreht sich zu ihm um; sie alle tun das. David redet nicht viel – er bleibt für sich und behält die Tür im Auge, seit er den Fuß in die neue Heimat gesetzt hat, ein missmutiger kleiner Junge aus Spanien –, also horcht man auf, wenn er spricht.

»*Ke?*«, fragt Mutter. »Was willst du damit sagen?«

Er macht seine Hand zur Pistole und zielt – PENG PENG – auf die eigene Stirn, als wollte er sich das Gehirn wegpusten. »Sie hat mich fast umgebracht«, sagt er. »Sie wird nicht ohne Grund Andrew Jackass High genannt. Der Laden ist die Hölle, auch für Luna. Sie geht allein zur Bushaltestelle und weint in ihrem Zimmer. Hört ihr das nicht? Wie könnt ihr das nicht hören? Jede Nacht weint sie. Ich an ihrer Stelle würde zusehen, dass ich da wegkomme. Ich meine« – er zuckt die Schultern –, »na ja, bin ich ja schon.«

»Pass auf, was du sagst.« Papas Augen blitzen. »*Du* bist durch alle Prüfungen gefallen. In der Schule faul und dumm, tut mir leid, das sagen zu müssen. Luna bringt nur Einser nach Hause.«

Davids Gesicht läuft rot an, und Luna spürt einen Anflug

von Mitgefühl für ihn und ist versucht, ihm zu sagen, dass er überhaupt nicht dumm ist und dass Papa das auch weiß (sie hat einmal gehört, wie er zu Mutter gesagt hat, David sei schlau wie ein Fuchs, er würde sich in der Schule nur nicht anstrengen), und dass sie letztes Halbjahr in Mathe eine Zwei hatte, was Papa ebenfalls weiß. Doch sie sagt nichts. Meistens sind sie – jedenfalls nach außen hin – eine große, (einigermaßen) glückliche Familie, doch wenn es hart auf hart kommt, heißt das: sie und Papa gegen Mutter, David und Albert, zurück zum Anfang, zurück zum Ursprung.

»David ist handwerklich begabt«, wendet Mutter sich an Papa. »Kein Grund, ihn zu beleidigen. Jeder Mensch hat eine Begabung. Seht euch nur den Kronleuchter an, den er für mich gebaut hat. Wie eine Skulptur, man könnte ihn für viel Geld verkaufen …«

»*Hör auf*, Ma.« David klatscht scharf in die Hände. »Bitte, hör auf.«

»Es ist ein wunderschönes Stück. Und du hast so recht, Rebecca, jeder hat etwas«, sagt Rachel. »Aber wir haben gerade über Luna geredet, darüber, dass sie in ihrem Zimmer weint. Darüber, was das Beste für sie ist.«

»*Luna* ist hier«, ruft Luna schließlich. »*Ich* bin *hier*!«

»Natürlich bist du das, *mi alma*«, sagt Mutter.

Alle drehen sich zu Luna um. Ihre Arme fangen wild zu flattern an, doch niemand bemerkt es, oder wenn doch, beachten sie es nicht (manchmal ist das alles, was sie vom Leben will), weil sie es gewohnt sind.

»Weinst du in deinem Zimmer?«, fragt Papa zärtlich.

Erst später fällt Luna auf, dass, wenn die anderen ihr Weinen gehört haben, er es auch gehört haben muss. Allerdings kommt er spät nach Hause und steht früh auf, vielleicht ist es ihm also entgangen, oder er hat das Geräusch für etwas anderes gehalten, denn Papa ist niemand, der weint oder sich beklagt, und sieht es auch bei seinen Kindern nicht gern.

»Manchmal ja«, bestätigt Suzanne. »Ich auch, wenn ich traurig bin oder Dolly nicht finden kann.«

»Ein Haufen Heulsusen«, sagt Al verächtlich, und dann, wie aufs Stichwort, bricht Frank in Tränen aus – er müsste längst im Bett sein –, und Papa schiebt seinen Stuhl zurück und sagt zu Nona und Rachel, dass er sie nach Hause fährt, dass es schon spät ist und er noch die Buchführung machen muss, wenn er zurückkommt. Mutter hebt Frank auf ihre Hüfte, und die anderen Kinder stehen auf und fangen an abzuräumen. Eigentlich soll Luna helfen, doch während ihre Familie Aufbruchstimmung verbreitet, lässt sie den Kopf auf den Tisch sinken, fühlt die glatte Oberfläche der Wachstischdecke an ihrer Wange und schließt die Augen.

»Steh auf, Lazy Loony!«, skandiert Al und knufft sie in die Schulter.

Sie öffnet ein Auge. Über ihr wirft der Kronleuchter, den David gebaut hat und der aussieht wie das Steuerrad eines Schiffs, seinen goldenen Lichtring. Von der Treppe hört sie Mutters Schritte, die Frank nach oben ins Bett trägt.

Luna ist erschöpft, aber seltsam glücklich. Rachel und Nona wollen sie. Mutter hat sie *mi alma* genannt. David hat Notiz von ihr genommen. Sie nimmt sich vor, ihn zu ihrem Freund zu machen, indem sie ihm erzählt, dass Papa gesagt hat, er sei ein schlauer Fuchs.

II

Rebecca jätet gerade Unkraut auf dem Beet mit Stiefmütterchen und Petunien, die sie für ihre Mutter vor dem Souterrainfenster gepflanzt hat, als sie die Kinder sieht: David und Al, die auf dem Boden knien, Luna auf dem Tritthocker, mit aufgeknöpfter Bluse, der BH runtergeschoben, und die beiden beugen sich vor und greifen (welcher Junge? Beide Jungs, Hände wie Schweinshaxen; sie will die Augen schließen, es ungesehen machen, doch weil sie eine Mutter ist, muss sie hinsehen) nach Lunas Brüsten.

Klopf ans Fenster (sie kann sich nicht bewegen). Schrei (sie bekommt keinen Ton heraus). Was passiert als Nächstes? Es gibt kein als Nächstes. Die Zeit verlangsamt sich, faltet sich zusammen, sinkt auf die Knie, und Rebecca starrt mit offenem Mund, fünf Sekunden, vielleicht zehn, ohne zu handeln, beobachtet die Szene stattdessen durch die Fensterscheibe: zwei junge Männer mit fast flehend erhobenen Armen, während das Mädchen seltsam still sitzt, die Augen geschlossen, der Mund ein offenes O. Ist es Protest oder Schock? Einladung? (»Sie hat es geplant«, werden beide Jungen später behaupten, als sie getrennt voneinander befragt werden. Und Luna: »Sie haben mich gezwungen.«) Trotz des unmittelbaren Grauens ist es unmöglich, das Tableauhafte dieser Szene zu ignorieren: drei volle Haarschöpfe, schwarz, braun und blond; drei junge Körper, zugleich fremd und vertraut – zwei von Rebecca gestrickt, einer von ihr repariert –, an der Schwelle von der Kindheit zum Erwachsensein. Und im Zentrum von allem Lunas vollkommene, neue Brüste.

Ein Schritt, eine ausgestreckte Hand (wessen Hand?). Luna stößt einen gequälten Laut aus, kaum hörbar durch das Glas, und Rebecca berappelt sich, schlägt mit beiden Fäusten gegen die Fensterscheibe und schimpft in verschiedenen Sprachen. »*Guay de mi! No se tokes! Kanios con lodos!* Fasst sie nicht an! Lasst sie sofort in Ruhe!«

Und dann (trotz der acht Jahre in Amerika, trotz Einbürgerungspapieren mit Siegel und Unterschrift, einer stabilen Ehe mit insgesamt sechs Kindern, wird sie diese Angst nie loswerden) fügt sie, eine Hand an den Mund gepresst, hinzu: »Wollt ihr, dass er uns zurückschickt?«

Ein Gewusel im Raum, den sie für ihre Mutter hergerichtet hatte und den mit dem Verstreichen der Zeit und sinkender Hoffnung die Jungs übernommen haben. Zappelnde Beine, geduckte Köpfe. Sie verlagert das Gewicht auf die Fersen und steht zu schnell auf, sodass ihre Sicht verschwimmt. Mit geschlossenen Augen lehnt sie sich an die raue, sonnenwarme Hausmauer, um sich zu fangen. Als sie die Augen wieder öffnet, sieht der Garten anders aus, kleiner vielleicht, bedeckt mit dem Staub der Scham. Haben die Nachbarn sie gehört? Die jüngeren Kinder sind mit dem Highschool-Mädchen aus der Straße im Park. Sam ist im Laden. Da sie generell nichts von Geheimnissen hält – sie hat unter den anderen Müttern den Ruf, die Dinge beim Namen zu nennen –, ist sie sich schon jetzt bewusst, dass sie sich in einer komplizierten Gefahrenzone bewegt und zu viele Menschen – Luna, ihre Söhne, sich selbst – schützen muss.

Als sie erneut durchs Fenster sieht, ist Luna allein und fummelt an ihrer Kleidung herum, und dann kippt sie vornüber zu Boden, wo sie verdreht liegen bleibt, ihre Kehle entblößt, ebenso wie eine Brust von der Größe eines frischen Pfirsichs, blass, fast leuchtend in dem Licht, das von oben durchs Fenster fällt, bis auf die überraschend dunkle, rosa Spitze.

Luna fängt an zu weinen, nein, nicht zu weinen, eher zu stöhnen, tief aus ihrer Kehle, ein klagender, bemerkenswert vielschichtiger Laut, der an die Zeit erinnert, als sie weder in der Lage war, ihre Gliedmaßen, noch, ihre Blase zu kontrollieren und nur ansatzweise ihre Grundbedürfnisse zu artikulieren wusste, aber diesen Laut hervorbringen konnte: animalisch und mechanisch zugleich, wie Metall, das über Knochen schabt. Es ist Jahre her, seit Rebecca ihn zuletzt gehört hat, und die Wirkung ist niederschmetternd, als ob all die harte Arbeit, die von Luna und ihre eigene, vergebens gewesen wäre – all die Jahre der Schufterei und Plackerei, des Drangsalierens, sitz gerade, steh aufrecht, und auch die Jahre des Zusammenkittens der Familie aus Scherben, so wie der Porzellandoktor aus ihrer Kindheit zerbrochene Vasen repariert hatte.

»Ich komme, Luna!«, ruft sie durchs Fenster, und dann rennt sie, eilt die Stufen hinauf ins Haus, durch den Flur und die steile Treppe hinunter an Lunas Seite, sinkt auf die Knie und nimmt Luna, die immer noch stöhnt und sich windet, ganz allein hier unten – wo sind David und Al? –, in den Arm.

Zuerst ist David dran, Mutter versetzt ihm eine scharfe, schallende Ohrfeige auf die rechte Wange; dann schlägt sie Al. Es wirkt geradezu akrobatisch, als wäre sie dazu geboren, ihre Kinder zu schlagen; Watsch Watsch machen ihre Hände, während Luna vom Hocker aus zusieht, hin- und hergerissen zwischen Entsetzen und Genugtuung. Es geschah alles so schnell, einer von ihnen (wer?) streckte die Hand nach Luna aus, nachdem sie gesagt hatte *nur ansehen, nicht anfassen*, und kniff fest hinein, ein Funken sprühender Schmerz in ihrer Brust, dann ein Klopfen am Fenster, ihre Brüder (sie sind nicht wirklich ihre Brüder) flüchteten, Mutter eilte herbei. Ein Schrei – Lunas eigener –, und anschließend war sie vom Tritthocker gefallen, gedemütigt von diesem Kontrollverlust. Dann war Mutter an ihrer Seite, zog ihren BH hoch, knöpfte hastig ihre Bluse zu. Sie half Luna zurück auf den Hocker und begann auf Englisch – *Es tut mir so leid, Süße, es tut mir so leid, was sie dir angetan haben!* –, bevor sie ins Judenspanische wechselte: »Hör auf zu schreien, Luna. Atme ein, atme aus, und zähl dabei bis drei. *Uno dos tres,* du musst dich beruhigen, sonst bekommst du noch einen Herzinfarkt. Genug jetzt. Hör auf!«

Doch Luna konnte oder wollte nicht aufhören, es war zu spät, und während ihr Geschrei sie innerlich zerriss, hatte es auch etwas Beruhigendes, Reinigendes. Es ist Jahre her, seit sie so geschrien hat, doch sie erinnert sich: wie man sie ignorierte, wenn sie in ihrem Bettchen lag oder festgeschnallt auf ihrem Stuhl saß und etwas wollte: die starken Arme ihres Vaters oder etwas Süßes oder aus dem Fenster schauen oder dass die neue Frau sie küsste / liebhatte / sah / gesund machte / verschwand / tot umfiel – oder die Windel voll hatte, obwohl sie kein Baby mehr war, sie war sechs, sieben Jahre alt, ein großes Mädchen, *ein hoffnungsloser Fall*, ein *jämmerlicher Anblick* (»Sie ist nicht taub, Madame!«, fuhr Mutter die Dame auf der Straße an. »Hätten Sie es gern, wenn die Leute so über Sie reden?«). Doch wenn sie schrie, hob ihr Zorn sie empor. In diesen Momenten konnte sie sich selbst von oben sehen, ihren geraden Scheitel und die knochigen Knie, konnte die Gesichter sehen, die sich ihr zuwandten, blass vor Entsetzen. Dann kamen sie.

Mutters Hände verteilen eine weitere Runde Ohrfeigen an David und Al, obwohl die grundlegende Regel in diesem Haus lautet, nie jemanden an den Kopf zu schlagen; es könnte das

Gehirn verletzen, seht, was Luna zugestoßen ist, deren Schädel von Zangen gequetscht wurde, weil *Rahelikas Babytunnel* (welche andere Mutter redet so?) *zu eng war,* und Mutters Bruder in Spanien hat einen Hirnschaden erlitten, weil er auf den Kopf geschlagen wurde. Trotzdem zerrte Mutter ihre Brüder aus ihrem Versteck heraus und schlug sie so fest, dass ihre Köpfe flogen; Luna war sprachlos vor Entsetzen. Es kommt vor, dass Papa die älteren Jungen mit dem Riemen verprügelt, wenn sie lügen oder stehlen, und wenn man Mutter in der Küche nervt, im Weg steht, während sie kocht, holt sie mit dem Kochlöffel aus, aber das hier ist anders – es soll wehtun. Endlich lässt Mutter die Hände sinken. Al hat angefangen zu weinen und schluchzt aus vollem Hals, doch David steht mit zusammengebissenen Zähnen und geballten Fäusten da und starrt zu Boden.

»*Silans, Alberto!*« Mutter steht in ihren grünen Gartengaloschen auf den Zehenspitzen und sieht blinzelnd zu den Jungen auf, die inzwischen größer sind als sie. »Hör auf zu weinen, sei still. Wer von euch hat sie angegrapscht? Oder wart ihr es beide? Was ist passiert? Erzählt, ich bin ganz Ohr. Sagt die Wahrheit.«

Die Jungs treten von einem Fuß auf den anderen und werfen sich Blicke zu, doch sie werden einander nicht verpetzen.

Mutter stöhnt. »Möge Gott mir vergeben, aber im Augenblick schäme ich mich, euch meine Söhne zu nennen. Luna, wer hat deinen armen *Busen* begrapscht?«

Luna möchte glauben, dass es David war – Al steht ihr näher –, vermutet jedoch das Gegenteil, denn Al ist impulsiver, jünger und dümmer, obwohl sie beide ziemlich dumm sind, weshalb Al David auf die Berufsschule folgen wird, aber dann auch wieder nicht dumm. So bewegen sie sich in der Außenwelt mit einer Ungezwungenheit (sie haben Freunde, sie fahren Fahrrad, sie haben Mädchen geküsst), die sie mit ätzender Eifersucht erfüllt.

»David«, sagt Luna und fügt dann, als er sie mit seinem Blick durchbohrt, hinzu: »Glaube ich, ich bin nicht sicher«, denn in Wahrheit geschah alles so schnell, dass sie keine Ahnung hat.

»Es war Al«, sagt David, und zum ersten Mal, solange Luna denken kann, sieht er aus, als könnte er anfangen zu weinen. Dann wird seine Stimme hart, und er wechselt ins Englische. »Aber Luna hat angefangen. Sie ist uns gefolgt und hat gesagt, sie will uns etwas zeigen, und dann hat sie« – er zuckte die Schultern – »sie einfach rausgeholt. Stimmt's, Al?« Er sieht seinen Bruder an, der nickt. »Aber es war Al, der sie angefasst hat. Nicht ich.« David schaudert. »Ich würde sie nicht mal mit einer Kneifzange anfassen.«

Al flennt, schluchzt und vergießt Krokodilstränen aus seinen großen blauen Augen. »Es tut mir leid, es tut mir so leid – Lunita, Mutter, Mama, könnt ihr mir je verzeihen, ich bin ein böser Junge, ich weiß nicht, was passiert ist. Habt ihr das Herz« – plötzlich scheint er mit rednerischen Fähigkeiten gesegnet –, »mir zu vergeben?«

Luna, von Tränen jetzt weit entfernt, sagt kalt: »Nie im Leben werde ich dir vergeben«, obwohl sie bereits dabei ist, ihm zu verzeihen, und sogar ein bisschen geschmeichelt, dass sie so ein Verlangen in ihm hervorgerufen hat, dass er sich nicht beherrschen konnte (aber warum hat er sie gekniffen, ihr wehgetan?). Die traurige Wahrheit ist, dass sie sich mehr über David aufregt, weil er Mutter erzählt hat, dass sie angefangen hat, und vor allem wegen seinem Spruch mit der Kneifzange.

Unter ihrer Kleidung brennt ihr *Busen*. Noch heute früh waren ihre Brüste das Beste an ihr, doch jetzt sind sie verdorben, zerstört. Sie hatte nicht geplant, sie ihren (Stief-)Brüdern zu zeigen, doch als sie aus dem Bad im Erdgeschoss kam, waren sie flüsternd, mit zusammengesteckten Köpfen vorbeigegangen, und sie verspürte das unbändige Bedürfnis nach ihrer Aufmerksamkeit. Nach Selbstbestätigung. Etwas ist geschehen, ganz ohne ihr Zutun: Sie hat etwas Vollkommenes hervorgebracht, und es gehört zu ihr. Nachdem sie ihr Spiegelbild ein Leben lang gemieden hat, sieht sie jetzt ständig in den Spiegel, schließt die Badezimmertür von innen zu und lässt Wasser laufen, damit es so wirkt, als wäre sie beschäftigt. Es ist das, was Mädchen in ihrem Alter tun, sich zurechtmachen, allein oder zusammen, mit einem entscheidenden Unterschied: Luna verengt den Blick, als würde sie durch eine Kameralinse sehen, um das zu rahmen, was sie sehen will. Zwei blasse Eier, zwei pudrige Brötchen mit rosa Spitzen, und wenn sie sie streichelt, beben sie, und wenn sie sie anhebt und zusammendrückt, entsteht ein Durchgang – das *Dekolleté* – für die silbernen Fische, die durch ihren Körper schießen wie Elektroschocks. Manchmal vergeht eine halbe Stunde oder länger, bis jemand an die Tür klopft und sie rausschmeißt.

»Die Kleinen« – Mutter sieht auf die Uhr und klingt plötzlich panisch – »kommen gleich nach Hause. Sam kommt nach Hause.«

»Bitte sag Papa nichts!« Lunas Kopf beginnt zu wackeln.

»Sag ihm nichts, Ma!«, sagt Al. »Es wird nie wieder vorkommen.«

»Nie«, sagt David. »Dafür sorge ich.«

Mutter sieht sie der Reihe nach an. Sie haben alle ein bisschen Angst vor Papa, nicht weil er gemein ist (das ist er nicht, obwohl er zu den Jungs streng sein kann), sondern weil er so hohe Ansprüche hat und sie in der ständigen Angst leben, ihn zu enttäuschen. Mutter wendet sich zum Gehen. Mit ihrer kakifarbenen Gartenhose und der beigen Bluse könnte man sie fast für einen etwas kurvigen Feldwebel halten, doch der Lippenstift und das violette Stiefmütterchen, das sie sich hinters Ohr gesteckt hat, sorgen für eine andere Note. Und noch etwas. Luna, die Mutter seit dem Tag, an dem sie an Papas Arm in die erste Wohnung in Astoria kam, ganz genau beobachtet hat, kann es in ihren Augen sehen: Sie hat Angst.

»Na schön«, sagt Mutter, blickt sie aber nicht an. »Es ist nicht nötig, ihn damit zu belästigen. Es würde ihn nur aufregen, und er könnte überreagieren. Die Sache bleibt unter uns. Ich verrate nichts.«

Sie beugt sich vor, um Lunas wackelnden Kopf zu halten, und von einem Augenblick auf den nächsten ist sie wieder eine Mutter, gelassen und selbstsicher. »Du hast etwas Wunderschönes hervorgebracht, Luna«, sagt sie. »Natürlich bist du stolz. Aber du musst verstehen – es ist ein Geschenk Gottes, du musst darüber wachen.«

Sie wendet sich an die Jungs. »Lasst eure dreckigen Pfoten von ihr, habt ihr mich verstanden? Wenn so etwas noch ein Mal passiert – oder irgendetwas Ähnliches, egal wie geringfügig –, gehe ich schnurstracks zu Sam, der euch halb totprügeln und ohne einen Penny auf dem Konto fortjagen wird. Aber zuerst« – sie fuchtelt mit den Armen, als würde sie ein Schwert schwingen – »schneide ich euch eure kleinen *pipis* ab.«

Einige Wochen nach dem Vorfall kommt Mutter ins Zimmer der Mädchen, nachdem Suzanne eingeschlafen ist, in der Hand eine Socke mit Stopfei. Luna hat im Schein ihrer Bogenleuchte gelesen, versteckt das Buch – ein Groschenroman über ein reiches amerikanisches Mädchen im Ausland und ihre Schweizer Romanze – jedoch unter der Decke.

»Ich habe nachgedacht«, sagt Mutter halb flüsternd. »Nachgedacht und gebetet. Und ich glaube – ich glaube wirklich, Luna, dass es für dich an der Zeit ist, deine Flügel auszubreiten.« Sie setzt sich auf die Bettkante, zieht eine Nadel aus der Socke und beginnt sie im dämmrigen Licht und mit blinzelnden Augen zu stopfen. »Du verdienst es, nette Jungs kennenzulernen, die dich zu schätzen wissen. Eine beste Freundin zu haben, so wie ich sie in deiner Mutter hatte, möge sie in Frieden ruhen. *Dazuzugehören.* Ich habe diese Schule in der Bronx angerufen, nur um mich zu erkundigen. Die Dame war so nett, ein guter Mensch – das konnte ich an ihrer Stimme hören. Sie sagte, du musst eine Aufnahmeprüfung machen, und ich sagte ihr, das ist kein Problem, Luna ist intelligent und fleißig. Sie werden es selbst sehen. Weißt du, sie unterstützen ihre Schüler dabei, irgendwann aufs College zu gehen oder Jobs zu finden. Sie sagte, sie würden dich sehr gern treffen. Sie haben für den Herbst noch freie Plätze.«

Luna zieht sich hoch. »Du willst mich loswerden wegen dem, was passiert ist! Du willst mich in irgendeine schreckliche Krüppelschule schicken! Du wirfst mich raus, aber es war nicht meine Schuld, ich war nicht diejenige, die …«

»Pssst. Du weckst sie noch auf.« Mutter zeigt auf Suzanne, die tief und fest schläft. »Wer sagt denn, dass es deine Schuld war? Du hast es doch nicht deinem Va…?«

»Nein! Du etwa?«

»Natürlich nicht. Das gehört der Vergangenheit an. Ich möchte mich jetzt auf deine Zukunft konzentrieren. Wirst du über diese Schule nachdenken, Luna, sie wenigstens in Erwägung ziehen?«

»Ich brauche so einen Ort nicht. Ich kann auf eine normale Schule gehen.«

»Natürlich kannst du das. Du *tust* es. Wir wissen, dass du es kannst. Aber du bist nicht glücklich, du weinst in deinem Zimmer. Du verdienst etwas Besseres. Das ist doch kein Leben.«

Mutter rückt näher, legt das Nähzeug auf den Nachttisch und streichelt Lunas Arm durch den Stoff der Bettdecke. »Ich will dir eine Geschichte erzählen. Als ich jung war, heiratete ich den Erstbesten, einen echten Taugenichts, der nicht ganz richtig im Kopf war.« Sie tippt sich an die Stirn. »Bei deinem Vater war es anders. Da war ich schon zweifache Mutter, eine Witwe. Ich kannte das Leben. Natürlich hatte ich Angst, alles aufzugeben, was ich kannte, große sogar, doch meine Kinder verdienen mehr, habe ich mir gesagt – *ich* verdiene mehr –, also wagte ich es, und dann, tja, den Rest kennst du.« Sie zuckt die Schultern. »Ich habe mir ein Leben aufgebaut. Wir haben es aufgebaut. Wenn dir diese Schule nicht gefällt, Luna, egal ob auf den ersten Blick oder nach einem Monat oder nach fünf Monaten, kommst du einfach wieder nach Hause. Du musst nicht einmal einen Ozean überqueren. Du rufst uns einfach an und sagst: Holt mich ab, ich habe genug. Aber, bitte, sieh sie dir wenigstens mal an …«

Luna möchte fragen: Tust du das, um David und Al zu beschützen? Schickst du mich weg, damit sie bleiben können? Hast du Angst, dass es wieder passiert, was es nicht wird, obwohl Al neulich *oooh, là, là* gesagt hat, als sie vorbeiging, und mit den Händen den Umriss einer kurvigen Frau nachzeichnete. Sie hätte ihn anspucken sollen oder petzen, doch das tat sie nicht – sie fühlte sich geschmeichelt, sie ist albern, sie *liebt* Al dafür, dass er ihr gegenüber so ungezwungen ist, so selbstverständlich, so humorvoll. David ist eher wie sie, düsterer, grüblerischer, irgendwie kaputt, allerdings mit funktionierenden Gliedmaßen. Er ist erst fünfzehn, redet aber schon davon, dass er auch die Berufsschule abbrechen will, um zu arbeiten; oder aber sich älter zu machen und zur Navy zu gehen, auch wenn Papa darauf besteht, dass er weiter die Schule besucht, und Mutter sagt, sie wird ihren Sohn nicht in den Krieg schicken, nach allem, was sie durchgemacht haben; nicht mal, wenn er siebzehn ist, wird sie die Einwilligung unterschreiben. Liebst du deine leiblichen Kinder mehr als mich?, hätte Luna fast gefragt, doch Mutter streckt die Hand aus, um ihr Gesicht zu streicheln und zu massieren, ihre Finger so geschickt, als würde sie Zauberkräfte besitzen, sodass Lunas Gedanken zu Brei werden.

Nach einer Weile zieht Mutter die Hand zurück und schaukelt im Sitzen leicht hin und her, während draußen der Kater der Nachbarschaft maunzt. Luna kann ihren Atem hören, ein und aus, und auch Suzannes, ein flacher, leichter Rhythmus. Sie hat sich schon lange daran gewöhnt, und manchmal, wenn sie nicht schlafen kann, klettert sie in das Bett ihrer kleinen Schwester, nur um ihre warmen Fußsohlen zu spüren und ihren kleinen Bauch, der sich unter ihrem Flanellnachthemd hebt und senkt.

Schließlich spricht Mutter. »Mein ganzes Leben dachte ich, die Menschen sind gut. So wurde ich erzogen, so hat es mir meine Mutter beigebracht, so habe ich es wahrgenommen. Aber in letzter Zeit weiß ich es nicht mehr. Ich dachte, mein Vater wär verrückt, als er Glasscherben auf die Mauern setzte, damit niemand reinkommt, aber sieh, was mit ihm und seiner Synagoge passiert ist, sieh, was jetzt in Europa passiert. Ich weiß es nicht mehr.« Sie blickt Luna an, ihr Gesicht halb im Schatten, aber trotzdem (immer) zu schön, die Wölbung ihrer Wange, ihr Ohrring, der das Licht einfängt. »Ich war sicher, dass du Freundinnen finden würdest. Ich meine, warum nicht? Du bist ein nettes Mädchen, klug und gut gekleidet, höflich und lustig. *Interessant*. Doch die Leute sind kleingeistig, sie sehen nicht über die eigene Nasespitze hinaus. Es sind fast drei Jahre vergangen, und du … ich glaube, du steckst fest. Das wird mir jetzt klar. Es ist nicht deine Schuld, aber genug ist genug. Es tut mir leid, *mi alma*. Ich« – ihre Stimme gerät ins Stocken – »habe zu viel erwartet, nicht von dir, sondern von der Welt. Ich habe mich geirrt.«

»Ich werde nie normal sein«, sagt Luna. »Ich werde nie schön sein, oder auch nur hübsch. Sag mir *nicht*, dass ich es bin.«

Mutter schweigt.

»Also habe ich recht. Du sagst, dass ich es nicht bin!«

Mutter lacht. »Pssst. Du weckst sie noch auf. Du hast doch gesagt, ich soll nichts sagen! Ich kann dich nicht von außen beurteilen, nicht mehr. Für mich sind alle meine Kinder schön.«

Sie steht auf, greift nach ihrem Nähzeug, macht das Licht aus und gibt Luna einen flüchtigen Kuss auf die Wange. »Vergiss nicht, deine Gebete zu sprechen. Frag, was soll ich – Fanny Luna Levy – mit meinem einzigen Leben anfangen? Dann schlaf. So Gott will, wird El Dyo dich in deinen Träumen besuchen.«

III

Lunas neue Schule in der Bronx benötigt ein Foto für die Unterlagen und für die Verwendung in einer Broschüre, die an die Spender versendet wird, deshalb näht Mutter eine neue teegefärbte Musselin-Bluse und einen schmalen weißen Rock mit Schlitz, und an einem Sonntagnachmittag im Juli fahren sie auf eine Wiese am Stadtrand, Papa, Mutter und Luna, nur sie drei, ein gemütliches kleines Dreieck. Papa war zunächst skeptisch, aber jetzt ist er begeistert. Es gab Berichte über die Schule und ihren Pioniergeist in der *New York Times*. Einer seiner Helden, Dr. Carlson, ist Fan. Meine Tochter kann dort Altgriechisch lernen, erzählt Papa den Anwälten und Lehrern, die in den Laden kommen. Und Luna wünscht sich, sie könnte ihrem bildungsbeflissenen Vater dieses Geschenk machen, denn obwohl sie gern lernt, konzentriert sie sich jetzt auf andere Dinge: den Umzug in ein neues Viertel, wo sie einmal mehr zu beweisen hat, dass sie kein Schwachkopf ist, und sich alle Schlaglöcher, unregelmäßigen Bordsteine und kaputten Stufen merken muss, die sie zu Fall bringen könnten; neue Freunde finden; ihre tiefe Abneigung, die an Abscheu grenzt, überwinden, mit den Krummen und den Lahmen in einen Topf geworfen zu werden.

Mutter hilft ihr, sich für das Foto in Szene zu setzen, zupft die Bluse zurecht und läuft zwischen Luna im Gras und Papa mit der Kamera hin und her, doch da der Wind zunimmt und es Luna schwerfällt still zu sitzen, ist immer irgendetwas falsch. Die Pose – ohne Beinschienen und im Sitzen – soll Lunas Defizite kaschieren, obwohl die Spender vielleicht mehr

Geld herausrücken würden, wenn man ihr Mitleid weckte. »Lächle wie ein Filmstar«, sagt Mutter, aber sie hat leicht reden – sie hat tatsächlich mal in einem Film mitgemacht, damals in Spanien. Als Luna die Geschichte zum ersten Mal hörte, hatte sie Mutter in den Ohren gelegen: »Wo ist er, kann ich ihn sehen, läuft er im Kino?« »Das war nichts, wirklich, nur ein kleiner Film über unsere Gemeinde«, hatte Mutter gesagt und dann angefangen zu weinen, und Luna, die nicht geahnt hatte, dass sie sich auf dünnem Eis bewegte, war schockiert. »Wenn ich diesen Film finden würde, könnte ich meinen Vater wiedersehen«, erklärte ihr die Mutter, nachdem sie die Tränen mit ihrer Schürze getrocknet hatte. »Er kommt auch darin vor. Ich würde ihn sehen, als wäre er hier im Zimmer.«

Papa widmet dem Fotoprojekt für Lunas neue Schule sieben Bilder. Sechs sind unbrauchbar, aber eins ist annehmbar, ein etwas unscharfes Mädchen im Gras, schlank und lächelnd, obwohl man bei genauerem Hinsehen erkennt, dass ihr Kopf ein bisschen zu groß ist für ihren Körper, die Beine versteckt, die Haare ein bisschen zerzaust, mit einer abstehenden Strähne. »Guckt mal«, kräht Al, als er die Abzüge sieht. »Sie hat ein Horn – sie ist eine Jüdin mit Horn!« »Hör auf, das ist nur ihr Haar, was ist bloß mit dir los?«, blafft Mutter. Sie steckt einen Abzug in einen cremefarbenen Umschlag für die Schule und rahmt den anderen, um ihn zu den übrigen Familienporträts über der Treppe zu hängen, wo Luna, kurz vor ihrem Auszug, nun endlich einen Ehrenplatz erhält.

Luna nimmt die restlichen Fotos und zerreißt sie genüsslich mit Händen und Zähnen.

Jahre später wird sie die Reproduktion von Andrew Wyeths Gemälde *Christinas Welt* sehen. Weitere zehn Jahre werden verstreichen, bevor sie die Geschichte hinter dem Bild erfährt –

dass Wyeth Kopf und Oberkörper seiner jungen Frau Betsy auf den Körper seiner behinderten Nachbarin Christina gesetzt hatte –, doch schon beim ersten Blick auf das Gemälde erkennt Luna am Schwung des goldenen Feldes und am Haus in der Ferne wie auch an den Grashüpferbeinen der Frau und ihrer angespannten, verdrehten Pose, dass sie jemanden vor sich hat, der ihr ähnlich ist.

»Ich werde dich vermissen«, gesteht Mutter an jenem Tag Ende August, als sie alle gebügelten Röcke und Blusen einzeln in Seidenpapier wickelt und in den Koffer aus der Türkei packt, den sie Luna für ihren Umzug in die Bronx leiht. Luna glaubt ihr, obwohl sie genau weiß, wenn Mutter vor die Wahl gestellt würde (was ja gewissermaßen der Fall war), entweder David und Al rauszuwerfen oder sie, würde sie keine Sekunde zögern. Mutters Hände bearbeiten das Seidenpapier, als wäre es Filoteig, klopfen, glätten, drehen, falten, und Luna überkommt plötzlich Heimweh, obwohl Nona und Rachel dieselben *filikas* machen und sie nicht weit weg sein wird. Auch wenn Mutters Hände beschäftigt sind, lässt sie Luna nicht aus den Augen. Irgendetwas muss geschehen. Wie sagt man? *Komm mir entgegen.*

Luna erwidert ihren Blick, dann schaut sie weg. »Ich werde dich auch vermissen«, sagt sie.

Papa zurückzulassen ist das Schwerste. Luna macht sich jetzt Sorgen um ihn, denn in letzter Zeit wirkt er älter und müder. Jemand hat ein rotes Hakenkreuz auf den Gehweg vor dem Laden gemalt, und Mutter wollte Anzeige erstatten und den Laden schließen, bis der Schuldige gefasst ist, doch Papa sagte Nein, das wäre schlecht fürs Geschäft und würde aussehen, als hätten wir Angst; manche Leute sind ignorant, beachtet es einfach nicht. Stattdessen schrubbte er den Gehweg, strich graue Farbe darüber und unternahm mitten in der Nacht Kontrollfahrten, während seine Vision von Amerika zu bröckeln begann.

Jetzt verlässt Luna ihn, stiehlt sich davon wie ein Dieb mit einem Geheimnis in der Tasche. Er weiß noch immer nicht, was ihr passiert ist – Luna, Mutter, David und Al vereint in einem stillen, unbehaglichen Pakt. Als Papa sie bei Rachel und Nona absetzt (er allein, auf ihre Bitte, mit Frühstück unterwegs in einem Diner), findet er zum Abschied keine Worte. »Ich werde mir deine Schulbücher aus der Bibliothek besorgen«, sagt er schroff, als er sich zum Gehen wendet. »Ich werde mitlesen« – dabei wissen sie beide, dass sie ihn längst überholt hat und er keine Zeit haben wird.

Cambria Heights, 1944

Unsere Mutter seligen Angedenkens ist tot STOP Sie ist die Treppe hinuntergestürzt niemand war zu Hause STOP Es gab keine bessere Frau auf dieser Erde STOP Bitte sag Corinne Bescheid STOP In Liebe dein Bruder Josef

So, *M'ijiKa,* reinigt man meinen Körper, mit lauwarmem Wasser und einem weichen Waschlappen, so wie man ein Baby waschen würde – gründlich, sanft, ohne zimperlich oder schüchtern zu sein, so wie ich dich gereinigt habe, so wie wir dich gereinigt haben. Hinter den Ohren, entlang der Nackenfalte. Wasch meine Kniekehlen, meine müden Füße, dann reibe sie mit Mandelöl ein. Verzeih den Zustand meiner Nägel.

Ich kann nicht, Mama – ich bin zu weit weg.

Ich bin deine Mutter, du darfst dich nähern.

Ich bin eine *kohen*, es ist gegen die Regeln.

Ich bin deine Mutter. Du bist *verpflichtet*, dich zu nähern. Wasch mein Handgelenk, das angelaufen ist von dem Armreifen, den dein Papa mir auf dem Großen Basar gekauft hat. Nimm mir den Armreifen ab, die Ohrringe, meinen Ring, damit ich dieses Leben schmucklos verlassen kann, so wie ich es betreten habe. Leg sie weg, drei Geschenke für drei Töchter. Nun bereite das Totenhemd vor. Du findest es in der Kiste unter meinem Bett.

Wo sind meine Schwestern? Meine Brüder?

Sie kommen und gehen, aber keine Sorge, ich bin nie allein. Lass die Fäden lose, ohne Knoten.

David ist im Krieg, Mama. Al – Berto – wird auch bald gehen. Die Welt steht in Flammen, ich schaffe es nicht ohne dich.

Ich bin müde, *mi alma*. Bitte sing mich in den Schlaf.

Hast du gehört, was ich sagte? Hörst du mir zu?

Schließ deine Augen, schließ meine Augen. Nun bedecke mein Gesicht. So ist es gut. *Grasyas*. Jetzt sing.

Drei Monate nach dem Tod ihrer Mutter auf der Marmortreppe vor Elsas Wohnung im dritten Stock im L'Eixample-Viertel in Barcelona erhält Rebecca ein Einschreiben vom spanischen Konsulat, in dem steht, dass die Einreise ihrer Mutter in die Vereinigten Staaten endlich genehmigt wurde. Später erfährt sie von Josef, dass Sultana aus obskuren Gründen, die mit dem Krieg zusammenhängen, nicht neben Alberto im jüdischen Abschnitt des Cementiri de Les Corts begraben werden konnte, sondern stattdessen in einem anonymen Grab auf einem Friedhof namens Sant Andreu, in einem Abschnitt für Nichtkatholiken und Säuglinge beigesetzt wurde.

Fünf Jahre werden verstreichen, bis der Name von Sultana Camayor Cohen, möge sie in Frieden ruhen, in einen Gedenkstein auf dem Friedhof Sant Andreu graviert wird. Sultana wird sich den Stein mit anderen jüdischen Frauen teilen – Fortuna, Augusta, Raquel, Miriam, Sara –, die sie gekannt haben mochte oder auch nicht, aber die alle ihr Schicksal teilten, während des Krieges weit weg von zu Hause zu sterben.

USS Franklin, 1945

Der Tag beginnt wie jeder andere, besser gesagt, wie kein anderer, es sei denn in einer Welt, die der allgegenwärtigen Bedrohung Regeln und Ordnung entgegensetzt, und die kleinsten Dinge – das Pin-up-Girl, das David in seiner Koje schöne Augen macht, sein jüdisches Gebetbuch, das er von der Navy erhalten hat, das komplizierte Innenleben der 20-Millimeter-Flugabwehrgeschütze, für die er zuständig ist, das Amulett von seiner Mutter und der Gedichtband, den seine Lehrerin aus der fünften Klasse, Miss Hill, ihm geschickt hat – sind Anker in der Ungewissheit eines Schiffs unter Beschuss und inmitten der Weite des Pazifiks, dessen Ausmaße den massiven Flugzeugträger in ein schaukelndes Badewannenspielzeug verwandeln.

In der Morgendämmerung am Montag, dem 19. März 1945, liegen sie fünfzig Meilen vor Japan, als Teil einer Truppe, die die Inseln des japanischen Kaiserreichs angreifen soll. Das ganze Wochenende sind Flugzeuge von Deck gestartet und haben Bomben abgeworfen, während die Kamikazeflieger Gegenangriffe flogen, wobei es in letzter Zeit nur einen Todesfall auf dem Schiff gegeben hat: ein Matrose, den David vor seiner dramatischen letzten Tat nicht gekannt hatte und der Treibstoff getrunken hat, um seinem Leben ein Ende zu setzen. In den letzten sechs Stunden wurden sie zwölf Mal zur Gefechtsstation gerufen, doch der Kapitän hat die Alarmstufe gerade auf drei herabgesetzt, sodass die Jungs im Wechsel eine warme Mahlzeit zu sich nehmen und ein bisschen Schlaf bekommen können. David, Teil der ersten Gruppe, die freihat, verlässt seinen Posten und geht ins Quartier, zur Toilette und um sich flüchtig zu rasieren, bevor er sich auf dem Hangardeck in die Essensschlange stellt, die sich um die wartenden Flugzeuge windet.

Kommt hier das Bauchgefühl ins Spiel, oder sind es die erlernten Verhaltensmuster eines Jungen, der die ersten Jahre ohne Vater aufgewachsen ist, dann seine Heimat verlassen und sein ganzes Leben auf sich selbst aufpassen musste? Was auch immer der Grund sein mag, irgendetwas lässt ihn zögern. Die Schlange ist lang, die Kantine drei Decks unter dem Hangardeck. Er möchte eine warme Mahlzeit, aber sie sind in Küstennähe und werden ständig angegriffen, und es scheint keine gute Idee, sich drinnen aufzuhalten. Er schätzt ab, wie schnell die Schlange vorankommen wird, um so lange wie möglich an Deck zu bleiben.

Von einer Brücke in der Nähe des Schiffshecks blickt er in einen blauen Himmel mit schnell ziehenden Wolken. Im Augenblick sind keine feindlichen Flugzeuge am Horizont zu sehen. In der Ferne drängen sich die anderen Schiffe der Truppe wie eine Herde Wale, ein seltsam friedlicher Anblick. Er ist allein, niemand sonst ist in der Nähe. Er hat ein paar Freunde in der Navy gefunden, aber meist bleibt er für sich. Seinen Job macht er sehr gut, wie sich bald herausstellt. Er mag das Praktische, Technische daran, das Gefühl der Kameradschaft und gemeinsamer Ziele. Und es gefällt ihm, den neueren Crewmitgliedern beizubringen, wie man in der Krise Ruhe bewahrt und, durch Wiederholung und Konzentration, auch unter Stress funktioniert.

Weil er sich weigert, sich bei seinen Vorgesetzten einzuschleimen, bleiben manchmal die beschissenen Jobs an ihm hängen, wenn er nicht an den Waffen ist – dann wird er an einem Geschirr heruntergelassen, um die Schiffsseite mit Dieselöl abzuspritzen (eine Aufgabe, die Erinnerungen daran weckt, wie er in Pops' Laden den Boden ölen musste), oder er muss das Deck schrubben oder den Müll wegbringen, doch selbst das nimmt er hin, da er durch die räumliche Distanz von zu Hause auch eine Art innere Distanz gefunden hat: Die Welt ist groß, und er ist klein, nur einer von 3500 Leuten auf dem Schiff. Um Avuela zu retten, ist es zu spät, sie ist seit fast einem Jahr tot, nichtsdestotrotz ist er wichtig; das Schicksal der Welt, der Juden hängt zum Teil von ihm ab. Gleichzeitig ist er ein Rädchen im Getriebe, notwendig, aber allein nutzlos. Die unerschöpfliche Wut, die sein steter Begleiter ist, seit er Spanien verlassen hat, wenn nicht schon vorher, hat endlich ein Ziel. Hier ist es gut, zornig zu sein. Nützlich. Man zeigt ihnen Filme von abgeschlagenen Köpfen und Skelette vom Massaker von

Nanking und gibt ihnen bunte Poster – *Tod den Japsen!* –, um ihre Wut zu schüren.

Um kurz vor neunzehn Uhr ist er immer noch oben und wartet, dass die Essensschlange kürzer wird. Wenn man den Zeitunterschied ignoriert, ist heute der Geburtstag seiner Mutter. Er hat es nicht geschafft, ihr eine Karte zu schicken, doch er pfeift »Happy Birthday to You« in die salzige Brise und denkt an sie – wie sie singt, wie sie riecht: nach blumigem Parfüm und Knoblauch und Zwiebeln vom Kochen, und ihre Haut duftet nach Licht und Erde, nach ihr. Mehr als die meisten Mütter mit erwachsenen Söhnen berührt sie ihn noch, massiert ihm den Rücken, nimmt sein Gesicht in die Hände. Als er zur Navy ging, war er noch siebzehn, weshalb sie die Papiere unterschreiben musste. Anfangs hatte sie sich mit aller Macht dagegen gewehrt, doch er hatte die Schule schon endgültig abgebrochen, um als Bürobote bei der *New York Times* zu arbeiten, und im Laufe vieler Monate hatte er sie, mit Sams Unterstützung, davon überzeugt, dass dieser Krieg einem höheren moralischen Zweck diente. Sie hatte ihn am Tag seiner Abreise nicht umarmt; sie zitterte zu sehr. »Tut mir leid«, hatte sie gesagt und ihn am Ärmel gepackt. »Tut mir sehr leid, ich fühl mich nicht gut. Möge El Dyo mit dir sein. Wenn du stirbst, bringe ich dich um. Geh jetzt, bevor ich den Verstand verliere.«

Es ist kühl draußen, um die zehn Grad vielleicht, bei aufkommendem Wind und unruhiger See. Davids Kopfhaut juckt, und sein Magen knurrt. Big Ben – ihr Spitzname für das Schiff – manövriert die abgerundete Nase jetzt vorsichtig in Windrichtung, um dann wieder zu beschleunigen, in Vorbereitung auf den Start der nächsten Gruppe von Flugzeugen.

Ein Einschlag in der Mitte des Flugdecks und eine Explosion, gefolgt von einem weiteren näher zum Heck, der David in schwarzes Dieselöl und den süßen Geruch von hochoktanigem Benzin hüllt. Er hat nichts gehört, das ihn vorgewarnt hätte, nichts vom Himmel fallen sehen. Nicht weit von ihm schießen Flammen empor. Sein erster Gedanke ist, dass die Ursache der Explosion zu dicht geparkte Flugzeuge waren, die zusammengeknallt sind und eine Treibstoffleitung beschädigt haben, oder vielleicht war eine Rakete nicht gesichert und ist losgegangen. Doch während er in die trübe Luft starrt, gibt es in verschiedenen Richtungen weitere Explosionen und Feuer, und er begreift schlagartig, dass sie ohne Vorwarnung oder Ruf zur Gefechtsstation bombardiert worden sind.

Was tun? Was tun? Seine Zähne klappern heftig, und er hat das Gefühl, als würde er sich gleich in die Hose machen. Er kann nicht auf seine Station gehen – seine Geschütze könnten genauso gut auf einem anderen Planeten sein –, doch er könnte helfen, Brände zu löschen oder Verwundete in Sicherheit zu bringen. Der Bootsmannsmaat ist nirgendwo zu sehen, doch David braucht kein Kommando, um zu wissen, dass Wegsehen ein Akt der Feigheit ist und das Schiff zu verlassen ein Verbrechen. Aber was, wenn man so gut wie erledigt ist? Wenn es aussichtslos ist? Wenn man nur bis zur eigenen Nasenspitze sehen kann und die ganze Welt untergeht? Wenn man ein erbärmlicher Achtzehnjähriger ist, der sich vor Angst in die Hose macht, oder ein Insekt, das um sein Leben ringt?

Er setzt einen Fuß vor den anderen, die Hände ausgestreckt wie ein Schlafwandler, und macht ein paar vorsichtige Schritte, weg von den Flammen. Mit der harten Spitze seines Stiefels findet er den Sockel eines 20-Millimeter-Geschützes und tastet sich daran vorbei, in der Hoffnung, an Deck eine Rettungsweste zu finden. Dann wird er helfen, sagt er sich. Dann wird er umkehren und wieder reingehen, in der Gewissheit, wenigstens oben zu treiben, falls das Schiff untergeht. Er kann kaum etwas sehen; die Luft ist voller Asche. *Hier entlang, m'ijiko. Zieh deine Rettungsweste an.* Ich habe keine, Ma, ich habe sie an meinem Posten gelassen. *Dann such dir eine. Jetzt.*

Später werden einige Überlebende sagen, dass es Gott war, der sie an die Hand genommen hat. Andere werden behaupten, sie wären von menschlichen Helden gerettet worden: Father Joseph O'Callahan, der katholische Geistliche an Bord, der die Brandbekämpfungs- und Rettungstrupps anführt und Männer nach unten bringt, um Magazine zu befeuchten, die zu explodieren drohen, oder Lieutenant Junior Grade Donald A. Gary, der dreihundert Männer in der rauchgeschwärzten Kantine entdeckt und mehrmals zurückkehrt, um sie rauszuholen. Doch David ist weder selbst ein Held, noch wird er von einem gerettet. Er ist allein, und nachdem er erlebt hat, was an jenem Tag seinen Kameraden widerfährt, die schiere Willkür der Ereignisse, wird er nicht mehr an Gott glauben. *Geh ein Stück hier entlang, nach links – beeil dich, bleib nicht stehen.* Seine Mutter ist an Deck. Als er ihr das später in einem seltenen Moment der Offenheit anvertraut, wird sie die Schultern zucken, ihm über den Kopf streichen und sagen: Ich bin deine Mutter, was hast du erwartet? Natürlich war ich da.

Er stolpert zur Waffenkammer, wo er das Telefon aufnimmt, um Hilfe anzubieten oder darum zu bitten, doch da ist nur Rauschen, und dann fällt der Strom aus, und es wird dunkel. In der Kammer lagern Waffen, und obwohl er sich mit einem Dach über dem Kopf kurz sicher fühlt, ist ihm klar, dass er hier verschwinden muss; wenn die Kammer getroffen wird, explodiert sie. Er öffnet die Luke, schaltet die Sprinkleranlage an und kehrt an Deck zurück, wo er auf die Knie sinkt und weiterkrabbelt, immer noch auf der Suche nach einer Rettungsweste. Als er gegen die Reling stößt, steht er auf, hustet vom Rauch und stolpert weiter. Es ist niemand in der Nähe. Viele der Männer müssen im Hangardeck und in der Kantine gefangen sein, jetzt ein grausamer, mit explodierenden Raketen gespickter Feuerturm. Er atmet ätzendes Öl ein, spuckt schwarzen Schleim. Gelegentlich frischt der Wind auf, und er bekommt ein paar Atemzüge frische Luft, bevor der Rauch zurückkehrt.

Dann taucht aus heiterem Himmel ein Mann auf. So wird David es später erzählen – »aus heiterem Himmel tauchte ein Mann auf« –, obwohl kein Stück Himmel zu sehen ist. Der Mann könnte Offizier sein; er ist zu verbrannt, um es zu erkennen, die Luft dunkel von Ruß und Rauch. Er sagt David, dass die beiden Bomben durchs Hangardeck in die Kantine eingeschlagen sind, aber wir haben das Flugzeug abgeschossen – wir haben es erwischt! Er wendet sich zum Gehen. David sagt: »Warten Sie, wo zum Teufel wollen Sie hin?« »Ich gehe nach vorn«, sagt der Mann. »Nach vorn? Was meinen Sie damit, das ist nicht möglich – es brennt überall!« Der Offizier dreht sich zu ihm um und sagt: »An deiner Stelle würde ich zusehen, dass ich hier wegkomme, ich würde springen.« »Warum tun Sie es dann nicht selbst?«, fragt David. »Ich kann nicht«, sagt der Mann, »nicht mit diesen Verbrennungen – im Wasser wäre ich Haifischfutter –, ich muss mein Glück hier versuchen. Aber du solltest verdammt noch mal abhauen, Junge, hier kannst du nichts mehr tun. Rette deine Haut. Ich sage dir, spring.«

Und damit verschwindet der Mann. Er ist einfach … weg. Wie ein Geist. David bleibt zurück, hustend und mit weichen Knien, und erinnert sich, wie er auf dem Schiff von Spanien immer mit Al herumgealbert und so getan hat, als wollte er springen oder seinen kleinen Bruder über Bord werfen. Jetzt würde er um nichts in der Welt springen. Das Wasser muss zwanzig Meter unter ihm sein – das Schiff ist vier Stockwerke hoch und schnell. Er müsste verrückt sein zu springen. Er würde sich umbringen.

Bei der Grundausbildung im Norden von New York hatte er gelernt, Ausdauer zu trainieren, indem er um den Parkplatz gelaufen war, bis sein Puls pochte und er rotsah. Stundenlang hatte er sich Filmausschnitte von Japanern angesehen, die Dörfer überfielen, Frauen vergewaltigten, Leichen hinterließen. In der Navy Ordnance School in Maryland hatte er gelernt, aus seiner Kleidung eine Rettungsweste herzustellen und von einem sechs Meter hohen Sprungbrett zu springen. Um sich nicht zu verletzen, musste man das Kinn einziehen, die Knie durchstrecken und, die Arme auf beiden Seiten dicht am Körper, den Stoff seiner Hose festhalten. Als Junge, bevor seine Mutter Angst vor einer Ansteckung mit Kinderlähmung hatte, lernte er in einem öffentlichen Schwimmbad in Astoria schwimmen; einmal nahm ihm ein großer Junge den Schwimmreifen weg, der ihn über Wasser hielt, worauf er nach Luft ringend und wild strampelnd unterging, sich dann irgendwie mit Armen und Beinen zurück an die Oberfläche kämpfte, seine Lungen mit Luft füllte und mehrere Meter wie ein Hund paddelte, bevor Pops kam, um ihn herauszufischen und ihm auf den Rücken zu klopfen.

Jetzt, als der Wind auffrischt und die Luft ein wenig klarer wird, entdeckt er eine Öffnung in der Reling. In der Ferne Schreie, der Klang kollabierender Welten. Seine Hände sind leer. Er hat keine Zeit, aus seiner Kleidung eine Rettungsweste zu machen. Er tastet nach der Kette, dann nimmt er seinen Helm ab, macht sich steif und gerade wie ein Messer und zieht das Kinn ein. Es fällt ihm alles wieder ein, als würde ihm jemand im Kopf die Anweisungen vorlesen.

Er springt. In die Luft, ins Leere, die Augen fest geschlossen. Weil er aus so großer Höhe herabstürzt, stößt er tief ins Wasser hinein. Er kann das Wummern der Schiffsschrauben hören, vier zimmergroße Propeller, die den Flugzeugträger antreiben. Wenn man dort hineingerät, ist man Hackfleisch. Öffnet er die Augen und spürt das Stechen des Salzwassers? Flucht, fleht, handelt, betet er, bittet er seinen Kapitän oder das Schiff um Vergebung? Die Worte, die er sich sagt, brennen sich unauslöschlich in sein Gehirn – *Ich will verdammt sein, wenn ich hier unten wie eine elende Ratte ertrinke* –, und er schwimmt wie ein Besessener.

Als er an die Oberfläche kommt, ist seine Sicht begrenzt, das Meer aufgewühlt und kalt, aber er ist geistesgegenwärtig genug, um sich drei Dinge vor Augen zu halten: 1. Es müssen noch andere mit ihm im Wasser treiben, Überlebende oder Ertrunkene, 2. es sind Boote der Alliierten in der Nähe, aber gewiss auch Feinde und Haie, und 3. er muss weg von diesem lodernden Pulverfass von einem Schiff.

Dann verlieren Zeit und Raum ihre Bedeutung. Er schwimmt, sein ganzes Selbst eine einzige vorwärtsgerichtete Bewegung oder deren Gedächtnisspur, gleich den glänzenden Bahnen, die die Schnecken im Garten der Carrer Provença hinterließen, wenn er nach Einbruch der Dunkelheit mit Josef auf Jagd ging. Er ist kaum ein Körper, nur ein pulsierender Muskel, ein Aal oder eine Qualle. Vielleicht kommt er an treibenden und sinkenden Trümmern oder einem Ertrunkenen vorbei. Vielleicht streift ihn etwas Scharfes oder Weiches, berührt ihn an Fuß oder Fingerspitze, verfängt sich. Irgendwie schafft er es, seine schweren Schnürschuhe auszuziehen, und er lässt sie sinken. Lange Zeit spricht niemand zu ihm. Niemand – nicht mal seine Mutter, nicht mal Gott – bietet ihm Rettung an, und niemand bittet ihn um Rettung. Seine Augen sind meist geschlossen, seine Ohren mit Wasser verstopft. Falls er in irgendeiner Sprache denkt, dann in der Sprache seiner Kindheit, Spanyol, doch eigentlich denkt er nichts. Später wird er diese Momente einem Freund als Wiedergeburt beschreiben. »Bist du Christ geworden?«, wird sein Kumpel fragen, und David wird schallend lachen. »Ich? Ha! Keine Chance, aber irgendetwas ist passiert – ich, keine Ahnung, ich habe erkannt, dass ich nur ein Leben habe, das ich nutzen kann oder vergeuden.«

Endlich hört er in der Ferne Rufe. Er schwimmt darauf zu und trifft auf einen Piloten, der mit einer gelben Mae-West-Rettungsweste im Wasser treibt. »Bin ich froh, dich zu sehen«, keucht David, als er den Piloten erreicht, der erwidert: »Ich bin auch froh, dich zu sehen, es ist einsam hier draußen, aber wo ist deine Rettungsweste?« David erzählt ihm, dass er ohne vom Schiff gesprungen ist, und der Pilot sagt ihm, er solle sich an seiner festhalten, und verzieht das Gesicht. »Hör zu«, sagt er. »Ich glaube, ich wurde von Deck gerissen – meine Beine sind hinüber.« Er hatte neben dem Fahrstuhl zur Backbord-Seite gestanden und auf den Befehl »Bemannt die Flugzeuge« gewartet. Der Fahrstuhl wurde bei der Explosion getroffen und er hoch in die Luft geschleudert, seine Fußgelenke von der Wucht gebrochen.

Wäre David nicht vorbeigekommen, wäre der bewegungsunfähige Pilot bald tot gewesen. Seine Rettungsweste ist gut sichtbar, sodass sie vielleicht gefunden werden; David kann sich daran festhalten und ausruhen. »Wir sollten eine Weile zusammenbleiben«, sagt David und klammert sich an den Piloten, als eine Welle sie anhebt, ihre Münder mit Wasser füllt und sie wieder heruntersinken lässt. Endlos scheinen sie dahinzutreiben, bevor sie Rufe hören. Mit letzter Kraft beginnt David, den Piloten in Richtung der Stimmen zu ziehen.

In der Ferne entdeckt er ein großes Floß aus Seilen und Kork voller Matrosen, die vom Schiff gefallen und gesprungen sind. Als sie näher kommen, sieht er, dass manche der Jungs weinen, nach ihren Müttern rufen, keuchen und husten, als wären sie noch unter Wasser. Ihr offenes Entsetzen zu sehen, macht ihn irgendwie ruhiger. Er verlässt seinen Körper, schwebt über der Szene, während ihm langsam dämmert, dass er diesen Tag tatsächlich überleben könnte. Er kann den eigenen nassen, störrischen Schädel von oben sehen, und es ist wie verhext – er ist noch ein Kind, erst achtzehn, aber die Gestalt, die er sieht, kahl und alt, oder vielleicht kahl und neu, ein Baby, das gerade zur Welt gekommen ist.

David schwimmt in Richtung Floß, bis er nicht mehr kann. »Hör zu«, sagt er dann zum Piloten. »Es tut mir wirklich leid, aber ich habe keine Kraft mehr, Kumpel, ich schaffe es nicht, dich zum Floß zu ziehen, aber ich sorge dafür, dass sie dich holen – keine Angst, ich lasse dich nicht zurück.« Der Pilot sagt: »Nur zu, viel Glück.« David lässt ihn zurück, um zum Floß zu schwimmen, und erreicht es um ein Haar – ist nur einen guten Meter entfernt –, doch als er die Hand danach ausstrecken will, stellt er fest, dass er sich nicht mehr bewegen kann. Er hat es bis hierher geschafft, aber er kann nicht mehr. Sie kommen. Er treibt reglos im Wasser, doch jemand packt ihn am Kragen und zieht ihn raus.

Ein Matrose springt ins Meer, schwimmt zum Piloten und schleppt ihn den Rest des Weges zum Floß. Schläft David dann? Zittert er? Träumt er? Später wird er sich an all die nackten Zehen auf dem Floß erinnern, reihenweise Zehen, kalt und gekrümmt, und daran, wie er eingequetscht zwischen zwei Fremden lag. Die See ist ruhig, deshalb schaukelt es nur ein bisschen, und der Pilot zappelt und buckelt wie ein Fisch auf dem Trockenen – seine Beine müssen höllisch schmerzen. Davids Wimpern sind von einer Salzkruste bedeckt, und als er die Augen halb öffnet, ist die neue Welt von weißer Spitze eingerahmt.

Keiner weiß, wie lange sie auf dem Rettungsfloß sind, bevor ein Zerstörer, die *USS Marshall*, vorbeikommt. An Deck bekommt David warme Brühe, eine Wolldecke und wird ins Mannschaftsquartier gebracht, wo eine Uhr ihm verrät, dass er für fünf oder sechs Stunden im Wasser war – die längsten und zeitlosesten Stunden seines Lebens. Der Pilot wird ins Offiziersquartier gebracht. David, der nur weiß, dass der Mann Tom heißt und dass sie einander wahrscheinlich gerettet haben, wird ihn nie wiedersehen, obwohl er Jahre später versucht, ihn ausfindig zu machen.

Die *USS Marshall* nimmt an jenem Tag ungefähr zweihundert Mann auf. Ihren Familien wird mitgeteilt, dass das Schiff bombardiert wurde und die Männer als vermisst gelten. Aus Sicherheitsgründen darf weder jemand den Aufenthaltsort der Matrosen erfahren, noch, dass sie überlebt haben. Andere Schiffe nehmen weitere Seeleute auf. Zunächst werden die Überlebenden der *Franklin* in Gewahrsam genommen und sollen wegen Desertation vors Kriegsgericht gestellt werden. Kapitän Gehres – David bezeichnet ihn als Arschloch erster Klasse – gibt dafür den Befehl, selbst für die Männer, die buchstäblich von Bord gesprengt wurden, doch die Kapitäne der anderen Schiffe sagen, das sei eine Farce, diese Jungs haben in einem Inferno um ihr Leben gekämpft. Den Überlebenden – niemand nennt sie Helden – graut davor zurückzuschauen, so wie ihnen davor graut, nach vorn zu schauen, denn der Ausgang von Gehres' Militärgericht ist offen, und sie wissen, ein Prozess kann lebenslange Haft oder Tod bedeuten.

Ist es der Moment, als die Angst vor dem Militärgericht umgeht, oder der, als man ihnen unter strenger Aufsicht erlaubt, auf der ausgebrannten *Franklin* nach ihren Habseligkeiten zu suchen (David findet nichts), als er sich wieder an die geisterhafte Gestalt erinnert, die aus dem Rauch trat, ein Mann, ein Offizier, mit schweren Verbrennungen, der ihm riet, ja ihm *befahl* zu springen? David erfindet die Geschichte vom verbrannten Mann, ohne bewussten Vorsatz, als Alibi für den zukünftigen Gebrauch oder als Begleiter für sein gequältes Gewissen, weil ein Kapitän mit seinem Schiff untergeht und eine loyale Mannschaft auch, und obwohl er einerseits weiß, dass er kaum eine andere Wahl hatte, als sein eigenes Leben zu retten, ist er andererseits nicht so sicher. Manche seiner Kameraden waren an jenem Tag tapferer und haben entschieden, sich ins Inferno zu stürzen, und versucht, die anderen und das Schiff zu retten.

Die vermeintlichen Deserteure dürfen nicht auf der *Franklin* bleiben, als sie aus japanischen Gewässern geschleppt wird und dann, nachdem die Heizungskessel wie durch ein Wunder repariert sind, aus eigener Kraft nach Pearl Harbor und später zum Brooklyn Navy Yard fährt, wo man sie wiederherstellt, dann weiter nach Bayonne, New Jersey, wo man sie einmottet, bis sie 1966 verkauft und, Gerüchten zufolge, schließlich von den Japanern einem neuen Zweck zugeführt wird.

Selbst nachdem die Anklage vom Kriegsgericht fallen gelassen wird (es stellt sich heraus, dass Gehres versäumt hat, die Besatzung auf Gefechtsstation zu rufen, obwohl er eine Warnung über herannahende japanische Flugzeuge erhalten hatte), hält David an der Geschichte des geisterhaften Offiziers fest und wiederholt sie so oft – *mit all den Verbrennungen, meinte der Mann, wäre er Haifischfutter!* –, bis sie den Glanz von etwas Realem annimmt. Er erinnert sich an den verbrannten Mann, trauert gar um ihn, wie roh er war, wie rot, ein Körper ohne Hülle, ein hautloser Fleischbrocken. Wie der Mann, trotz seiner Verfassung, innehielt, um einem verlorenen Jungen an Deck einen Rat zu erteilen: Du solltest verdammt noch mal abhauen.

Mit der Zeit bereut David, dass er sich die Geschichte vom verbrannten Mann ausgedacht und immer wieder erzählt hat, und seine Mutter nimmt den Platz des Offiziers ein. Dies ist die wahrere Geschichte: Sie war bei ihm an Deck, als er sprang. Erklärt das, warum sie nicht akzeptieren wollte, dass er mit hoher Wahrscheinlichkeit im Meer gestorben war, warum sie sich die Ohren zuhielt, wenn das Radio lief, und aufhörte, die Zeitung zu lesen, und alle dachten, sie sei *loka* geworden, wahnsinnig vor Trauer, unfähig, die tragische Wahrheit zu akzeptieren? El Dyo, sagte sie immer wieder, würde mir meinen Erstgeborenen nicht an meinem Geburtstag nehmen. Hört auf, euch Sorgen zu machen, hört auf, euch die Haare zu raufen, er wird zurückkommen. Dann eines Morgens, einige Wochen nach dem Bombenangriff, als David immer noch als vermisst gilt, bereitete sie sein Lieblingsessen zu: *borekas* und Karamellcreme, *tishpishti*-Kuchen, und an jenem Nachmittag erhielten sie die Nachricht, dass David lebte, die Einzelheiten noch geheim. Sie verkündete, seht ihr, was habe ich euch gesagt, er wird bald nach Hause kommen, und lud die Nachbarn ein, um das Festmahl zu teilen.

An dem Tag, als David tatsächlich nach Hause kam, bereitete sie wieder dieselben Speisen zu. Sam schloss den Laden und holte Luna aus der Bronx, und Jack, Suzanne und Frank mussten nicht in die Schule, sodass alle zu Hause waren, außer Al, der in Virginia stationiert war. David war zu schwach, zu müde, zu nervös, um zu essen oder zu feiern, also legte Rebecca sich mit ihm in sein Kinderbett und hielt ihn im Arm, während er zitterte. Sie fragte ihn weder aus, noch kommentierte sie seine ungepflegte Erscheinung oder versuchte, seine Sachen zu waschen. Sie hielt ihn im Arm. Während seiner Abwesenheit hatte sie zugenommen und neue Krähenfüße um die Augen bekommen, doch sie roch wie immer – nach blumigem Parfüm, Zitronen und dem Knoblauch, den sie für das Festessen gehackt hatte, und jenem anderen Geruch, den er nicht benennen konnte, bis er weit weg war und sie vermisste, nach Licht und Erde.

»*M'ijiko*«, murmelte sie. »Niemand hat mir geglaubt, aber ich wusste, du würdest heimkommen.«

»Ein Mann hat mir gesagt, ich soll springen«, sagte er in ihr Haar.

»Natürlich hat er das«, sagte sie.

Cambria Heights, 1950

Es ist die schöne Zeit. Wie sich herausstellt, kann es im Leben mehr als eine geben, und obwohl man sie meistens erst im Nachhinein durch den weichen Filter der Nostalgie betrachtet, fängt man manchmal einen Moment ein, während er passiert, und man steckt tief in seinem Leben, und es ist unspektakulär, weil ohne Dramen *(ojo malo)*, und spektakulär, weil von Freude durchtränkt und sich selbst genug.

Rebecca tanzt. Rebecca singt, spielt und wirbelt einen Sonnenschirm herum, den sie mit Perlen verziert hat, wirft die Beine in die Luft wie eine Tänzerin in einem Broadway-Musical, legt die Arme um die gepolsterten Taillen der anderen älteren Frauen im Beth Shalom Cambria Heights Jewish Center, in dem sie aktives Mitglied ist, weil sie sich seiner Mission verschrieben hat und weil es nichts Besseres gibt als einen bunten Abend, Flohmarkt, Purimspiele oder Square Dance, um sie von dem wachsenden Gefühl der eigenen Unsichtbarkeit abzulenken, das vielleicht normal ist, wenn die eigenen Eltern gestorben sind und das eigene Volk abgeschlachtet wurde, oder es liegt einfach daran, dass sie älter wird, denn obwohl sie noch keine fünfzig ist, hat sie ihre monatlichen Blutungen nur noch sporadisch – ausgelöst durch den Verlust ihrer Mutter, davon ist sie überzeugt –, und weiße Strähnen durchziehen ihre Locken. Noch immer hat sie Freude an schönen Kleidern und begegnet der Welt mit einem Lächeln, egal, wie ihre Laune ist, doch wenn sie in den Spiegel sieht, ist ihr die alternde Frau, die ihr entgegenstarrt, seltsam fremd, und manchmal hat sie das beklommene Gefühl, einem Geist Lippenstift aufzutragen.

David ist in Chicago auf dem College. Al wohnt in Brooklyn, in der Nähe von seiner Arbeit als Röntgentechniker, zu dem er in der Armee ausgebildet wurde. Luna hat auf ihrer Schule in der Bronx Freundinnen und einen Freund gefunden, Eugene, der an Zerebralparese leidet, einen scharfen Verstand hat und schöne braune Augen. Eigentlich wollte Luna aufs College gehen, um Gerichtsdolmetscherin zu werden, doch dann heiratete sie Gene. Jetzt wohnen die beiden in der Nähe von Rachel und arbeiten bei der Stadt.

Rebecca, die noch nie jemand war, der lange Trübsal bläst, und froh ist, dass sie mit der Erziehung ihres Nachwuchses durch ist, hat den Raum im Souterrain in ein Nähzimmer verwandelt und verkauft in Sams Laden selbst gemachte Pralinen und Torten für besondere Anlässe. Sie nutzt jede freie Ecke ihres Gartens, und so wachsen Sonnenblumen neben den Eingangsstufen und Zuckerschoten am Lattenzaun, der ihr wildes Grundstück von Essies gepflegtem trennt. Im Winter hängt sie ein Vogelhäuschen in den Birnbaum, schmückt die Treppengeländer mit Weihnachtsdekoration und sorgt für ein bisschen Farbe. Von den verblühten Sträußen, die sie in den Garten wirft, sprießen überall vereinzelte Blumen, und falls ihr Vater – ein regelmäßiger, wenn auch flüchtiger Gast in ihrem Garten, wie die Kolibris, die von wilder Bergamotte angelockt werden – ihr Vorgehen missbilligt, so sagt er es nicht.

Es geht mir gut hier drüben, schreibt Rebecca an Elsa in Barcelona und an Josef und Isidoro, die kürzlich nach Israel gezogen sind (Elsa wäre mitgegangen, doch sie wollte Marko nicht in Spanien zurücklassen). Und es stimmt, sie hat sich in Amerika ein gutes Leben aufgebaut, ihre Kinder auf ihrem Weg zu selbstständigen Erwachsenen begleitet. Sie liebt ihren Mann noch immer, und er liebt sie, auch wenn ihr Liebesleben etwas eingeschlafen ist. Zwischen ihren Hitzewallungen packt sie manchmal die Lust, und dann ergreift sie die Initiative. Danach liegen sie im Bett und reden trotz später Stunde gelegentlich auch über große Themen – Gott und das Böse, Schicksal, Glück –, aber für gewöhnlich über alltägliche Dinge: der verletzte Spatz, den sie gefunden und in einem Schuhkarton wieder aufgepäppelt hat, Sams Gespräche mit hiesigen Persönlichkeiten im Laden, Lattenzäune im Angebot, die Freunde der Kinder, bis einer von ihnen – meist Sam, der immer noch bei Sonnenaufgang aufsteht – sagt, ich brauche meinen Schlaf, und sie sich voneinander abwenden, verschiedenen Wänden zu, verschiedenen Träumen.

Ihre Söhne sind vom Krieg heimgekehrt; sie haben alle ein Dach über dem Kopf. Es gab ein paar Einbrüche im Laden und einen Furcht einflößenden Überfall, bei dem die Täter Sam im Auto mitnahmen und ihn gefesselt und geknebelt an einem Highway zurückließen. Danach fragte Rebecca Corinne, ob Israel Sam als Abteilungsleiter in ihrer Unterwäschefabrik anstellen würde, doch Corinne druckste herum und rückte schließlich damit heraus, dass Abteilungsleiter mindestens einen Highschool-Abschluss bräuchten, was Rebecca erzürnte (und nicht einmal der Wahrheit entsprach) und Sam demütigte. (»Ehrlich gesagt ist mein Mann klüger als ihr beide zusammen«, konterte Rebecca.) Also ging es zurück in den Laden, mit Sicherheitsgitter und Alarmanlage, und dann machte der Schlosser nebenan Pleite, sodass sie den Laden erweitern konnten, und nun geht es ihnen so gut, dass sie einen Bäcker beschäftigen, und Sam macht seine Maklerlizenz, damit sie aus dem Geschäft aussteigen können, sobald alle Kinder flügge sind.

Rebecca geht es *gut*, sie hat Glück gehabt, doch obwohl sie es ihren Geschwistern nie sagen würde, deren Leben in Spanien unvergleichlich härter war, ist sie in vielerlei Hinsicht enttäuscht. Sie ist nicht reich, nicht einmal wohlhabend, obwohl sie doch so geboren worden war, und verbringt zu viel Zeit damit, Rabattmarken auszuschneiden, Mahlzeiten zu strecken (mehr Linsen, mehr Zwiebeln) und nach Schnäppchen zu suchen, was sie deprimiert, obwohl sie ein Talent dafür hat. Sie ist nicht von ihrer Familie umgeben und fühlt sich immer noch nicht ganz zu Hause, egal, wie viele Blumen sie pflanzt, und selbst wenn ihr Birnbaum jedes Jahr größer wird. Englisch ist nie ihre Sprache geworden, obwohl ihr Ladino und ihr Französisch verblasst sind, und oft hat sie Schwierigkeiten, sich zu artikulieren (etwas, das sie mit Luna gemeinsam hat), fühlt sich weder in der Gegenwart noch in der Vergangenheit verwurzelt. Vor allem ist sie oft einsam, möchte mehr Gespräche, mehr Körperkontakt, mehr Lachen und vor allem – ist das seltsam für eine Frau ihres Alters, eine sechsfache Mutter? – mehr Spaß.

Und hier kommt das jüdische Zentrum ins Spiel. Wer hätte gedacht, dass eine bescheidene Gemeinde aschkenasischer Juden mit stümperhaftem Hebräisch und Ritualen, die gerade ähnlich genug sind, um ihr unter die Haut zu gehen, ein zweites (viertes? fünftes?) Zuhause für sie wird? Das jüdische Zentrum in Cambria Heights ist, nicht zuletzt wegen der Spendensammlungen der Schwesternschaft, kürzlich von einem Ladengeschäft am Linden Boulevard in ein frei stehendes Gebäude in der 222. Straße gezogen, mit zwei Buntglasfenstern mit Davidsternen und Weinranken sowie gebraucht gekauften Kirchenbänken aus Eiche und einem großen Mehrzweckraum mit Bühne. Das Gebäude ist eine erhebliche Verbesserung gegenüber dem Ladenlokal, und obwohl es nicht annähernd so elegant ist wie die Ahrida-Synagoge aus Rebeccas Kindheit, müssen sie sich immerhin nicht verstecken wie in der Carrer de Provença. Allerdings hat zwei Monate nach Eröffnung des Zentrums jemand einen Stein durch eines der Buntglasfenster geworfen, sodass ein grünes Blatt zersplittert ist. Willkürlicher Vandalismus oder Antisemitismus? Der Übeltäter wurde nie gefasst, und der Rabbi warnt davor, irgendetwas zu unterstellen, obwohl alle es tun.

Rebecca singt. Sie hat eine kleine, aber ergebene Anhängerschaft und ist für ihr ungewöhnliches Repertoire aus spanischen, hebräischen und judenspanischen Liedern bekannt. Diesmal ist es eine Varietéshow, die *222nd Street Revue*. Eintrittsgeld und Spenden werden zur Anschaffung weiterer Kaffeekannen und Warmhalteplatten verwendet oder gehen an die Stiftung für Flüchtlinge in Not. Es ist Mitte Mai, immer eine emotionale Zeit für sie – der Frühling mit seinen hoffnungsvollen Knospen und Trieben, aber auch das *meldado* ihrer Mutter, gefolgt von dem ihres Vaters im Juni. Als Lillian Katz, die bei der Show Regie führt und Rebecca exotisch findet, sie bat, ein Solo zu singen (»Vielleicht etwas auf Spanisch, um dem Ganzen etwas Pep zu verleihen!«), erklärte sie sich gern dazu bereit, zögerte aber lange genug, um eine bessere Verhandlungsposition bezüglich eines Wunsches zu haben: den Schriftzug »Für Sultana Camayor Cohen, möge sie in Frieden ruhen« neben ihrem Namen im Programm.

Al kommt am Abend vor der Show aus Brooklyn, immer froh über frische Bettwäsche und eine selbst gekochte Mahlzeit. Luna nimmt Rebeccas Einladung zunächst an, sagt dann ab, weil sie sich nicht wohlfühlt, und ruft dann in letzter Minute an, um doch zuzusagen, womit sie die gesamte Planung durcheinanderbringt. Denn jetzt muss Sam alles stehen und liegen lassen, um sie und Gene in der Bronx abzuholen. Was bedeutet, dass Rebecca, die eine Stunde vor Vorstellungsbeginn da sein muss, allein dort hinlaufen und die Tasche mit Kostümen und Requisiten schleppen muss, sodass sie verschwitzt und erschöpft eintrifft, und dass die restlichen Kinder – alle außer David in Chicago – irgendwie allein hinkommen müssen, wobei Suzanne für den quengeligen Frank zuständig ist. Sie schaffen es, rechtzeitig dort zu sein, aber Sam, Luna und Gene stören die Vorstellung, als sie mit fünfzehn Minuten Verspätung mitten in einen jiddischen Sketch platzen. Sie können nicht bei der Familie sitzen, weshalb sich Rebecca zerstreut fühlt und nicht weiß, wo sie hinsehen soll, als sie für ihre A-cappella-Solonummer, das große Finale des Abends, die Bühne betritt.

Ija mia mi kerida,
aman, aman, aman.
No te eches a la mar,
ke la mar esta enfortuna,
mira ke te va yevar.

Meine geliebte Tochter, *aman, aman, aman*. Stürze dich nicht ins Meer, denn das Meer ist stürmisch und wird dich fortreißen.

Das Lied stammt aus ihrer Kindheit, und obwohl die Worte trostlos sind, ist die Melodie heiter, mit tanzbarem Rhythmus. Sam und Suzanne haben den Text für das Programmheft mühsam ins Englische übersetzt, stolperten jedoch über das Wort *aman*, das, wie Sam meinte, so etwas wie Liebe bedeutet, oder vielleicht Haman, der Purim-Schurke, oder vielleicht Amen. In der öffentlichen Bibliothek fanden die beiden heraus, dass es auf Türkisch und Griechisch bedeutet: Wehe mir!, auf Arabisch: Sicherheit und auf Hebräisch so etwas Ähnliches wie glauben. Als sie es Rebecca erzählten, verdrehte sie nur die Augen und sagte, lasst es einfach so, es bedeutet *aman*, und so ließen sie es unübersetzt. Zu Hause spricht die Familie inzwischen hauptsächlich Englisch, und das Judenspanisch der in Amerika geborenen Kinder ist eher dürftig, doch bei Rebecca kommt es beim Singen, Streiten und beim Sex noch zum Vorschein und bleibt die Sprache ihrer Träume.

Die Tochter antwortet:

Ke me yeve i me traiga,
aman, aman, aman.
Siete puntas de ondor
ke m'engluta peshe preto,
para salvar de l'amor.

Möge es mich forttragen, möge es mich hinabziehen, *aman, aman, aman*. Sieben Faden tief möge ein schwarzer Fisch mich verschlucken, um mich vor der Liebe zu retten.

Rebecca trägt das Lied mit geschlossenen Augen und geballten Fäusten vor, legt ihre ganze Stimme, ihr ganzes Herz hinein. Sie singt für ihre Mutter und ihren Vater, für El Dyo, für die Meere, die sie überquert, die Menschen, die sie verloren hat, gute Seelen, die sie nie wiedersehen wird. Sie singt für Rahelika, möge sie in Frieden ruhen, und für ihren Bruder Marko, der immer noch lebt, aber den Verstand verloren hat; für Josef, Isidoro und Elsa in der Ferne; sogar für Corinne, die zur Vorstellung eingeladen war, aber nicht gekommen ist – zwischen ihnen herrscht Eiszeit, was ihr am meisten Kummer bereitet, das Nahe so fern. Sie singt für ihre Kinder, um sie zu beschützen und anzuleiten, aber auch, um ihre Stimmung zu heben, denn die Melodie bildet einen fröhlichen Kontrapunkt zum düsteren Text.

Als sie fertig ist, beschließt sie spontan, von vorn zu beginnen, doch diesmal öffnet sie Hände und Augen. Sie sieht blinzelnd über die Lichter hinweg und entdeckt viele vertraute Gesichter sowie einige unbekannte. Manche haben Söhne und Ehemänner im Krieg verloren, oder ihre Familie wurde in den Lagern ermordet, etwas, worüber sie selten sprechen, weil es als Tabu gilt. Einige – Sylvia Bergers deutsche Cousine; Gloria Michniks polnischer Neffe und seine schlanke, stille Frau; ein elegantes Paar, das über die französische Schweiz gekommen sein soll (mit der Zeit werden sie Rebeccas und Sams engste Freunde) – sind Flüchtlinge. Rebecca singt für ihre gebrochenen Herzen und all jene, die sie verloren haben, und gegen das Böse in der Welt.

Von der Melodie getragen, lässt sie die Worte weg und beginnt stattdessen zu summen, in niemandes Sprache, die jedermanns Sprache ist.

»Singt mit«, sagt sie ins Mikrofon. Jeannette Matz tritt an das verstimmte Klavier, und das Publikum stimmt ein, während Rebecca zum Instrument wird wie die hohle Ney ihres Vaters – ein Kanal für die Stimme Gottes, behauptete er (obwohl ihre Mutter das überheblich fand).

Dann ist es vorbei. Es entsteht ein Augenblick der Stille, gefolgt von tosendem Applaus. Rebecca ringt nach Luft und macht einen unbeholfenen, fast schüchternen Knicks, die Achseln des rosa Seidenkleids, das sie für diesen Anlass genäht hat, schweißnass. »*Mersi muncho, grasyas,* danke. Ihr seid zu liebenswürdig!«, sagt sie. Sie ist stolz und glücklich, erfüllt von Liebe für die Menschen in diesem Raum, während ein Teil von ihr zurück in die Kindheit gezogen wird, und sie steht am Toraschrein der rosa Ahrida-Synagoge, mit ihrem Vater, der sie eigentlich nicht mitnehmen darf, es aber trotzdem tut, weil er hier zu Hause ist und sie sein kleines Mädchen, das so gern singt.

Dann verbreitet sich Unruhe im Publikum, ein seltsamer Aufschrei. Köpfe drehen sich um. Das Klatschen verebbt, ersetzt durch Gemurmel. Ist jemand krank? Könnte sich ein Tier in den Saal geschlichen haben? (Einmal sind Waschbären eingedrungen und haben ein Chaos angerichtet.)

Aber nein, es ist Luna, die sich von einem Klappstuhl am Ende des Ganges erhebt, sich taumelnd aufrichtet und mit ihrem Stock auf den Parkettboden klopft. Es ist Luna; muss sie zur Toilette? Sam steht auf und streckt die Hand nach ihr aus, doch sie winkt ihn mit ihrem Stock weg, und er setzt sich wieder. Sie bewegt sich auf die Bühne zu, mit einem Bündel in der

Hand – es sind Blumen – und sagt *GLUKWAMAAA, Glückwunsch, Mutter!* Danke, Luna, das ist lieb von dir, aber warum nicht später in der Lobby? Die Vorstellung ist noch nicht ganz vorbei. Hinter dem grünen Samtvorhang, den Rebecca aus Flohmarktgardinen genäht hat, wartet Lillian Katz darauf, ihren Spendenaufruf vorzubringen, danach versammeln sich alle Mitwirkenden für eine letzte Verbeugung.

Inzwischen hat Luna mit ihrem taumelnden Gang den halben Weg zur Bühne zurückgelegt. Manche im Publikum werden sie noch von früher kennen oder von den Gottesdiensten, zu denen sie gelegentlich kommt. Lisa Bergman, eine ihrer Mitschülerinnen aus der neunten Klasse, jetzt Lisa Minsky, ist hier, mit einem Wickelkind auf dem Schoß, doch der Saal ist voll, und es gibt Leute, die sicher nicht wissen, wer Luna ist. Rebecca sieht, dass sie ein neues marineblaues Kleid mit goldenen Matrosenknöpfen trägt, dazu einen blauen Hut mit einem kleinen koketten Schleier und tiefroten Lippenstift.

Luna navigiert die Stufen zur Bühne hinauf und kommt mit einem Strauß aus Nelken und Schleierkraut, gehalten von einem roten Seidenband, auf Rebecca zu, und *danke, danke, Liebes*. Rebecca beugt sich vor, um ihr einen Kuss auf die Wange zu geben. Luna flüstert ihr etwas ins Ohr – *schuldigespätungübelkeiterzählichspäter* –, und während Rebecca ihren nackten, warmen Unterarm umfasst, begreift sie, was Luna da sagt, und flüstert, oh mein Gott, bist du, willst du sagen, du bist …? Und Luna lacht, ein kleines, frohes Glucksen, das das Mikrofon in einen schrillen Ton verwandelt, und sagt, ja, will ich. *Bin ich.*

Die Neuigkeit trifft Rebecca wie ein Schock. Alle sehen sie an. Wie auf ein Stichwort wacht Lisa Minskys Baby auf und fängt an, laut zu weinen. Es ist irgendwie unpassend, dass Luna ihr auf der Bühne Blumen überreicht, als würde es um Rebecca gehen, wenn es in Wahrheit (wie immer) um Luna geht, und dann mit einer so persönlichen Nachricht herausplatzt. Rebecca könnte das Kind von der Bühne schieben, nur dass Luna kein Kind mehr ist, sondern eine verheiratete Frau. Ein alter, müder Groll spült über sie hinweg. Luna hat es schon immer auf sie abgesehen, weil Rebecca nicht ihre Mutter war oder zu sehr ihre Mutter, weil sie Sams Liebe mit ihr teilen musste, weil sie Luna ausgebessert, aber nicht repariert hat, weil sie sich vor ein Publikum stellen und singen kann. Doch dann sieht sie, wie Lunas Hand auf ihrem Bauch ruht – ist da schon eine Wölbung zu erkennen? –, und begegnet Lunas Augen; in denen Glückstränen leuchten.

Luna ist schwanger. Es hieß, sie könne nicht laufen, und mit Rebeccas Hilfe lernte sie laufen, und dann hieß es, sie könne nicht zur Schule gehen, und mit Rebeccas Hilfe ging sie zur Schule, und dann hieß es – zumindest deutete man es an –, dass sie nie heiraten würde, doch Rebecca ließ sie Gegenstände für ihre Aussteuer nähen, weil es gut für ihre Hände war und weil (so sagten die Nonnen) auch die Geringsten unter uns hoffen dürfen, und Luna traf Gene. Und jetzt das.

Rebecca versucht, ihre öffentliche, schillernde Fassade aufrechtzuerhalten, doch sie ist unsicher auf den Beinen, immer noch dabei, die Nachricht zu verarbeiten: die Freude – ein neues Leben, ein Baby, das sie in den Armen halten kann –, aber auch Sorge, denn Rahelika war nicht fürs Gebären gebaut, ihr Becken zu schmal, und Luna vielleicht auch nicht, und selbst wenn Mutter und Kind überleben, wird das Aufziehen eines Kindes für jemanden wie Luna täglich ein Kampf sein, und Rebecca ist damit durch und kann nicht (sollte nicht) einspringen. Hat Dr. Carlson Luna grünes Licht gegeben, oder riskiert sie ihr Leben, und das ihres Kindes, wie einst Lika, der man nach der ersten fehlgeschlagenen Schwangerschaft von weiteren Kindern abgeraten hatte?

Rebecca macht einen unsicheren Schritt, und als sie in ihren Kitten Heels taumelt, greift Luna mit ihrer gekrümmten Hand nach der ihrer Mutter, so klein wie die eines Kindes und so vertraut, als wäre es Rebeccas eigene. Sie dirigiert Luna zum oberen Ende der Treppe, wo sie sich fest an den Händen halten. Lunas Berührung fühlt sich an wie eine Klärung, eine Korrektur: Nimm mich hart ran, aber nicht zu hart, folge meinem Funken, liebe mich (liebe dich selbst) durch die Hässlichkeit, meine und deine. *Deshame entrar, y me azere lugar.* Lass mich ein, und ich werde mir einen Platz schaffen. Feiere mein einmaliges Leben.

Es ist nicht das erste Mal, dass Luna ihre Lehrerin ist, und es wird auch nicht das letzte Mal sein, obwohl Rebecca, was Luna angeht, eine widerwillige Schülerin ist – immer sein wird –, so wie Luna (immer) bei ihr, auch wenn sie sich eine Zeit lang für das Kind zusammenraufen werden, ein gesunder Junge namens Carl, nach Dr. Carlson.

Das Publikum wird jetzt unruhig, obwohl Jeannette eine leichte Jazznummer auf dem Klavier angestimmt hat, als würde es sich um eine absichtliche Zwischenpause handeln, oder als wolle sie signalisieren, dass Luna und Rebecca (Laurel und Hardy?) sich für die nächste Nummer vorbereiten. Einige stehen auf, um Lisa Minsky mit ihrem schreienden Baby durchzulassen, dann schlurfen sie zurück zu ihren Sitzen. Lillian Katz ist mit einem Strohhut hinter dem Vorhang hervorgekommen, den sie herumgehen lässt, und wirft Rebecca fragende Blicke zu. Dies wäre der Moment, die Bühne zu verlassen, doch Rebecca hat das dumpfe Gefühl, es könnte Unglück bringen, und dass Luna und das Baby einen Segen brauchen.

»Soll ich die Neuigkeit verkünden?«, flüstert sie. »Ist es schon lange genug, *ojo malo?*«

Luna wird blass und sagt Nein, dann lacht sie und sagt, eigentlich doch, mach ruhig, warum nicht, heute sind es drei Monate. Denn ob sie es weiß oder nicht, das ist es, was sie von Anfang an wollte, schon als sie sagte, ja, ich komme zu deinem Auftritt, und dann, tut mir leid, doch nicht, und schließlich doch; als sie sich den blauen Hut aufsetzte und Lippenstift auftrug; als sie mit dem Blumenstrauß auf die Bühne kam, um Rebecca die Show zu stehlen. Gefeiert werden (schade, dass Lisa Minsky den Saal verlassen hat), gesehen werden.

Rebecca dirigiert Luna behutsam zurück auf die Bühne. »Freunde«, sagt sie ins Mikrofon. »Ich bitte um Ruhe. Ich habe euch etwas zu sagen, mit dem Einverständnis meiner Tochter.«

Jeannette hört auf zu spielen. Rebecca überfliegt die Stuhlreihen. Sie sieht Sam und Gene, die flüsternd die Köpfe zusammenstecken, und Al, der sich scheinbar vor Lachen krümmt, und Suzanne, die das Gesicht in den Händen vergräbt vor Scham.

»Meine Damen und Herren«, sagt Rebecca mit dem Pathos eines Zirkusdirektors. »Meine Tochter hat mir gerade eine große Neuigkeit verkündet! So Gott will, wird sie im Herbst Mutter! Ich bitte um Applaus!«

Sie reicht Luna die Blumen, um die Hände frei zu haben, und fängt an zu klatschen. Das Publikum stimmt vereinzelt ein, während Luna rot wird und verlegen auf ihre Schuhe starrt.

»Hallo? Ich kann euch nicht hören!« Rebecca hält die Hand ans Ohr. »Meine wunderschöne Tochter, Mrs Luna Leshefsky, und ihr Mann Gene erwarten ein Kind! Im Herbst, *mashallah*, werde ich Großmutter sein!«

Nach einer kurzen Pause erhebt sich jemand von seinem Sitz. Es ist Al, schnell gefolgt von Sam am anderen Ende des Saals, der wie ein Besessener klatscht, er, der sich normalerweise im Hintergrund hält und weder in Ausschüssen sitzt noch mit den anderen Männern Poker spielt.

»Schau hin«, zischt Rebecca Luna zu. »Das ist dein Papa, der für dich klatscht! Schau zu ihm. Sei stolz.«

Luna hebt den Kopf, als auch Gene sich mit einiger Anstrengung erhebt und ihr winkt. Jack und Frank stehen auf und fangen an zu klatschen. Suzanne erhebt sich ebenfalls, wenn auch mit eingezogenem Kopf, und Essie Zimmerman und ihr Mann, gefolgt von den Frauen der Schwesternschaft. Dann Rabbi Schevelowitz, sonst ein Miesepeter, wie er im Buche steht, und bald steht das ganze Publikum und klatscht, während Rebecca die Blumen zurücknimmt, Luna unterhakt und sie – Vorsicht auf den Stufen – von der Bühne führt.

Dank

Obwohl *Kantika* ein Roman ist, habe ich mit der Grenze zwischen Fakt und Fiktion gespielt und mich auf die Erfahrungen realer Personen gestützt, vor allem meiner Großmutter mütterlicherseits, Rebecca Baruch Levy, geborene Cohen (1902–1991). Für diverse Protagonisten habe ich echte Namen verwendet, so auch Rebeccas, während deren Innenleben meiner Fantasie entspringt. Ich habe historische Ereignisse, Familiengeschichten und Fotografien eingeflochten, aber auch Fakten geändert und bei jeder Gelegenheit frei erfunden.

1985, als ich einundzwanzig war, besuchte ich meine Großmutter Rebecca in Florida, wo sie und mein Großvater sich zur Ruhe gesetzt hatten, und zeichnete ihre Geschichten auf. Die beiden Kassetten mit ihrer Stimme sind die Saat, aus der Jahrzehnte später dieses Buch wuchs. Vor Kurzem habe ich meinen Onkel David Baruch (1926–2021) zu seiner Kindheit in Barcelona und New York und über seine Erfahrungen auf der *USS Franklin* im Zweiten Weltkrieg befragt. Am Tag vor seinem Tod am 10. Dezember 2021 sagte David mir über FaceTime, dass ich in meinem Buch seinen richtigen Namen verwenden solle. Mein Onkel Albert Baruch (1928–2015) hat die Vollendung dieses Romans nicht mehr erlebt, doch ich habe ihn 2013 befragt, und auch seine Geschichten sind in dieses Projekt eingeflossen. Meine Tante Luna Levy Leshefsky Liebowitz (1927–2006) schrieb im Ruhestand privat und für eine Kolumne in der *Sun Sentinel* von Fort Lauderdale über die Gemeinschaft der Behinderten, Kunst, Kultur, das Judentum und ihr Leben als kluges, ehrgeiziges Mädchen mit Zerebralparese in den 1930ern und 1940ern. Luna starb, bevor ich mit diesem Projekt anfing, aber das Schreiben und vieles mehr hat uns verbunden, und ich bin dankbar für ihre vielen Anregungen.

Mein Onkel Franklyn Levy teilte seine lebhaften Erinnerungen an die Vergangenheit mit mir. Das Foto am Ende des Buches, auf dem Rebecca Möwen füttert, hat mein Onkel Jack Levy (1935–2011) gemacht. Silvia Lissitza Camayor, die Tochter meiner Großtante Elsa, lud mich nach Barcelona ein, zeigte mir die ehemalige Synagoge in der Carrer de Provença und besuchte mit mir das Grab meines Urgroßvaters Alberto Cohen auf dem Cementiri de Les Corts. Hal Behl, der Schwiegersohn von Rebeccas Schwester Corinne, versorgte mich mit mündlich überlieferten Geschichten und Corinnes Zeichnung vom Haus der Familie in Istanbul. Meine Cousine Rachel Baruch Yackley und mein Cousin Jonathan Baruch stellten mir Familiendokumente und Fotos zur Verfügung.

Meine Mutter Suzanne Levy Graver war während meines ganzen Lebens und der Entstehung dieses Buches treue Begleiterin, Ratgeberin, Leserin und Inspiration. 1995 unternahm sie mit mir meine erste Reise in die Türkei, wo wir vom Cousin meines Großvaters Sait Asseo und seiner Frau Nanette herzlich aufgenommen wurden. 2014 reiste meine Mutter mit mir zu Recherchezwecken nach Barcelona. Meine Schwester Ruth Graver war oft meine erste Leserin, lieferte scharfsinnige Anregungen und Zuspruch und erkundete mit mir Astoria. Mein Vater Lawrence Graver starb, bevor ich dieses Projekt begann, doch ich bediente mich seiner umfangreichen Bibliothek jüdisch-amerikanischer Literatur und spürte seine Unterstützung. Mein Mann Jimmy Pingeon und unsere Töchter Chloe und Sylvie Graver Pingeon sorgten für Gesellschaft, Abenteuer, Feedback, Ruhe und Frieden, Geduld, Frohsinn und unendliche Liebe.

Viele Menschen öffneten mir während meiner Reisen und Recherchen Türen. In Istanbul danke ich Lorans Tanatar Baruh beim SALT Galata Archiv sowie Mirey Derkazez, Izak Eskanazi, Abdulkerim Golkap, Saadet Özen und Suzan Sevgi. Burhan Kaya, Nick Gozik und Esther Messing leiteten das Boston College Faculty Travel Seminar in der Türkei, wo einige meiner Kollegen mit mir das Elternhaus meiner Großmutter besuchten und die Musikwissenschaftlerin Ann Lucas uns zu einer Ney-Werkstatt führte. In Istanbuls Oryom-Altersheim teilten Rachel Calderon und Estella Mizrahi Erinnerungen mit mir; Violet Aroyo arrangierte diesen Besuch. Rifat Sonsino, Tony Hananel und meine Verwandten Yosi und Peggy Asseo berieten mich vor meiner Rechercheresie in die Türkei. Aline Gandillon McGowan flog von Paris nach Istanbul, um mich zu begleiten und bis spät in die Nacht zu reden.

In Barcelona führten mich Lucía Conte Aguilar, Teresa Nandin und Dominique Tomasov Blinder kenntnisreich durch Vergangenheit und Gegenwart des jüdischen Spaniens. In Kuba halfen mir – auch was das Verständnis für die jüdische Gemeinde dort betraf – Maritza Corrales, Armando Montalvo Costa, Yuri Sasson, Judy Schiller, Esther Jequin Savariego und Tim Weed sowie die lebhafte Gesellschaft meiner Tochter Chloe. In Cambria Heights, Queens, luden Adima und Omar Mohammed meine Mutter, meine Tochter Sylvie und mich während des Ramadans in das Elternhaus meiner Mutter ein, erzählten uns ihre eigene Emigrationsgeschichte und gaben uns Paprika und Basilikum aus ihrem Garten mit auf den Weg, weil »wir alle von Abraham abstammen«, wie Omar meinte.

Diverse Gelehrte haben großzügigerweise auf meine unerwarteten Anfragen reagiert. Aron Rodrigue von der Stanford University bot mir unschätzbare Hilfe in Bezug auf Judenspanisch (auch Ladino, Spanyol oder Muestro Spanyol genannt) und das jüdische Leben Anfang des zwanzigsten Jahrhunderts in Istanbul. Sein beeindruckendes Wissen durchdringt dieses Buch. Gloria Ascher hat mich in ihren Ladino-Kurs an der Tufts University aufgenommen, wo ich viel von ihr und von Matilda Koén-Saranos Buch *Kurso de Djudeo-Espanyol* gelernt habe. Bryan Kirschen an der SUNY Binghamton teilte seine Ladino-Fachkenntnisse mit mir. Aufnahmen der Lieder von Sarah Aroeste und Janet und Jak Esim haben sie für mich lebendig gemacht. Außerdem habe ich von der Expertise von Martine Berthelot, Dina Danon, Rita Ender, Michal Friedman, Allyson Gonzalez, Lori Harrison-Kahan, Maite Ojeda-Mata, Devi Mays, Isaac Jack Levy und Rosemary Levy Zumwalt profitiert. Sarah Abrevaya Steins Essay über das Rautekraut, *ruda* auf Ladino, »Die Königin der Kräuter: Die sephardische Diaspora aus der Perspektive einer Pflanze« war ein Geschenk in letzter Sekunde. Ich danke außerdem Sharon Pucker Rivo, Lisa Rivo und Richard Pontius vom National Center for Jewish Film, die mir gestattet haben, zwei Bilder aus dem Film *Los judíos de patria española* von Ernesto Giménez Caballeros Film aus dem Jahr 1929 zu verwenden, nachdem ich herausfand, dass im Film (anonyme) Bilder von meiner Familie vor der Synagoge in Barcelona vorkommen.

Dieses Buch hätte nie Gestalt angenommen ohne das Geschenk intellektueller und künstlerischer Freundschaft. Alexandra Chasin, Sharon Jacobs und Gish Jen waren wichtige frühe Leser. Molly Antopol, Suzanne Matson, Tova Mirvis und Bridgette Sheridan haben diverse Entwürfe gelesen und mir wertvolle Anregungen geliefert. Darcy Frey half mir, über Auszüge nachzudenken.

Ralph Savarese hat mit seinen bahnbrechenden *Disability Studies* für eine differenzierte Lesart meines Manuskripts gesorgt. Dr. Earl Carlson erzählt in seinen Memoiren, *Born Like That*, von seiner Kindheit mit Zerebralparese und seiner späteren Pionierarbeit als Arzt, der im Columbia Presbyterian Hospital eine Klinik gründete. Ich weiß aus Gesprächen mit meiner Großmutter, dass Luna von einem begabten Arzt im Rollstuhl in einer Spezialklinik im Columbia Presbyterian behandelt wurde, was mich dazu gebracht hat, Lunas Arzt in *Kantika* nach Dr. Carlson zu benennen. Aufgrund der historischen Kulisse des Romans habe ich in Bezug auf Behinderungen eine teils problematische Sprache gewählt, die aber der damaligen Zeit entspricht. Ich begrüße es sehr, dass diese Sprache sich im Lauf der Zeit verändert hat.

Stipendien vom Hadassah-Brandeis Institute (HBI) der Brandeis University, dem Suzy Newhouse Center for the Humanities am Wellesley College, der Corporation of Yaddo und dem Marble House Project ermöglichten es mir, in angenehmer Umgebung tief in das Projekt einzutauchen. Mein besonderer Dank gilt der Direktorin des Newhouse Center, Eve Zimmerman, sowie Lauren Cote und meinen dortigen Mitstipendiaten John Plotz, Keith Vincent und Kelly Mee Rich – und Shulamit Reinharz, Debby Olins und Lisa Fishbayn Joffe am HBI. Umfassende Gespräche und sephardische Kochabende mit Sam Coates-Finke und Genevieve DeLeon im Marble House Project haben mir durch drei Wochen im Juni 2021 geholfen, in denen ich das letzte Kapitel dieses Buches schrieb. Ich danke dem Boston College für Forschungsstipendien und Freistellungen und meinen Kollegen im Fachbereich Englisch, vor allem Lynne Anderson und Laura Tanner, für ihre Inspiration und ihre Freundschaft. Zachary Frank, Connor Pendray, Kristen Laracuenta und Michal Miller waren gewissenhafte, fleißige studentische Forschungsassistenten. Christopher Soldt verwandelte alte Fotos in digitale Bilder.

Mein ehemaliger Literaturagent Richard Parks ist inzwischen im Ruhestand, aber seine Freundschaft bleibt. Henry Dunow, mein aktueller Literaturagent, war bei diesem Projekt gewissenhafter Leser und geduldiger Freund. Riva Hocherman, meine Lektorin bei Metropolitan Books, hat die Seele dieser Geschichte erkannt und mit ihrem scharfsinnigen Lektorat herausgearbeitet. Bei Metropolitan Books / Henry Holt & Co. danke ich außerdem Marian Brown, Sonja Flancher, Brian Lax, Morgan Mitchell, Shelly Perron, Lulu Schmieta und Allysa Weinberg sowie Karen Horton und Christopher Sergio für die wunderschöne Umschlaggestaltung.

Die haitianisch-amerikanische Schriftstellerin Edwidge Danticat sagte 2013 in einem Interview im *Atlantic*, dass alle Einwanderer Künstler sind. »Man fängt mit nichts an«, sagt sie, »Stück für Stück baut man sich ein Leben auf. Dieser Prozess erfordert alles, was auch große Kunst erfordert: Risikobereitschaft, Hoffnung, Vorstellungskraft, alles Eigenschaften, die Bausteine der Kunst sind. Man muss in der Lage sein, etwas fast Unmögliches zu erträumen, und hart arbeiten, um es wahr werden zu lassen.« Die Lebensreise meiner Großmutter Rebecca war eine unendlich größere Herausforderung meine literarische Reise, doch ihre Charakterstärke, ihre Kreativität, ihre unermüdlichen Umgestaltungen sind in jedes Wort eingewoben.

Grasyas, euch allen.